中华现代学术名著丛书

中国妇女生活史

陈东原 著

2015年·北京

图书在版编目(CIP)数据

中国妇女生活史/陈东原著.—北京：商务印书馆，2015
（中华现代学术名著丛书）
ISBN 978-7-100-10193-6

Ⅰ.①中… Ⅱ.①陈… Ⅲ.①妇女—生活—历史—中国 Ⅳ.①D442.9

中国版本图书馆CIP数据核字(2013)第184631号

所有权利保留。
未经许可,不得以任何方式使用。

本书据商务印书馆1998年影印版重新校排

中华现代学术名著丛书
中国妇女生活史
陈东原　著

商 务 印 书 馆 出 版
（北京王府井大街36号　邮政编码 100710）
商 务 印 书 馆 发 行
北 京 冠 中 印 刷 厂 印 刷
ISBN 978-7-100-10193-6

2015年7月第1版　　开本 880×1240　1/32
2015年7月北京第1次印刷　印张 11　插页 1

定价：34.00元

陈 东 原

(1902—1978)

出版说明

百年前,张之洞尝劝学曰:"世运之明晦,人才之盛衰,其表在政,其里在学。"是时,国势颓危,列强环伺,传统频遭质疑,西学新知亟亟而入。一时间,中西学并立,文史哲分家,经济、政治、社会等新学科勃兴,令国人乱花迷眼。然而,淆乱之中,自有元气淋漓之象。中华现代学术之转型正是完成于这一混沌时期,于切磋琢磨、交锋碰撞中不断前行,涌现了一大批学术名家与经典之作。而学术与思想之新变,亦带动了社会各领域的全面转型,为中华复兴奠定了坚实基础。

时至今日,中华现代学术已走过百余年,其间百家林立、论辩蜂起,沉浮消长瞬息万变,情势之复杂自不待言。温故而知新,述往事而思来者。"中华现代学术名著丛书"之编纂,其意正在于此,冀辨章学术,考镜源流,收纳各学科学派名家名作,以展现中华传统文化之新变,探求中华现代学术之根基。

"中华现代学术名著丛书"收录上自晚清下至20世纪80年代末中国大陆及港澳台地区、海外华人学者的原创学术名著(包括外文著作),以人文社会科学为主体兼及其他,涵盖文学、历史、哲学、政治、经济、法律和社会学等众多学科。

出版说明

出版"中华现代学术名著丛书",为本馆一大夙愿。自1897年始创起,本馆以"昌明教育,开启民智"为己任,有幸首刊了中华现代学术史上诸多开山之著、扛鼎之作;于中华现代学术之建立与变迁而言,既为参与者,也是见证者。作为对前人出版成绩与文化理念的承续,本馆倾力谋划,经学界通人擘画,并得国家出版基金支持,终以此丛书呈现于读者面前。唯望无论多少年,皆能傲立于书架,并希冀其能与"汉译世界学术名著丛书"共相辉映。如此宏愿,难免汲深绠短之忧,诚盼专家学者和广大读者共襄助之。

商务印书馆编辑部
2010年12月

凡　　例

一、"中华现代学术名著丛书"收录晚清以迄20世纪80年代末，为中华学人所著，成就斐然、泽被学林之学术著作。入选著作以名著为主，酌量选录名篇合集。

二、入选著作内容、编次一仍其旧，唯各书卷首冠以作者照片、手迹等。卷末附作者学术年表和题解文章，诚邀专家学者撰写而成，意在介绍作者学术成就，著作成书背景、学术价值及版本流变等情况。

三、入选著作率以原刊或作者修订、校阅本为底本，参校他本，正其讹误。前人引书，时有省略更改，倘不失原意，则不以原书文字改动引文；如确需校改，则出脚注说明版本依据，以"编者注"或"校者注"形式说明。

四、作者自有其文字风格，各时代均有其语言习惯，故不按现行用法、写法及表现手法改动原文；原书专名（人名、地名、术语）及译名与今不统一者，亦不作改动。如确系作者笔误、排印舛误、数据计算与外文拼写错误等，则予径改。

五、原书为直（横）排繁体者，除个别特殊情况，均改作横排简体。其中原书无标点或仅有简单断句者，一律改为新式标点,专名号从略。

六、除特殊情况外,原书篇后注移作脚注,双行夹注改为单行夹注。文献著录则从其原貌,稍加统一。

七、原书因年代久远而字迹模糊或纸页残缺者,据所缺字数用"□"表示;字数难以确定者,则用"(下缺)"表示。

目　录

自序 ··· 1
第一章　绪论 ·· 5
　一　男尊女卑使女子动辄得咎 ····························· 5
　二　丈夫心理与妻子心理之异样 ··························· 8
　三　女子无才与有才一样痛苦 ····························· 13
　四　这一部历史的背景 ····································· 17
第二章　古代的妇女生活 ······································ 19
　一　周代以前的推测 ·· 19
　二　宗法组织与媒妁婚制 ··································· 20
　三　礼教初形成的社会状况 ································ 21
　四　六礼与婚姻年龄 ·· 25
　五　多妻的起源 ·· 27
　六　离婚是男子的特权 ····································· 29
　七　妇道 ·· 30
　八　秦之增重礼法 ·· 33
第三章　汉代的妇女生活 ······································ 35
　一　托古改制与褒奖贞节 ··································· 35
　二　两个女教的圣人 ·· 36
　三　教育的缺略及其例外 ··································· 40

四　再嫁的自由 …………………………………………… 43

　　五　女性堕落的由渐 ……………………………………… 46

　　　　（一）姬妾之盛 ……………………………………… 46

　　　　（二）妓女之始 ……………………………………… 47

　　　　（三）妆饰之盛 ……………………………………… 47

　　　　（四）溺婴之始 ……………………………………… 47

第四章　魏晋南北朝的妇女生活 …………………………… 49

　　一　概论 …………………………………………………… 49

　　二　婚姻重门第及其流弊 ………………………………… 49

　　三　声伎之盛 ……………………………………………… 53

　　四　元孝友请置妾 ………………………………………… 55

　　五　"妒"性发达的原故与事实 ………………………… 58

　　六　"美"的观念之进步与修饰 ………………………… 61

　　七　后娶与双妻 …………………………………………… 63

　　八　娶妇标准与胎教 ……………………………………… 64

　　九　贞节观念之保守 ……………………………………… 66

　　十　封爵与受田 …………………………………………… 67

　　十一　晋代女子之风雅 …………………………………… 68

第五章　隋唐五代的妇女生活 ……………………………… 70

　　一　炀帝后宫之特盛 ……………………………………… 70

　　二　唐初重门第与贫女之难嫁 …………………………… 72

　　三　宫人的苦痛 …………………………………………… 74

　　四　官妓之盛 ……………………………………………… 76

　　五　妆饰之崇绮与媚惑的进步 …………………………… 81

　　六　婚姻的佳话 …………………………………………… 83

七　班昭以后的圣人 ………………………………… 89
　　八　贞节观念的淡薄 ………………………………… 93
　　九　奇妒的故事 ……………………………………… 96
　　十　缠足的起始 ……………………………………… 98

第六章　宋代的妇女生活 …………………………………… 101
　　一　宋儒对于妇女的观念 …………………………… 101
　　二　社会对于离婚再嫁的态度 ……………………… 109
　　三　男性底处女嗜好之产生 ………………………… 113
　　四　第一个女性同情论者——袁采 ………………… 115
　　五　冥婚 ……………………………………………… 123
　　六　旷世女文人李清照 ……………………………… 125

第七章　元明的妇女生活 …………………………………… 135
　　一　元代的妇女生活 ………………………………… 135
　　二　提倡贞节之极致 ………………………………… 138
　　三　几个女教的圣人 ………………………………… 143
　　四　"无才是德"一语之产生 ……………………… 147
　　五　罚良为娼与娼妓生活 …………………………… 157
　　六　"妻不如妾"与妾的情形 ……………………… 161
　　七　皇帝之蹂躏女子 ………………………………… 164
　　八　处女的检查与"阵毯" ………………………… 168

第八章　清代的妇女生活 …………………………………… 172
　　一　概论 ……………………………………………… 172
　　二　男子眼中的女性美 ……………………………… 172
　　三　崇拜小脚之怪癖 ………………………………… 181
　　四　贞节观念之宗教化 ……………………………… 187

    五　两个女性同情论者——李、俞 ································ 191
    六　妇女文学之盛 ································ 200
    七　集大成的女教 ································ 209
    八　好媳妇的标准 ································ 216
    九　遭人厌恶的悍妇 ································ 220
    十　妓的增盛 ································ 223
    十一　几处特殊风俗 ································ 230
        （一）广州女子之同性恋 ································ 230
        （二）北方之妇长夫幼 ································ 230
        （三）宁古塔的风俗 ································ 231
        （四）柳条边的婚俗 ································ 232
        （五）甘肃之一妻多夫 ································ 233
        （六）金川的婚俗 ································ 234
        （七）广西土民的风俗 ································ 234
        （八）两粤之瑶俗 ································ 235
        （九）荆南之苗俗 ································ 237
        （十）琼岛之黎俗 ································ 239

第九章　维新时代的妇女生活 ································ 241
    一　概论 ································ 241
    二　新潮之结胎时代 ································ 242
        A　第一期——戊戌以前 ································ 242
            （一）不缠足的运动 ································ 243
            （二）兴女学的运动 ································ 244
        B　第二期——戊戌以后 ································ 251
            （一）倡导女权的《女界钟》 ································ 252

　　　　（二）女学制度之始立 ………………………… 261
　　　　（三）女权思想之反动 ………………………… 264
　　　　（四）教会办的女塾成绩 ……………………… 266
　　三　新潮之蠢动时代 ………………………………… 267
　　　　A　第一期——辛亥以前 …………………… 267
　　　　　（一）出洋留学的女子 ……………………… 267
　　　　　（二）为革命而牺牲的女子 ………………… 268
　　　　　（三）为恋爱而牺牲的女子 ………………… 269
　　　　B　第二期——辛亥以后 …………………… 271
　　　　　（一）从军的踊跃 …………………………… 271
　　　　　（二）参政的运动 …………………………… 273
　　　　　（三）民国初年的女子教育 ………………… 275

第十章　近代的妇女生活 ……………………………… 277
　　新潮的诞生时代 …………………………………… 277
　　　　A　第一期——"五四"以前（理论时代） … 278
　　　　　（一）初期的《新青年》 …………………… 278
　　　　　（二）盛期的《新青年》 …………………… 282
　　　　B　第二期——"五四"以后（新生时代） … 291
　　　　　（一）"五四"运动与妇女解放 …………… 291
　　　　　（二）教育上的解放与缺点 ………………… 293
　　　　　（三）职业上的解放与其痛苦 ……………… 299
　　　　　（四）婚姻上的解放与其不足 ……………… 301
　　　　　（五）性态度之亟应改革 …………………… 305
　　　　　（六）山额夫人之来华与制育运动 ………… 308
　　　　　（七）参政运动与其理论 …………………… 312

(八)理想中的社会主义下之妇女 …………………… 316

附录　《二十四史》中之妇女一览表 …………………… 322

陈东原先生学术年表 ………………………………… 陈道元 327
陈东原与《中国妇女生活史》 ……………………… 李志生 330

自　　序

　　两年前立了一个志愿，想编中国教育史，蒙适之先生指示了一点方法。他说："史料的来源不拘一格，搜采要博，辨别要精，大要以'无意于伪造史料'一语为标准。杂记与小说皆无意于造史料，故其言最有史料的价值，远胜于官书。"有了这个门径。努力的勇气倍增。可是浩瀚的国学，要想搜出教育史系统的材料。更觉难了。第一年曾竭力做了一篇《白鹿洞书院沿革考》，虽然并不惬心，也是辛勤的收获。后来想，这样细磨细琢是不行的，得大刀阔斧的做一下，教育史既不能早日编成，何不将其中一部分之女子教育史先编成呢？可是中国向来没有什么女子教育，她们所有的教育，是和妇女生活发生密切关系的，与其要做女子教育史，到不如放大了来做妇女生活史罢。去年秋天，便动手史料的搜集，中间我自己的思想，又经过了许多改变，昨天，《妇女生活史》总算写成了，自己觉得，还不辜负适之先生的指示，那么就作我底中国教育史的试手作罢！

　　三千年的妇女生活，早被宗法的组织排挤到社会以外了。妇女才是零畸者！妇女才是被忘却的人！除非有时要利用她们，有时要玩弄她们之外，三千年来，妇女简直没有什么重要。你细看看她们被摧残的历史，真有出乎你意想之外的。自从汉代严重礼制之后，南北朝时妇女之被蹂躏，总算达到极点了。宋代尤其是急转直下的时代，不独几个儒者看重了贞节这回事，从这时候起，男子都有了处女底嗜好。从前贞节问题的背景是怕乱了宗法，宋代以后的贞节问题便着重在性器官一点上了。嗟嗟妇女，遂做了性器官的牺牲！

妇女的智慧，也是随着时代进化的，她们欲望与要求的渐增，自然也是理所必至。社会上便想出更厉害的方法来对付，于是明代末叶，生产了"女子无才便是德"的谚语。

清代学术文化，集了有古以来的精英，这时的妇女生活，也把二千多年来的生活加重地重演一番。到维新变政的时候，才渐有萌动的希望。但真正的维新，还不在民国建立以前。民国建立了几年，妇女生活仍然是从前的妇女生活。民国五年，陈独秀先生在《新青年》上发表了一篇《一九一六年》，沉痛地向青年喊道："自居征服地位，勿自居被征服地位；……尊重个人独立自主之人格，勿为他人之附属品"，才对于三纲五常的旧说，开始炸毁。在那篇文章之后，《新青年》陆续发表了许多为女子鸣不平的呼声，也有些建设的议论。等到"五四"一起，这些理论争被青年所尝试，妇女的生活才真正改了个局面。

自从独秀先生那篇文章起，到现在整整十年了，妇女虽然有了新生活的局面，但三千年的历史，总还常在梦中变成魔鬼去吓她，使她们常在梦中哭醒。就是白天，生活也没有正确的标准；自古道"歧路亡羊"，妇女们现在可不站在歧路上吗？若有人能把回头的路，现在的路，将来的路，系统的、深切的、明白指出，在这时候，该是如何切要的工作？

我这本书虽然不敢担当转移妇女生活的大任，但最初也有两个希望：第一个希望，希望趋向新生活的妇女，得着她的勇进方针。

第二个希望,希望社会上守旧的男男女女——自信旧道德极深的人们,能明白所谓旧道德是怎样一种假面啊。现在已经写成了,自己看看,第一个希望,或者可以达到;第二个希望,要以区区这一枝秃笔去撼动顽固者的脑经,我是失败了罢?

材料的搜集,时代愈晚的愈容易,我的论断也比较可自信些;愈早的愈难,最糟的要算古代。有许多书,我们很难辨清是什么时代的产物;有许多记载,我们很难辨清是什么地方的风俗;——尤其是在《古史辨》出版以后,我们来谈古代生活,还能像从前那样信口雌黄吗?所以我下笔的时候,十分困难,经疑古玄同、单不厂(丕)、马隅卿(廉)三位先生的指正,本书的第二、三两章,已是我第三次的校正稿了。每章成后,张雪门(承哉),修古藩(垣)两位先生,先后为我校阅,并给我很多鼓励。又因为王品青先生的介绍,使我得间接从孔德图书馆借书。这几位都是这本书的好友,尤当感谢的。我动手写稿那一天,正是适之先生预备到英国去的时候,脱稿后,又来不及请他校阅,我很觉得怅惘。

因为清代的妇女生活,集前此二千多年的大成,又因为"维新"和"近代"是妇女新生活的关键,为宝贵读者的时间和兴趣起见,我有一个意见,读者看过第一章《绪论》以后,不妨先去看第八、九、十三章;然后如果有暇,再看其他各章,甚至不看也不要紧。

有限的时间内,自己底错误也看不出,如蒙读者指教,当在再版时更正。

书中所说到师友先辈之处,为遵史例之故,均径用社会上对他通用的名号,并未冠以尊称,应当在此致歉的。

又全稿将成时,才听见朋友说,两年未见的旧友罗隐柔(刚)先生,也正在编《中国妇女史》,海内做此同样工作的,也许不止罗先生一人,那么我这本书,怕爝火之光还不若哩。我祝他们伟大的工作早日成功!

第一章　绪论

一　男尊女卑使女子动辄得咎

"图腾"社会的中国妇女,其生活如何,非本书所欲论;本书开始,以有史时代为根据。上古时代,离蛮夷不远,故于女子,只认其为男子的奴隶。由于这种观念,造了多少哲理。天道为乾,地道为坤;乾为阳,坤为阴;阳成男,阴成女;故男性应刚,女性应柔;男子是主动的,女子是被动的。这种哲理,看来浅薄可笑,谁知他竟支配着三千年来的历史,直至今日,余威尚在,不可谓非女子的不幸。本书只是将这等不幸的史实,据实的系统的尽量写出,使从今以后中华民国妇女们的生活,知所向避罢了。

乾坤阴阳的观念,在最初时也不能那样整齐。直等男性战胜了女性,社会由男性来支配时,这等哲理,才应运而生。这种社会,即所谓宗法的社会。

宗法社会中有一最特殊而最不平等的观念,便是妇人非"子"。子是滋生长养之意,是男子的专称,是能够传宗接代的。妇人,不过伏于人罢了;夫人,不过扶人罢了;人就是第三者,是他人,所以妇人是伏于他人的;夫人是扶助他人的,自己没有独立性。虽然

"女子"也称作子,但其用意已和男子之"子"不同。《大戴礼记》说:"女者,如也;子者,孳也;女子者,言如男子之教而长其义理者也:故谓之妇人。"由于这种观念,所以女子无人格,只能依男子而成人格,所谓"阴卑不得自专,就阳而成之"。(《白虎通·嫁娶篇》)女子一生的最高标准,便是嫁人了。故妇人无名,系男子之姓以为名;妇人无谥,因夫之爵以为谥:在社会上的地位如此。未嫁从父,既从嫁夫,夫死从子:在家庭的地位如此。欲使其就束缚、不反抗,又制成种种风俗、道德、教条、信仰以压抑之,训练之。由于这种结果,使女子能力益弱,地位益卑,于是人们更加玩视女子,虽女子自身,亦只合自轻自贱因果相循,女子遂堕入十八层地狱而不克自拔。男尊女卑的观念,遂铁桶一般的铸就了。

"乃生男子,载寝之床,载衣之裳,载弄之璋。乃生女子,载寝之地,载衣之裼,载弄之瓦:——无非无仪,惟酒食是议,无父母诒罹。"这一段诗,班昭解曰:"卧之床下,明其卑弱下人也;弄之瓦砖,明其习劳主执勤也;斋告先君,明当主继祭祀也:三者盖女人之常道,礼法之典教。"依她说来,是女子一生下地,即给她此等教训,使她将来永不致有出位之思。但在我看,这种举动,实有厌恶女子的心理。因为女子是卑贱的,既不能承宗启后,又要勤加约束,一有错误,便是祖宗父母的羞辱。谁还愿意生女呢?所以一生下来,便任她睡在地上,暂不睬她,然后还恶狠狠地对她数说道"无非无仪,惟酒食是议,无父母诒罹"呀!这种数说,纯属厌恶的表情,若说有教训之意,那初生的婴儿,懂得什么教训?青徐二州读女曰婞,俞理初曰:"婞,忤也。始生时人意不喜,忤忤然也。"很与事实相近。

女子初生,既不得人欢喜,及其既长,又处处受人歧视。世间坏事,都是妇人做出的;而且妇人要做坏事,都有定数,天时谶纬,可以看得出来。《汲冢周书》中有一段话,真是妙极。他说一年之中,每个季节有每个季节应时的现象,如果这种现象不发现,妇人就要做坏事的。那几种现象呢?

一、春分之日,元鸟不至;妇人不信。

二、清明又五日,虹不见;妇人苞乱。

三、立冬又五日,雉不入大水;国多淫妇。

四、小雪之日,冬虹不藏;妇不专一。

五、大寒之日,鸡不始乳;淫妇乱男。

究竟"虹"、"雉"、"鸡"和"元鸟"与人有什么关系?妇人之贞淫信乱,妇人自己不能裁制,反为这些禽物所知吗?汉代谶纬之说极盛,乌烟瘴气,笼罩了数千年的思想。所以时至今日,人们尚因袭着许多迷信。一座桥,一个城门,一条从城内流出城外的水沟。一个水闸,一个河口,一蹲宝塔,一壁山峰,都会与一地方的风水发生关系。最可怪的,这宗风水,总是不利于妇女者多。从这些地方,格外看得出歧视女性,贱视女性的社会态度。

妇女既为人歧视,于是动辄得咎。这样也不是,那样也不好,处处受贬责,应含忍举个极端的例:男子所要求于女子的,是替他生育儿子,但生子就是件罪恶,就是不洁。那么不生儿子怎样呢?不生儿子又在"七出"之列!古来裁制女子的道德,真是不通!真是不平等!

夫妇的感情,自然是愈亲密愈好合,古人偏要说"相敬如宾"。"相敬如宾"固然有时是必要的,但若一天到晚的"相敬如宾",又怎能生亲密的情感?妇居私室,都要守相当的礼节。《韩诗外传》说孟子妻踞,孟子就要休她。《列女传》则谓孟子之妇袒在私室,孟子遂去

不入。贱视女子的心理,虽自己的老婆,亦不能免。《世说新语》有一段说:

> 赵母嫁女,临去教之曰,"慎勿为好。"女曰,"不为好将为恶耶?"母曰,"好尚不可为,其况恶乎?"

最早《淮南子》也有这样说法。没有意志,逼手逼脚,不能独立,和莫知所从的今日女性之种种弱点,岂完全是女子生来即具吗?数千年来的积习、的教训、的心理、的态度养成的啊!

二 丈夫心理与妻子心理之异样

女子既以出嫁为一生标准,既须寄其生命于男子,便须甘受许多不平等的待遇。男子可以多妻,女子却要守节。男子可以再娶,女子却不能再嫁。(宋以前尚不严格)男子可以休妻,女子却不能离夫。(汉时尚不严格)最可怪的,女子的心理,总偏重于白头偕老;男子的心理,则多是弃旧迎新。由此演出的痛苦,真正是罄笔难书了。唯一的原因,自然因为男子是宗法社会中的骄儿,是有经济权的主者,是天是神的原故。

男子之自由弃妻,不外三种原因:一、无子;二、色衰爱弛;三、男子富贵,有势者迫之再娶。女子方而所受的痛苦,或怨、或恨、或企夫之矜怜、或怅惘而无归。总都有一点不忍遽舍的表示。从这一点,可以看出女性底"一与之齐、终身不改"的心理。也可以看出社会虐视女性,使其一朝被弃、无所归依的苦况。随便举几个例看:

一、妇人因无子而被弃的

商陵牧子的《别鹤操》云：

> 将乖此翼兮隔天端！山川悠远兮路漫漫！揽衣不寐兮食忘餐！

据说牧子娶妻五年而无子，父兄将为之改娶，其妻闻之，中夜倚户悲啸。牧子听了，中心悲怆，援琴而作是歌。（详崔豹《古今注》）夫妇虽然好合，因为无子的原故，父兄要使之拆离，自己也无法挽救。可见宗法社会中家长权之大，和嗣胤问题之重要。

曹丕《出妇赋》有云：

> 夫色衰而爱绝，信古今其有之；伤茕独之无恃，恨胤嗣之不滋。甘没身而同穴，终百年之常期。信无子而应出，自典礼之常度。悲《谷风》之不答，怨昔人之忽故！……

这一段写女子自知无子应出，只好自悲自恨，但她心里，总是甘愿没身同穴的。夫主终不见原，也只好抱怨以去了。女子因无子被弃，真是冤枉。现在有普通医学常识的人，都晓得无子不专由于女子方面的原因。在古代也就有女子初因无子被弃，再嫁之后，转生子的。而且无子即弃，很足促成女子之失节。汉魏以前，不甚重视贞操，故多忽略此点。中古以后，人都以娶妾弥补此事，妇人因无子而被弃的，就比较的少了。

二、色衰爱弛而被弃的

《谷风》诗云：

> 习习谷风,以阴以雨;黾勉同心,不宜有怒。采葑采菲,无以下体,德音莫违,及尔同死。行道迟迟,中心有违。不远伊迩,薄送我畿。谁谓荼苦,其甘如荠;宴尔新昏,如兄如弟。……

所引两章,共十六句。首四句说丈夫不应当这样待她。次四句,说自己"及尔同死"的心愿。又四句说已经去了,丈夫随便送她一程,但她是舍不得去的。末四句说她心里以为苦的,而丈夫与其新偶却正乐哩,以下她叙述丈夫厌故喜新和以前她的辛苦殷勤及怨望之意还很多。

王粲《出妇赋》有云:

> 君不笃兮终始,乐枯荑兮一时;心摇荡兮变易,忘旧姻兮弃之!

曹植《出妇赋》有云:

> 悦新婚而忘妾,哀爱惠之中零!……恨无愆而见西,悼君施之不忠!

顾况《弃妇词》云:

> 古人虽弃妇,弃妇有归处;今日妾辞君,辞君欲何去?本家零落尽,痛哭来时路!忆昔来嫁君,闻君甚周旋。及与同结发,值君适幽燕。孤魂托飞鸟,两眼如流泉;流泉咽不下,万里关山道。及至见君归,君归妾已老;物情弃衰残,新宠方妍好。

上所征引,都是写"得新弃旧"的。尤以顾况这一首,写相守数年,反被遗弃,有无限的苦楚。与这相同的情形,在今日过渡时代的中国,丈夫的学识进步后,便把家里的夫人丢却,这类事实,正多着哩!

但年长色衰,是自然的现象,妇人自己,怎么能把持得住?袁宏道《妾薄命》有云:

> 灯光不到明,宠极心还变。只此双蛾眉,供得几回盼?看多自成故,未必真衰老;辟彼自开花,不若初生草。

这几句诗,表面是直陈这种自然现象,骨子里给我们明白女子因色衰而被弃的,是多么冤啊!"看多自成故",这句话真有深味,所谓"老婆是人家的好",就是这个原因了。白居易《妇人苦》开篇曰:"蝉鬓加意梳,蛾眉用心扫,几度晓妆成,君看不言好。妾身重同穴,君意轻偕老。"男女两性心理之不同,有如此者。妇人的苦处到了极点,妇人修斫自己以取媚男子的心理,也就到了极点了。这是妇人在男子手腕下讨生活,不得不然的现象。遗毒留存在今日的社会里,所以我们今日不容易找得出健全的女性!

三、男子富贵而再娶

这即古语所谓,"荡子成名,必弃糟糠之妇"之意。古来例子甚多。《古诗纪》有窦元一事,云:"窦元状貌绝异,天子使出其妻,妻以公主。妻悲怨,寄书及歌与元,书云:弃妻斥女,敬白窦生。卑贱鄙陋,不如贵人。妾日以远,彼日以亲。何所控诉,仰呼苍旻!悲哉窦生:衣不如新,人不如故;悲不可忍,怨不可去。彼独何人,而居斯处?"

《伽蓝记》有一事云:王肃,字恭懿,琅琊人也。赡学多通,才辞美茂。高祖新营洛邑，多所造制，肃博识旧事，大事裨益，高祖甚重之。肃在江南之日，聘谢氏女为妻；及至京师，复尚公主。谢遂作五言诗以赠之，其诗曰：

　　本为簿上蚕，今作机上丝；得路逐胜去，颇忆缠绵时！

公主代肃答谢云：

　　针是贯线物，目中恒任丝。得帛缝新去，何能纳故时？

这两首诗，都是很明白的。前一首谢氏所作说从前蚕在簿上，日日相亲，是怎样的缠绵；现在变成了丝，到机上去了，只留下从前的簿，在那儿追忆昔时亲爱了。后一首公主所作，说针孔里总要穿线的，要缝新布时候，自然要换一条新丝，还能用那旧丝吗？受了摧残的女性，不但忘却本身的伤痛和忧患，还要帮着男子摧残同类，这也是一个好例。所以王肃看了这首诗，很觉对不住谢氏哩！

　　从前诗人曾有主张女子不嫁读书人的。说读书人情最薄，当他苦攻时候，任你空守；一朝富贵，便将再娶。这话很与事实相近。知识阶级如此，女性命运，岂不更伤心吗？

　　妇人被弃之后，其伤痛是怎样？戴叔伦《去妇怨》有云：

　　下坂车辚辚，畏逢乡里亲。空持床前幔，怯见家中人！

　　孟郊《去妇诗》有云：

妾心藕中丝,虽断犹牵连;……一女事一夫,安可再移天! ……

还要替丈丧死守哩。

三 女子无才与有才一样痛苦

女子生来即被歧视,既嫁之后,又有一朝被弃或失欢之惧:社会的不平,总算够了。偏偏我们还说女子天生不是好东西。什么"惟女子与小人为难养也"(孔子的话),什么"天下易私而难化者惟妇人"(吕楠《春官外署》语),都认女子有天赋的弱点。把一个人连手带脚的捆放地下,还说她不能够站起来同好人一样竞走的原故,是她天生的弱点;这是什么逻辑? 这还不足,还制成种种裁制妇女,驾驭妇女的方法,如归有园《麈谈》所云:"妇人之悲,其夫益为之悲,其悲方已;妇人之怒,其夫转为之怒,其怒可平。"又云:"妇人识字多诲淫。"所以多数的妇女,是绝对不使识字的。"女子无才便是德"这句话,明代才见。这所谓才,并不是才智之才,不过是狭义的知书识字之谓。所以"女子无才便是德"的谜底,就是"妇人识字多诲淫"。事实是否如此,我们以后详说;这里只要说明,不使女子识字,不叫她有一点点知识,其思想之浅狭,生活之卑陋,该有多么可怜。《轩渠录》载一段笑话,当时说来不过是令人发噱的;现在看去,就可感想到不识字的女子之可怜了。那个笑话说:

族婶陈氏,顷寓严州,诸子宦游未归。偶族侄大琮过严州,陈婶令代作书寄其子,因口授云:"孩儿耍劣,妳子又阑阑(音吸)霍霍地;且买一把小剪子来,要剪脚上骨;出(上声)儿肨(音胖)胵(音支)儿也;"大琮迟疑不能下笔。婶笑云:"原来这厮儿也不识字!"闻者哂之。

　　因说昔时京师有营妇,其夫出戍,尝以数十钱托一教学秀才写书寄其夫,云:"窟赖儿娘传语窟赖儿爷:窟赖儿自爷去后,直是忔(音忏)憎,每日恨(入声)特特地笑,勃腾腾地跳,天色汪(去声)囊不要吃,温吞(入声)蠖托底物事。"秀才沉思久之,却以钱还云,"你且别处倩人写去"。

这是个笑话,也是个故事,但今日二万万女子像这样"不识不知"的,还不知有多少哩!

女子既专以嫁夫生子为生活标准,所以不要有知识。诗书翰墨,只能作为游戏。明代以后,这种游戏,都为正人君子所不取。至于女博士、女状元、女进士种种称谓,那更是弄着玩的了。且举几个例看:

一、前蜀黄崇嘏,常作男子装,游历两川,因事下狱。献诗蜀相周庠,庠荐摄司户参军。政事明敏,庠爱其才,欲妻以女。嘏作诗见意,有曰,"幕府若容为坦腹,愿天速变作男儿。"庠见诗大惊,问之,方知为女子。人尊其才,称为女状元。

二、魏文帝甄后,九岁喜书,常用诸兄笔砚。兄曰,"汝当作女博士耶?"

三、《杂录》云,魏明帝选女子知书可信任者六人,以为女尚书。

四、北魏元仪妻胡氏拜为侍中。

五、南齐韩兰英,有文辞。宋孝武帝时献《中兴赋》,被赏入宫。入齐,武帝以为博士,教六宫书学。

六、《南楚新闻》云:"关图有妹能文。每语人曰,有一进士,所恨不栉耳。"

七、《南史》云,陈后主以宫人袁大舍等为女学士,与狎客侍宴后庭,共赋新诗,采其尤艳丽者使歌之。其曲有《玉树后庭花》,大略皆美诸妃嫔之容色。

八、宋廷芳五女,长若莘,次若昭,俱善属文,不愿适人。欲以学名世。宋仁宗尝召五人入禁中,问以经史大义,呼为女学士。后来这五位学士,俱被仁宗所恩幸。

九、宋林妙玉号为女进士。

十、齐东阳女子娄逞,变服为丈夫,能棋,解文仪,仕至扬州从事。后事发,作妇人服,叹曰,"有如此技,还作老妪!"

除上列十人外,尚有南唐元宗,处耿谦女于别院,称之曰耿先生。南汉卢琼仙称女尚书。明秦良玉为石柱司土官。女子到处受歧视。要想出人头地,只有标榜男子。谁知到头来仍然要"还作老妪"!所以生为女子便是苦命,便要受苦一生。傅元《苦相篇》于女子苦况说的最好。女子在童年时代是怎样受歧视呢?他说:

苦相身为女,卑陋难再陈;男儿当门户,堕地自生神。雄心志四海,万里望风尘。生女无欣爱,不为家所珍,长大避深室,藏头羞见人。

出嫁时怎样呢?他说:

垂泪适他乡,忽如雨绝云。低头和颜色,素齿结朱唇。跪拜无复数,婢妾如严宾。

能得丈夫底欢心是怎样呢？他说：

　　情合同云汉，葵藿仰阳春。

不得丈夫底欢心是怎样呢？他说：

　　心乖甚水火，百戾集其身。

无论能否得丈夫底欢心，年长色衰怎样呢？他说：

　　玉颜随年变，丈夫多好新。昔为形与影，今为胡与秦；胡秦时相见，一绝踰参辰。

人事方面女子既不能脱离痛苦，只得希望来生，变作男儿，今生只好自怨自艾了。清乾隆间有位王筠女士，即常以身列巾帼为恨。做了部《繁华梦》传奇，发抒胸臆。自题《鹧鸪天》词一首为序，云：

　　闺阁沈埋十数年，不能身贵不能仙。读书每羡班超志，把酒长吟太白篇。
　　怀壮志，欲冲天，木兰崇嘏事无缘。玉堂金马生无分，好把心情付梦诠。

毕秋帆之太夫人为之题词两首，有一首很有安慰她的意思，那诗道：

　　不为海上骑鲸客，暂作花间化蝶人。是幻是真都是梦，三生谁证本来身!

"是幻是真都是梦",这七个字,就是从前一切女子人生的自慰金箴!

四 这一部历史的背景

使女子无职业、无知识、无意志、无人格。作男子的奴隶、作一人专有的玩物,摧残自己以悦媚男子的,原来是男尊女卑的结果;习之既久,认为固然,又变成为一切行动的原因。乃说女子的人生标准,只是柔顺贞静,无非无仪。犯了这种原则的,便是泼辣淫荡。所以我们有史以来的女性,只是被摧残的女性;我们妇女生活的历史,只是一部被摧残的女性底历史!我这本书不是要称诵什么圣母贤母,也不想推尊什么女皇帝女豪杰给女性出气,因为这一班人与大多数的妇女生活并没有什么关系。我只想指示出来男尊女卑的观念是怎样的施演,女性之摧残是怎样的增甚,还压在现在女性之脊背上的是怎样的历史遗蜕!

男尊女卑这观念,开篇已然说过,是宗法社会的产物。宗法社会的组织是男系氏族制的组织,所以才铸成这种观念;今为更易明了起见,且举一个故事做具体的例子。刘义庆的《幽明录》曾有一个故事说:

> 晋升平元年(民国前一五五五年)剡县陈素,家富;娶妇十年无儿,夫欲娶妾,妇祷嗣神明,忽然有身。邻家小人妇亦同

有。因货邻妇云,"我若生男,天愿也;若是女汝是男者,当交易之。"便共将许。邻人生男,此妇后三日生女,便交取之。素忻喜。养至十三,当祠祀,家有老婢素见鬼,云"见府君家先人来,至门首便住。但见一群小人来座所,食噉此祭"。父甚疑怪,便迎见鬼人,至祠时,转令看,言语皆同。素便入问妇,妇惧,且说言此事,便还男本家,唤女归。

在这故事中,一个重要的表示,就是说若不生男,便使父祖不得血食,又明显,又逼真,我们不知道一千五百多年来,他会有几多影响!孟子说的"不孝有三,无后为大",这个故事可为之解释尽至了。我们这一部《中国妇女生活史》,上起古代,下迄民国,不到三千一百年,这个故事发生在民国一千五百多年前,恰恰是我们这部历史的中间时代。就说他的精神弥漫了全部的历史,可以的,就说他是全部历史的背景,亦无不可。

近十年来,社会状况改变了,宗法组织打破了,妇女已有新生活的可能,但是为三千年历史所压迫,一下还翻不过身来。我现在燃着明犀,照在这一块大压石上,请大家看明白这三千年的历史,究竟是怎样一个妖魔古怪,然后便知道新生活的趋向了!

第二章 古代的妇女生活

——约起民国前三千年至二一一八年

一 周代以前的推测

周代以前的史迹,很模糊了,难有明确的交代,近代社会学家总说人类最早是母系时代,我们从古书中也可找出片言只语作母系时代的证据;可是父系是什么时候代兴的,母系是怎样被推翻的,也就说不出了。父系代兴以后,婚姻的最初形式是掠夺,其次是卖买,再次便是媒妁,媒妁婚制的形成,已经有史可稽,并且相沿极长,直至今日。妇女生活的历史,似应从那时开始,这里先把媒妁以前的事,略说一说。

我们现在所可推证的母系时代的唯一特征,便是"民知有母而不知有父"一个现象。所以神话里流传着的"圣人无父,感天而生"的说法,很可作母系时代的证据。如华胥履人迹而生伏羲,安登感神龙而生神农,女节感流星而生少昊,女枢感虹光而生颛顼,庆都感赤龙而生尧,女嬉吞薏苡而生禹,诸如此类,因为其不近情理,才见得是不知有父的捏造。

中国人"姓"的起源,好像以母为中心,与父没有关系,所以

"姓"字,从女、从生。如古之著姓,"姚""姒""姬""姜""妫""嬴""姞""妘"……诸字,旁皆从女。有人谓姓为我国最古的团体,那末即是以母姓为中心的团体,母系时代,血统一定是纯一的。由于母系时代,长期的经验,发见血统交不合利传种的原则,便是后来"同姓不婚"的根据。

父系时代如何代兴,史无所据,然社会学者谓男子恃其膂力掠公有之女子而独据之,是为母系革命之始。梁任公举《易·爻辞》"乘马班如,泣血涟如,匪寇婚媾",解释掠夺婚的状况。他说:"夫寇与昏媾,截然二事,何至相混?得毋古代昏媾所取之手段与寇无大异耶,故闻马蹄蹴踏,有女啜泣,谓是遇寇,细审乃知其为昏媾也。"(《中国文化史·社会组织篇》第二章)又如亲迎必以昏夜,女家三日不举烛,或者亦是掠夺婚遗下的习俗。

掠夺婚之后,尚有卖买婚的经过。伏羲制俪皮为礼的话,虽不可信,然婚礼纳采、纳征、纳币,皆以货财为重,是尚存卖买婚之遗意。卖买婚一变而为媒妁婚,其间相去极近,女子的奴隶生活,这时业已开始了。

二 宗法组织与媒妁婚制

掠夺婚时,父系已代母系而起。渐渐形成宗法的家族制度。周代就是从野蛮的高期渡入宗法社会的时代。宗法组织,家长之权,定于一尊,子女是父母的所有物,女子又是男子的所有物。人工价值的增昂,是男子要保有女子及其所生力役的重要原因,所以认女子为奴隶,卖买婚制乃发见。

卖买婚在中国的历史一定是很短的,当宗法组织渐强时,便觉直接卖买不若倩媒人介绍的较好;而且家境较好的女子,已无置身卖奴场之必要。婚嫁手续,势必改变:这便是媒妁婚所以继起的原因。

"蓺麻如之何,衡从其亩;取妻如之何,必告父母。……析薪如之何,匪斧不克;取妻如之何,匪媒不得。"(《诗·齐风》)媒妁婚制在东周列国时,是已确立了。可是一直到孔子时,婚礼尚甚简略。《论语》中《孔子》所说到的"礼",以论"礼意"的居多,而其中丧礼祭礼都有,独无婚礼,足见当时的简略。列国之间,各有各的风俗,交通既不便,载籍文献又不是平民阶级所能见,那时婚俗之不能统一,是无容疑的。像《昏礼》所说的"六礼",那样整齐合拍,孔子时代,一定还未通行,——或已行于一邦,尚未行于列国;或曾行于贵族阶级,而未行于全民。真正实行"六礼"的,是起于汉代,——《战国》以后人已把各处流风衰集起来载入《仪礼》之后。然在战国以前,不能说绝无婚礼的手续,所以像"逆妃""来纳币""委禽"和"亲迎"的记载,已散见于《春秋经》和《左传》了。

三 礼教初形成的社会状况

当东周婚礼并不严格的时代,男女隔离是不怎样厉害的,所以尽有恋爱自由的机会。《诗传》说:"三十之男,二十之女,礼未备则不待礼。"《周礼》说:"以仲春之月会男女,是月也、奔者不禁。"都保存着原始婚姻的遗制,至今荆南苗族尚有跳月合婚的风俗,(详本书第八章)中国婚制未定以前,恐亦如此。其后虽要有"父母之命,媒妁之言",男女相恋的事,在《诗经》中存着的,还是很多。略如:

>野有死麕，白茅包之；有女怀春，吉士诱之。(《二南》)
>静女其姝，俟我于城隅。(《邶风》)
>期我乎桑中，要我乎上宫，送我乎淇之上矣！(《鄘风》)
>遵大路兮，掺执子之手兮。(《郑风》)
>彼狡童兮，不与我言兮；维子之故，使我不能餐兮。(《郑风》)
>有美一人，伤如之何；寤寐无为，涕泗滂沱。(《陈风》)

这都是描写恋爱的诗；当时若没有这种现象，怎能产出这种诗呢？《郑风》"野有蔓草"，写邂逅相遇，便相爱悦，因即结为夫妇；是何等的自由。《陈风》"东门之枌"，写男女为爱欲所驱，放弃职业，婆娑于市。"东门之池"便进一步，写男子想接近女子，和她晤语、晤歌、晤言。"东门之杨"更进一步，他们竟急着要结婚了。女子的放荡与天真，更有了不得的。如《郑风·褰裳》有云：

>子惠思我，褰裳涉溱；子不我思，岂无他人？——狂童之狂也且！

你同我好，我就同你好；你不同我好，我可以同别人好：这是何等自由、何等大胆、何等的不受拘束！但同时也有很受拘束，很有顾忌，只能私地相恋的，如《郑风》里的《将仲子》，畏父母之言，畏诸兄之言，畏人之多言：足见一方面虽可自由恋爱，一方面已有社会的压迫。很可想见礼教初形成的状况。《卫风·氓》诗有云："匪我愆期，子无良媒"，因为无媒的原故，不得不把两相约定的婚姻愆期了，也是礼教初形成底极好的证据。

这是平民阶级的情形。贵族阶级所有犯礼的事，《左传》所载，不一而足。如：

> 卫宣烝其庶母夷姜(桓十六年)

后人辩谓夷姜实宣公之夫人，详《春秋大事表》。

> 卫宣为其子伋娶于齐而自取之。（桓十六年）
> 桓公送夫人文姜与齐襄。（桓十八年）
> 晋献烝其庶母齐姜。（桓二十八年）

后人辩谓齐姜实献公之夫人，献公初娶于贾为元妃，齐姜乃次妃，亦见《春秋大事表》。

> 楚文灭息取息妫，后为楚文生二子。（庄十四年）
> 鲁庄公从孟任私奔。（庄三十二年）
> 鲁哀姜与夫弟庆父通。（闵二年）
> 齐人强招伯，烝于宣姜。（闵二年）

庶子烝母，出于国人的要求。

> 晋惠公烝其庶母贾君。（僖十五年）

后人辩谓贾君乃献公初娶之夫人，其年又当长于齐姜。惠公于鲁僖九年入国，时贾君应有七十矣。惠公淫其侍婢，贾君愤郁而卒，人遂以为诬云。

周狄后与夫弟叔带通。（僖二十四年）

宋人奉公子鲍以，因其祖母襄夫人。（文十六年）

鲁穆伯为襄仲聘己氏而自取之。（文十七年）

郑文公报其叔母陈妫。（宣三年）

楚襄之子黑要，烝其母夏姬。（成七年）

声伯之母不聘，无媒。（成十一年）

声伯夺施氏妇以与却犨。（成十一年）

鲁穆姜与大夫叔孙侨如通。（成十六年）

齐声孟子与大夫庆克通。（成十七年）

郑游皈将如晋而以夺妻儿杀。（襄二十二年）

鲁泉邱人女奔孟僖子。（昭十一年）

陨阳封人女奔楚平王。（昭十九年）

鲁季公鸟之妻与饔人通。（昭二十五年）

楚平王为其子娶于齐而自取之。（昭二十八年）

晋祁胜与邬臧彼此通室。（昭二十八年）

卫侯为夫人南子召宋朝。（定十四年）

卫大叔出奔，卫人立其弟遗，使室其妻孔姞。（哀十一年）

孔文子使卫大叔疾出其妻而妻之。（哀十一年）

这都是史家所谓春秋淫乱的事实，儒者所极力攻击的；不知这只是礼教初形成时社会必然的现象。

贞的观念，当时也很淡薄，《易经》对于贞的解释，约有三种：

第一种解释，《易》说，"家人利女贞"，能"正位乎内"的，便是贞了。这个解释，与肉体的贞洁，毫无关系。

第二种解释，《易》说，"恒其德贞，妇人吉"，是说夫妇的关系能长久的，便是贞了。这个解释，才有不事二夫的意思，但于处女的贞洁与否，并无关系。

第三种解释，《易》说，"姤女壮，勿用取女"；《本义》说，"一阴而遇五阳，则女德不贞，而壮之盛也。取以自配，必害乎阳，故其象占如此"。这才含有女子杂交便是不贞的意义。那时人对于处女贞的观念，大都不甚注重，也就和现在国内苗瑶的风俗一样。（参考本书第八章）中国人对于女子童贞的重视，是宋代起始的事。

四 六礼与婚姻年龄

"六礼"的说法，载在《仪礼》的"昏礼"和《礼记》的"昏仪"；这两部书，无疑的是"七十子"以后的产品，并且不是一个人坐在家里凭空捏造的，所以既不是一地的情形，也不是一人的作品。到了战国，或更晚一点。有人把各地的流风遗俗，多人的记载，裒集成书之后，"六礼"遂成为统一的婚姻仪式，一直流传到两千多年后的今日。什么是"六礼"呢？

一、纳采。男家使人纳其采择之礼与女家，表示想和女家提议婚事。女家如不承受，便不能行第二步。

二、问名。主人具书，遣使者至女家问女所出及生年月日。

三、纳吉。问得以后，归卜于庙，求决于祖先鬼灵，问与此姓结亲之吉否。——如不吉，便止婚，须罢议。

四、纳征。卜筮得吉，遂遣使纳币以成婚礼，婚约至此才正式成立。

五、请期。男家欲娶时,具婚期吉日书,备礼物告女家;女家受礼,便是答应。否则须改期。

六、亲迎。结婚日,子承父命,先往女家。女父拜迎于门外,登女家之庙,再拜奠雁。出,御妇车,俟于门外。妇至,婿揖以入,载之归家。

亲迎以后,便可"合牢而食,合卺而饮"了。于结婚之第二日,妇见舅姑。若舅姑已殁,则成婚三月后,行庙见礼,祝辞告神,曰"某氏来归"。据《曾子问》,女未庙见而死,尚不能作为成妇,是"不迁于祖,不祔于皇姑,婿不杖、不菲、不次,归葬于女氏之党"的。由此看来,婚姻关系只是旧家庭的联续,并不是新家庭的创始;是舅姑取了一个媳妇,不是男子得了一个伴侣;是两姓的事,不是两人的事。所以"取妇之家,三日不举乐",是"思嗣亲"的。到了这个时候,女子的责任便专在生育上面,女子就变作生育机器了。

汉以前,男女结婚均甚早,大夫士人之子,二十而冠,女十五而笄。此后便可嫁娶。所以三十不娶则为鳏,二十不嫁则谓为过时。《墨子·节用篇》说:"古者圣王为法曰:丈夫年二十无敢不处家,女子年十五无敢不事人;"当时社会,许即是此种现象。《周官》:"媒氏掌万民之判,令男三十而娶,女二十而嫁",或只是汉儒的理想。直至汉代,嫁娶还是很早的,所以王吉才上疏给汉宣帝,说世俗嫁娶太早,是"未知为人父母之道而有子,是以教化不明而民多夭"。不过汉儒大多数都主张三十而娶,二十而嫁的。《白虎通》说:"男三十筋骨坚强,任为人父;女二十肌肤充盛,任为人母:合为五十,应大衍之数,生万物也";一面用生理解释,一面又用阴阳迷信解释,真是议论杂出。

其实中国人对于女子生理的研究,发明的很早,《素问》中有一段说女子的生理道:

> 女子七岁肾气盛,齿更发长。二七而天癸至,任脉充,太冲脉盛,月事以时下,故有子。三七肾气平均,故真牙生而长极。四七筋骨强,发长极,身体盛壮。五七阳明脉衰,面始焦,发始堕。六七三阳脉衰于上面,皆焦,发始白,七七任脉虚。太冲脉衰少,天癸竭,地道不通,故形坏而无子。(《上古天真论篇》。按《汉书·艺文志》载《黄帝内经》十八篇,无《素问》之名。后汉张机《伤寒论》引之,始称《素问》。晋皇甫《甲乙经》序称《针经》九卷,《素问》九卷,皆为《内经》,与《汉志》相符,故《隋志》始著此书。可说是汉魏间的书籍,然其论说,渊源甚早。)

如此说来,女子十四岁以后,二十一岁以前,便可结婚的;故二十不嫁则谓为过时的话,古代或者如此。

五 多妻的起源

一夫数妻,是古代的通例,掠夺婚时,已有这种现象,宗法组织又注重嗣续,所以平民可以买妾;贵族娶妻,又说有娣侄从媵。不过,"买妾不知其姓则卜之"的话,虽然见于《曲礼》,而古时平民买妾的,究竟还少。《小星》的诗,后人已疑其不是咏妾了;即便是咏妾的,也不能是平民的妾。——"肃肃宵征,夙夜在公",《韩诗外传》已谓是"使臣勤劳在外"之状,不是平民可想。至于

《孟子》里的齐人一妻一妾,说者又皆谓其为寓言。关于平民有妾的记载,古书中很不多见。便可断定是平民买妾不大盛行的原故。这有两个原因的:第一是礼教初形成的社会,婚姻有自由的意味,多数人不想买妾。第二是等到色衰爱弛或无子的时候,可以离婚再娶,无需乎买妾。有这两个原因,所以古时一夫多妻的现象,并不普遍。

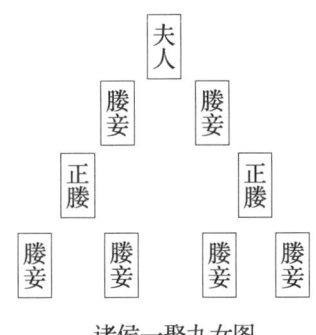

诸侯一娶九女图

即在贵族阶级,有一夫多妻的现象,但宗法制度是注重子嗣的,所以嫡庶的分别极严。媒妁婚制,就是一夫一妻制度,妾媵云云,不过是妻的"后备军"、"补充队",实际上是没有地位。

古时妾媵盛多的说法,后人怀疑的很多。常人多根据《公羊传》,说"诸侯一娶九女,天子一娶十二女",论者谓其最不近情。娣侄从媵,已属可疑,要同姓二国各以一女从嫁为正媵,复各以娣侄二人为媵妾;同姓二国怎能欣然答应呢?岂有不愿自己女儿做夫人,而愿意她为媵妾的?

即以一国而论。无论姑姊或是娣侄。与夫人都不准是平辈。既不平辈,从而为媵妾,不是犯礼了么?所以后人疑从媵的话是汉儒的附会。不过春秋时确有从媵的事,如鲁之宋共姬有三国来媵;管仲有三姓之女；秦伯纳女五人；齐威公之夫人三，内嬖如夫人者有六；晋文公逆怀嬴曰，"班在九人"；齐襄公九妃之外，又有六嫔：——但这都是儒家所谓为僭妄的行为。并不是所有诸侯都若此的。

《昏义》末段有云："古者天子后立六宫，三夫人，九嫔，二十七世妇，八十一御妻"；后世很多人真以为天子有这些老婆，真是荒谬。姚际恒曾拿七条理由去驳他，说这不过是设官的制度，与"昏义"无干，应当删去的；理由很对。我们只可说这是战国以后的人对于官制的一种理想，——希望天子掌阳教，后掌阴教的一种理想；如谓掌阳教管的是"合土之内"的事，掌阴教就只管得宫内，岂不是轻重不伦么？

姚说见《续礼记集说》。郑康成释《昏义》，且谓群妃御见之法，女御八十一人当九夕，世妇二十七人当三夕，九嫔九人当一夕，三夫人当一夕，后当一夕，十五日而遍，自望后反之。更是荒谬绝伦。魏了翁《古今考》驳他道："苟如此，则王后一月之间，不过两御于王。除王后当夕独进之外，其余则三夫人而一夕，九嫔女御世妇一百一十七人当十三夕，每九人而一夕，虽金石之躯，不足支也。况古者天子祭天地，祖宗、社稷、山川，朝日月，为礼不一，动辄三日斋、七日戒，而可以无夕不御女乎？"真驳的痛快。

如此说来。春秋以前，妾媵之风尚不甚盛；孟子说："食前方丈，侍妾数百人，我得志弗为也"，或者战国时多妻的现象才盛的。

六 离婚是男子的特权

女子在结婚以后，是不能轻易请离的。纵使夫妇感情不好，也只得容忍下去。如《王风》"中谷有蓷",一说"慨其叹矣,遇人之艰难矣";再说"条其啸矣,遇人之不淑矣";末说"啜其泣矣,何嗟及矣":就是遇着不良的丈夫时,妇人自己只能慨叹啜泣,别无反抗解脱之道。又如《鄘风·君子偕老》云,"子之不淑,云如之何"。《卫风·谷风》云,"不能我慉,反以我为雠"。《邶风·新台》云,"燕婉之求,籧篨不鲜"。都是婚姻不良而又没有办法的。那由相爱而结婚的,后来如不合意,也是一样的不能反抗,《卫风·氓》就是这样。如谓:"士之耽兮,犹可说也;女之耽兮,不可说也":就是忏悔的话。又"女也不爽,士贰其行;士也罔极,二三其德":就是痛恨男子的话。这一篇自叙诗,写女子对男子,如何的热心、劳瘁、不恤人言,而竟没有好结果。于是自思、自怨、自悼、自恨,还希望彼方万一的反省,结果却只好"亦已焉哉":这就是女子没有离婚权的原故。女子已没有离婚权,男子又可以任意离婚,古代女子的地位,已不能和男子平等了。

《谷风》云"谁谓荼苦,其甘如荠;宴尔新婚,如兄如弟",是写男子得新弃旧的。古诗"上山采蘼芜,下山逢故夫",也是这样。古时被弃的女子,以色衰爱弛的为多;也有因家庭不和底原故而被出的,如《孟子》里边所载的匡章。"孟子曰:夫章子岂不欲有夫妻子母之属哉?为得罪于父,不得近,出妻屏子,终身不养焉。其设心以为不若是,是则罪之大者。"由这种情形,便进步到《内则》里边的"子甚宜其妻,父母不悦,出"底规定。后来更进步到"七出"。

七 妇道

礼教渐重之后,女子以极端柔顺为生活标准。女子不必学怎样做人,只愿学怎样做媳妇。(媳是对舅姑之称,妇是对丈夫之称,中国女子自来只有媳妇主义,没有贤母良妻主义。)做媳妇的道理,战国以后,已形成了。

女子未嫁,先讲究事父母之道,作做媳妇的训练。

《内则》说:

> 子女未冠笄者,鸡初鸣,咸盥漱,栉纵,总角,衣绅,皆佩容臭,昧爽而朝。问何食饮矣,若已食则退,未食则佐长者视具。

《曲礼》说:

> 听于无声;视于无形;不登高,不临深,不苟訾,不苟笑;立必正方,不倾听,毋噭应,毋淫视,毋怠荒。

这都是作女子的道理。要能守《曲礼》所说,然后嫁到人家,便可做好媳妇了。

事舅姑的道理,《内则》说:

> 如事父母。鸡初鸣,咸盥漱,栉纵,笄总,衣绅。左佩纷帨、刀砺、小觿、金燧;右佩箴管、线纩、施縏袠、大觿、木燧;衿缨、綦屦,以适父母舅姑之所。及所,下气怡声,问衣燠寒,疾痛苛痒而敬抑搔之;出入则或先或后而敬抑扶持之。进盥,少者奉盘,长者奉水,请沃盥;盥卒,授巾。问所欲而敬进之,柔色以温之。

又说:

> 凡妇,不命适私室,不敢退。妇将有事,大小必请于舅姑。子妇无私货,无私畜,无私器:不敢私假,不敢私与。

又说:

> 在父母舅姑之所,有命之,应唯敬对,进退周旋慎齐。升降出入揖,游不敢哕噫嚏咳、欠伸、跛倚、睇视、不敢唾洟。

如此繁琐,如此拘束,不用说是很难认真实行的。这原多儒家增造的意见,但后来既认《礼记》为"经",后世妇女生活,便大受其拘束。以姚际恒那样敢于疑古,尚称赞不绝,欲藉以矫人情,维世俗,使不孝者读之汗下,则其影响可知。(姚说见《续礼记集说》)

事奉舅姑,冢妇舆介妇又有分别。冢妇是长子的媳妇,介妇是其他诸子的媳妇。宗法组织以长子为大宗,继承宗祧,其他诸子为小宗。故长子的媳妇比别人的都高一等。介妇之于冢妇,是"不敢并行,不敢并命,不敢并坐"的。

事夫子之道,《仪礼》说:妇人以顺从为务,贞悫为首。故事夫有五:

一、平日缅笋而相,则有君臣之严。

二、沃盥馈食,则有父子之敬。

三、报反而行,则有兄弟之道。

四、规过成德,则有朋友之义。

五、惟寝席之交,而后有夫妇之情。

儒家以夫妇为五伦之首,且谓兼具五伦,即是此义。夫妇关系之不能平等,也就可见了。《内则》说:

> 男女不同椸枷，不敢悬于夫之楎椸，不敢藏于夫之箧笥，不敢共湢浴。夫不在，敛枕箧、簟席、襡器而藏之。

如此看来，即所谓"惟寝席之交"，也是这样不平等的。

古代妇女，并无私名，（汉代才有私名，如班昭、蔡琰等。）妇女称谓，或以字配姓，如伯姬、仲子、孟姜、季嬴之类；或以姓系夫氏，如卫孔姬、晋赵姬之类；或以姓系夫爵，如楚息妫、齐棠姜、鲁秦姬之类；或以姓系夫谥，如宋共姬、齐昭姬、晋怀嬴、鲁定姬之类；或系于子的，如陈夏姬、宋景曹之类。既无名，乃无谥；那自谥的，如齐共姬、晋辰嬴、卫戴妫等，都是越礼僭妄的行为。汉代以后，便不若此了。

八　秦之增重礼法

文化进步，民智日开；社会安宁，仅恃风俗，不足维持，故秦有天下，增重礼法。司马迁说："秦有天下，悉内六国礼仪，采择其善。"又说："虽不合圣制，其尊君抑臣，朝廷济济，依古以来。"始皇废封建而为郡县，本有脱宗法进军国的趋向，但不独未脱宗法，其万世思想，与其尊君抑臣的手腕，是更加重了宗法的组织。社会日趋繁嚣，不如此便不足以安其尊位；其于贞节的重视，也由此点出发。

始皇重视贞节，几次刻石，都曾提及。泰山刻石有云：

> 男女礼顺，慎遵职事，昭隔内外，靡不清净。

碣石门刻石有云：

男乐其畴,女修其业。

会稽刻石所说关于贞节事最长,云:

饰省宣义:有子而嫁,倍死不贞。防隔内外,禁止淫佚;男女絜诚。夫为寄豭,杀之无罪;男秉义程。妻为逃嫁,子不得母;咸化廉清。

顾炎武《日知录》以为会稽那地方因为越王勾践提倡蕃殖人民之故,风俗较他处为淫佚,故始皇刻石,特重此事:这话很是。有人说是受了法家的严厉干涉,不知重视男女之别的伦理,正是儒家的观念,法家于此,反甚轻淡。荀卿李斯,原皆儒家,应时势所趋,不得不重视礼法,他们知道空洞的仁义,这时已不能范围社会,所以这样。因此我们得一个原则:贞节被重视的时代,一定是社会不讲贞节的时代。战国以后的妇女,一定比以前更自由些,所以才招来了在上者的干涉,礼法的制裁。不独秦代,一部历史,都拿这眼光去看,是不会错的。

始皇为巴清寡妇筑女怀清台,实有利其多财的嫌疑,否则天下寡妇,岂只一人?何独奖劝于她?故文中未引为据。

第三章 汉代的妇女生活

——民国纪元前二一一七—一六九三年

一 托古改制与褒奖贞节

汉代是礼教形成的重要时代。高祖时,叔孙通制礼作乐,大抵皆袭秦故,是第一个关键。汉武帝"招致儒术之士,令共定仪",是第二个关键。但法古渺茫,这班儒士,不敢自我作古来创造,所以十余年不能成就。后来还是汉武大胆说出"汉亦一家之事",应有一家之典法以传子孙;这才把汉制议定。"乃以太初之元(民国前二〇一五年)改正朔,易服色,封泰山,定宗庙百官之仪,以为典常,垂之于后。"(《史记·礼书》)一切礼制,从前含糊的,现在都明白规定了;从前零碎的,现在都整齐确立了。五十年后,又有正式褒奖贞节的事。

民国纪元前一千九百六十九年(神爵四年)诏赐贞妇顺女帛,是有史以来第一次褒奖贞顺。(见《汉书·宣帝本纪》)过了一百七十七年,又发现旌表贞节的事。《后汉书·安帝本纪》云:

元初六年(民国前一七九三年)二月,诏赐贞妇有节义谷十斛;甄表门闾,旌显厥行。后世之乌头绰契,照耀闾里,这是滥觞了。秦代只用法律劝导贞节,汉代竟用法律奖励贞节,足见空口的劝导,已不足化民,所以才设名利以诱之。这种方法,被后来惑世愚民的君主,引用了一千七百多年。一直到现在,宗法的君主专制已经没有了,而奖励贞节的条例,尚存在中华民国的内务部,数典忘祖,都是汉朝作俑的。

二 两个女教的圣人

不但朝廷那样提倡礼法,社会上也有人以礼法裁订女子生活的标准。这样的人,前后汉各有一个。前汉刘向,作一部《列女传》,约在民国前一千九百四十年左右;说是见成帝后宫荒乱,用以鉴戒的。现存七篇①,为母仪、贤明、仁智、贞顺、节义、辩通、孽嬖,每篇十五传。后汉的一位是班昭,约当民国前一千八百二十余年,她作《女诫》七篇,是卑弱、夫妇、敬慎、妇行、专心、曲从、和叔妹。她这《女诫》七篇,后来和刘向《列女传》,竟成为讨论女子问题的书的范本,二千年来关于女子生活的书籍,不仿《列女传》的体裁,便仿《女诫》的体裁,他们的影响,可想见了。

《列女传》前五篇中的各传,都是就刘向所悬拟的标准;采录下的妇女的简单传记。据他说母仪的标准,是要"行为仪表,言则中义;胎养子孙,以渐教化;既成其德,致其功业"的。贤明的标准是

---

① 据曾巩所考,曹大家注《列女传》时,将其七篇,分为十四,而合其中颂义为十五篇。并加入陈婴母及东汉以后十六事。故《隋书》及《崇文总目》,都说《列女传》十五篇。宋代,苏颂复订此书为八篇,意在还其旧观,与十五篇并藏馆阁。《四库总目》则谓每篇皆十五传,凡无颂者即非向所奏书,因亦删为八篇,称之为《古列女传》。余文十二篇(即班昭所加者),又以时次之,另题为《续列女传》。

要"廉正以方;动作有节,言成文章;咸晓事理,知世纪纲"的。仁智的标准,是要"预识难易;原度天理;……归义从安,……专一小心"的。贞顺的标准,是要"避嫌远别,……终不更二;勤正洁行,精专谨慎"的。节义的标准,是要"必死无避,诚信勇敢;义之所在,赴之不疑"的。母仪、贤明、仁智、贞顺与节义,就是妇女生活的条件。所幸他并不希望众长俱备,只要有一善可录,便是他所赞颂的。后世史书或私人所作"列女传",多只偏重节义,拿刘向原义比起来,便觉刘向的见解,还要高的多了。《列女传》之后两篇,一为《辩通传》,是要妇人辨通事理,以抗临时祸凶的。最后为《孽嬖传》,则以淫、妒、荧惑、背节和弃义五者,为妇人之鉴戒的。

刘向以后一百年,而有班昭。班昭是班彪的女儿,班固的妹妹,真是家学渊源。其夫曹世叔死后,和帝召入宫,命皇后贵人师事之,号曹大家。后又为其兄续作《汉书》,公卿大儒如马融辈,都曾跟她问业,好一个了不得的女子。可是她作的《女诫》七篇,也就了不得的压抑了同类女子了。——男尊女卑的观念,夫为妻纲的道理,和三从四德的典型,虽然是早就有的,但很散漫,很浮泛。就是刘向的《列女传》,也不过罗列一些事实,做妇女生活的标准。班昭《女诫》,才系统的把压抑妇女的思想编纂起来,使他成为铁锁一般的牢固,套上了妇女们的颈子。

《女诫》七篇,连序约一千六百字。全书在说明三从之道和四德之仪,而妇人卑弱,实是贯通这些道理的基本观点。她说:

> 古者生女三日,卧之床下,……明其卑弱,主下人也。(《卑弱》第一)

又说:

> 阴阳殊性,男女异行。阳以刚为德,阴以柔为用,男以强为贵,女以弱为美。鄙谚曰:"生男如狼,犹恐其尪;生女如鼠,犹恐其虎。"(《敬慎》第三)

女子之阴弱,以至如此。三从之道,以从夫为最要,其他曲从舅姑,和悦叔妹,都由从夫而发。何以从夫最为重要呢?她说:

> 夫有再娶之义,妇无二适之文,故曰夫者天也;天固不可逃,夫固不可违也。行违神祇,天则罚之;礼义有愆,夫则薄之:——故事夫如事天,与孝子事父,忠臣事君同也。(《夫妇》第二)

丈夫如此的尊,如此的高,则没有平等的待遇,是不用说的。所以做妻的,曲不能争,直不能讼,只能永远做丈夫的玩物。你看她说:

> 夫妇之好,终身不离。房室周旋,易生媟黩;媟黩既生,语言过矣;语言既过,纵恣必作;纵恣既作,则侮夫之心生矣。夫事有曲直,言有是非,直者不能不争,曲者不能不讼;讼争既施,则有忿怒之事矣。侮夫不节,谴呵从之;忿怒不止,楚挞从之。夫为夫妇者,义以和亲,恩以好合;楚挞既行,何义之存?谴呵既宣,何恩之有?恩义既废,夫妇离矣。(《敬慎》第三)

她的意思是说:夫妇之好,应当终身不离的。要想终身不离,惟在使丈夫不楚挞,不谴呵。怎样可使丈夫不谴呵?惟在不侮夫,怎样便不生侮夫之心？拿第一段倒推上去，惟在房室周旋时不生媟黩。用白话来解释，就是无论什么时候，不能同丈夫闹一闹玩笑的，应当永远做被动！怎样可使丈夫不楚挞？惟在不引起丈夫的忿怒。忿怒怎样可不生？那便直也不能争，曲也不能讼！这样说来，夫妇何尝有丝毫平等呢？（匡衡曾说，"情欲之感不介于容仪，宴昵之私不形于动静"，也是不生媟黩的意思。）

班昭尤其无理的，是把丈夫对于妻的关系，认为是一种"恩"，这种悖谬思想，真不知毒害了多少女子！不得丈夫欢心的妇女，仍然不能忘情于丈夫的原故，都因为从前受过他的"恩"在。不但夫妇之间如此，就是桑间濮上男女偶尔的结合，在女的方面，也总以为是受了他的"恩"：这不是奇怪绝伦么？西洋的夫妇，有爱无恩；中国的夫妇，有恩无爱：谁实创之？——班昭班昭！

对丈夫既能如此，其对舅姑，只要一味顺从便得，"姑云不尔而是，固宜曲从；姑云尔而非，犹顺命"。（《曲从》第六）

至于对待叔妹，更应敷衍，因为"妇人之得于夫，由舅姑之爱己；舅姑之爱己，由叔妹之誉己"：所以曲从舅姑，和悦叔妹，都是从敬夫一点而发。女子因为寄食于人的原故，遂不能不如此卑弱，由来已二千年了！

还有一本女教的书，名叫《女训》，传说是蔡邕做的。如果是他做的，应在民国前一千六百六十余年，约当西历三世纪中叶，较《女诫》晚出二百年。但察其文句：不似汉时体格，如曰：

> 心犹面也，是以其致饰焉。世人咸知饰面，而不知修心。面不饰愚者谓之丑，心不修贤者谓之恶；面丑犹可，心恶尚谓

之人乎？故览镜拭面，则思心当洁净；傅脂，则思心当检点；加粉，则思心当明白；泽发，则思心当柔顺；用髻，则思心当有条理；立髻，则思心当端正；攝鬓，则思心当整肃。

《世说新语》谓贾充妻李氏作《女训》行于世，是另一《女训》么？或者就是所引的《女训》？不得而知。著此以存疑。

三　教育的缺略及其例外

汉代和汉代以前，女子是没有教育的，但不成形的教育或家庭教育，不能没有。《内则》说："凡生子，择于诸母与可者，必求其宽裕慈惠，温良恭敬，慎而寡言者，使为子师"；这所谓"子师"，无异保姆，男女婴儿，所受相同。"子能食，食教以右手"；这也是男女相同的。"能言，男唯，女俞；男鞶革，女鞶丝"；这便男女有别了。同是应声，男子止"唯"，女子则"俞"，这是家庭教育上显出的男尊女卑底现象。以声音说，"唯"是上声，"俞"是平声；"唯"音强，"俞"音弱。以字义说，"唯"有恭敬之意，"俞"有忧患之意。这种小地方，竟有这大的分别。（现在人家里还常见做母亲的禁止女孩子作某几种声音，男孩子便不被禁止。）"六年，教之数与方名"，也男女相同，"七年，男女不同席，不共食"了。

以上都是家庭教育，过此以往，男子出就外傅，女子到了十岁，则要深处闺房，以受姆教。姆教，教些什么呢？一、执麻枲，二、治丝茧，三、织纴，四、组䌄：这四种是学女事以供衣服的。五、纳笾豆酒浆，六、菹醢，七、助奠：这三种是观于祭祀的。十五而笄，二十而嫁,出嫁前所受的教育,便只如此了。

与君同宗的人家,在女子将出嫁时,还有一点特殊的教育。《昏义》说:

> 妇人先嫁三月,祖庙未毁,教于公官;祖庙既毁,教于宗室。教以妇德、妇言、妇容、妇功。教成,祭之,牲用鱼,芼之以蘋藻,所以成妇顺也。

这是战国和其前的风俗,汉代或已废除。但妇德、妇言、妇容、妇功,这四种是女教所必需的。四种的内容如何,直至班昭《女诫》,才有说明,班昭说:

> 妇德不必才明绝异也——幽闲贞静,守节整齐,行己有耻,动静有法:是谓妇德。
> 妇言不必辩口中利辞也——择词而说,不道恶语,时然后言,不厌于人:是谓妇言。
> 妇容不必颜色美丽也——盥浣尘秽,服饰鲜洁,沐浴以时,身不垢辱:是谓妇容。
> 妇功不必工巧过人也——专心纺织,不好戏笑,洁齐酒食,以奉宾客:是谓妇功。

如此看来,这也只是家庭教育的一种,绝对不希望其与男子的教育并列的。施行这种教育的人,《白虎通》说:"国君取大夫之妾,士之妻,老无子者,而明于妇道,又禄之使教宗室五属之女。"这种教育,仅在嫁前三个月开始,时期很短,因为他们觉得,"妇人学,一时足以成矣";所以根本便不要多学。

宗室五属之女,方有先嫁三月的教育,那庶人的女儿,连这也不能有。不过临出嫁时,父戒几句,母勉几句,庶母叮咛几句,(《仪礼》说:"父送女,命之曰:戒之戒之,夙夜无违命。母施衿结帨曰:勉之勉之,夙夜无违宫事。庶母及门内,施鞶,申之以父母之命,命之曰:敬恭听命,宗尔父母之言,夙夜无愆,视诸衿鞶。")就代替了先嫁三月的教育了。

战国以前,当只如此。自从秦代以来,方士儒生,皆成专业。汉武提倡经术,尊尚儒学,更养成了多少经学专家。这种人家,因为书史是父兄的专业,无事时也一任女儿去学,初无什么成见,结果遂造成很多以学问名家的女子。这种女子,后汉较前汉为多,也可看出这趋向是渐渐来的。前汉以学问见称的女子,如孝成许皇后,《汉书》称她"聪慧,善史书"。如冯嫽《汉书》称她"能史书,习事"。后汉除班昭外,有章德窦皇后,《后汉书》说她"年六岁能书"。和帝阴皇后,《后汉书》说她"少聪慧,善书艺"。和熹邓皇后,《后汉书》说她"六岁能史书,十二通诗论语,家人号曰诸生"。顺烈梁皇后,《后汉书》说她"少善女工,好史书,尝以列女图画置于左右以自鉴戒"。又有王美人,"聪敏有才,能书会计";左姬,"善史书,喜词赋";皇甫规妻,"善属文,能草书,时为规答书记,众人怪其工"。至于蔡琰,妙于音律,自胡中归后,曾作《胡笳十八拍》,又写其父蔡邕遗书以与曹操,文无遗误;后汉除班昭外,她是最有名了。

不过那没有受书史教育的女子,究竟是最大多数,也就像那时的儒术经学,是少数男子的专门职业,而不是一般男子应受的教育一样。班昭的女儿,就不能像班昭那样经研学问,故她在《女诫》序里说:"男能自谋矣,吾不复以为忧也;但伤诸女,方当适人,而不渐训诲,不闻妇礼,惧失容于他们,取耻宗族。"班昭觉得,女子应和男子一样受一点教育,不过男子的教育在整饬威仪,女子教育,目的则在事夫;她说:

> 察今之君子,徒知妻妇之不可不御,威仪之不可不整,故训其男检以书传;殊不知夫主之不可不事,义理之不可不存也。但教男而不教女,不亦蔽于彼此之数乎?礼八岁始教之书,十五而学至矣,独不可依此以为则哉?(《夫妇篇》)

从此可见当时社会是不要女子读书的,但班昭主张,在十五岁以前,女子应和男子一样的读书,不过他们读书的目的不同罢了。我们认清,女子读书的目的,惟在"事夫",二千年前我们初有女子教育时,就这样规定下了。

四 再嫁的自由

在汉代,朝廷虽用官势褒奖贞节,刘向、班昭等又用文字鼓吹贞节,社会对于贞节,终不严重看视。妇人再嫁,无人制止,也有人愿娶,这足证明汉代不过是贞节观念由宽泛向严格的一个过渡时代。

前汉再嫁的事,还不大多。如朱买臣妻离婚再嫁,是人人知道的。买臣达后,还能优畜他们夫妇,也是不以再嫁为非,方能如此。(见《汉书》本传)焦仲卿妻不得于姑,于归后,太守、县令一再遣媒议婚。足见当时被遣的妇人,还有欲求不得的哩。(见《古诗纪》)

后汉再嫁的例子却多了:

汝南邓元义妻不悦于姑,被遣归家;再嫁为华仲妻,华仲官为"将作大匠"。一日偕妻乘朝东行于市,元义立路旁观看,谓人曰:"此我故妇。非有他过,家夫人遇之实酷。——本自相贵。"(见《后汉书·应奉传注》)华仲做这样大官,尚甘心娶再嫁的妇人,已很足奇;从邓元义向旁人说的话看,他那种羡念的神情,一齐活现纸上。若以再嫁为可耻,还能这样么?

蔡邕的女儿文姬(琰),初为卫仲道妻。卫死无子,回在娘家。值兴平之乱,被虏入匈奴,为左贤王之妾,甚见爱怜,相处十二年,生二子。后来曹操虑邕无嗣,以金赎文姬回国,再嫁为董祀妻,恩爱仍极笃。(《后汉书》本传)像她已经嫁了两次人的,董祀还能娶她,并且感情很好,社会上也并不因她生了胡子而加贱视;可见当时对于贞操的观念,是怎样的淡薄。

蔡文姬的《胡笳十八拍》,是文学上很有价值的作品,其中最精采处,就是自叙她回国别子的几段,如第十一拍云:

> 我非贪生兮恶死,不能捐身兮心有以。生仍冀兮得归乡梓;死当埋骨长已矣!日居月诸兮在戎垒,胡人宠我兮有二子。鞠之育之兮不羞耻,愍之念之兮生长边鄙:——十有一拍兮因兹哀,起响缠绵兮彻心髓。

第十三拍云:

> 不谓残生兮却得旋归,抚抱胡儿兮泣下沾衣。汉使迎我兮四牡騑騑,胡儿号兮谁得知;——与我生死兮逢此时!愁为

子兮日无光辉,焉得羽翼兮将汝归。一步一远兮足难移,魂销影绝兮恩爱遗。十有三拍兮弦急调悲,肝肠搅兮人莫我知。

第十四拍写思儿之梦。十五拍有云,"子母分离兮意难任,……生死不相知兮何处寻"。十六拍有云,"今别子兮归故乡,旧怨平兮新怨长;泣血仰叹兮诉苍苍,胡为生兮独罹此殃!"十八拍结句有:"天与地隔兮子西母东;若我怨气兮浩于长空,六合虽广兮受之应不容!"思子之情,肝肠寸断。这正在她做董祀妻的时候。从这诗里,我们看出当时礼教是战不胜母性之爱的。但幸而她生在汉代,若生在宋明以后,像这样不能死节的女子,史官还能替她在正史立传么?

《后汉书·列女传》中,还有几个例子,可供再嫁的推证:

荀爽之女采,十七嫁阴瑜,十九产一女而瑜死。后同郡郭奕丧妻,爽以采许之。虽然采以不愿嫁而自缢,成其节烈之名,但荀爽不以改嫁其女为非,奕亦不以愿娶再醮妇为辱,于此可见。

桓鸾之女嫁刘长卿,生一男五岁而长卿卒,桓防嫌疑,不肯归宁。后十年儿又夭殁,桓虑不免,乃预刑其耳以誓不嫁。使当时无逼其改适之必然性,则桓何必虑而自刵?桓这时已守寡十年,尚有逼其改适的人,可见社会之不重守节了。

吕荣嫁许升,升不理操行,荣父积忿嫉升,竟呼荣欲改嫁之,吕荣不肯。则是其夫未死,尚有改嫁的可能。

除上述的以外,皇帝亦有设法为公主谋再嫁;或任其宠人的。武帝之姊馆陶公主寡居,宠董偃十余年,武帝至主家,呼偃为主人;翁后馆陶公主竟与董偃合葬。昭帝之姊安邑盖公主,私通丁外人,帝与霍光闻之,不绝主欢,诏丁外人侍主。又《后汉书·宋弘传》云：

> 帝姊阳湖公主新寡，帝与共论朝臣，微观其意。主曰，"宋公威容德器，群臣莫及。"帝曰，"方与图之。"后弘被引见，帝令主坐屏风后。因谓弘曰，"谚曰贵易交，富易妻，人情乎？"弘曰，"臣闻贫贱之交不可忘，糟糠之妻不下堂。"——帝顾谓主曰，"事不谐矣。"

这也是很有趣的故事。汉代既是贞节观念由宽泛到严格的过渡时代，女子的人格，还未全被礼教摧残。男子的眼睛，也未全被二重的道德遮住。例如《后汉书·黄昌传》，说黄昌夫人被贼掳去，流转入蜀为人妻。后黄昌为蜀郡太守，得遇故妻，相持悲泣，复为夫妇。昌妻那时业已替别人生了儿子，黄昌仍能和她作为夫妇，这足见汉代男子的度量底宽大！这也就是再嫁自由的社会心理了！

五　女性堕落的由渐

（一）姬妾之盛

古代天子六宫和诸侯一娶九女之说，都是后人附会和少数人之僭妄，前章说的甚详。可是秦有天下，于宫中夫人之下，设美人、良人、八子、七子、长使、少使等名目。汉仍其旧，武帝且添婕妤、昭仪等名目，凡十四等，后宫因以渐盛。仲长统说，"公侯之宫，美女数百；卿士之家，侍妾数十"：足见以女子为姬侍为玩物，已成普遍现象。这是堕落之一。

(二) 妓女之始

中国之有妓女，实起于汉武之营妓，而南北朝时，家妓最盛。虽然汉以前，越王勾践输淫佚过犯之寡妇于山上，令士之忧思者游山以喜其意；(见《吴越春秋》)已有妓的雏形，但不是那因经济压迫而为妓的可比。燕太子丹宾养勇士，不爱后宫美女，(见《班志》)也有妓的意思。可是真正的妓的制度，汉朝才有，这是堕落之二。

(三) 妆饰之盛

女子既须依男子以为生，甚或专供为玩物，自不得不修饰雕斫以取悦男子。脂粉的发明，传说甚早。《中华古今注》说"三代以铅为粉；秦穆公女弄玉有容德，感仙人萧史，为烧水银作粉与涂，亦名飞云丹。"又说："燕脂起自纣，以红蓝花汁凝成胭脂，以燕国所生，故曰燕脂，涂之作桃花妆。"此等说法虽不可信，然在汉代，脂粉确已通行；汉武且日给宫人螺子黛以画翠眉，妆饰更有进步。又如髻，《妆台记》云："周文王于髻上加珠翠翘花，傅之铅粉，其髻高曰凤髻。又有云髻，步步而摇，故曰步摇。始皇宫中悉好神仙之术，乃梳神仙髻；后宫尚之。后有迎春髻、垂云髻、亦相尚。汉武就李夫人取玉钗搔头，自此宫人多用玉。"汉元帝时有同心髻。其后髻名更多。《后汉书·梁冀传》说："冀妻孙寿，色美而善为妖态，作愁眉啼马妆，堕马髻，折腰步，龋齿笑，以为媚惑。"——女性美是应讲究的，然若以男子的好恶为转移，这种美不能算是女性美的本相罢？像这样摧残雕斫以为美，完全改变了个性，是女性的第三种堕落。

(四) 溺婴之始

但在宗法的组织之下，只能营寄生生活的妇女，没有独立的地位和思想的,便不能责其不被摧残。上说的三种堕落,还是留有生命的哩,贫穷人家怕子女长大无力婚嫁,已经有溺婴的风俗了。(《前汉书·王吉传》:"聘妻送女无节,则贫人不及,多不举子。"又《地理志》云:"嫁娶太早,尤崇侈靡;贫人不及,多不举子。")

　　这种种的压迫残害,不过是个滥觞,此后两千年,女性之被摧残,可真有增无减哩。

第四章　魏晋南北朝的妇女生活

——民国纪元前一六九二—一三二四年

一　概论

魏晋南北朝三百几十年间,战乱相寻,几无宁岁,妇女生活,多被蹂躏。但因为纷乱的原故,遂不暇作儒术的提倡,压迫既小,反动易张。所以一方面妓妾声伎最盛,一方面妇人妒忌特别发达。妇人妒忌,是一种对于男子的抗争,可也就是很可怜的抗争了。妇女因为寄生在男子势力之下,不能对等的抗衡,便出之以嫉妒。嫉妒固然不是好事,有时止是无意识的表现,然而是值得同情的。到是妓妾声伎之盛,养成后世亵玩女子的态度,是这时代顶不好的事。

二　婚姻重门第及其流弊

魏行九品中正制,以九品取人,为中正者,分别高下,任意尊卑,惟计门阀官资,故致当时有"上品无寒门,下品无世族"之诮。

世族既尊,常恐其品望为寒门所夺,遂高自矜贵,而抑寒门。世族为士,平民为庶,士族又有旧门次门后门勋门之类,界限严格。防守阶级的唯一办法,自然只有不通婚姻。士人不幸与庶族通婚,则群以为耻。而庶族方面,则以一旦偕偶士族为荣幸。即士家坐罪没官之妇女,寒门亦觉难得。东晋如此,南北朝时更甚。齐王源嫁女富阳满氏,沈约奏弹王源,文载《昭明文选》。沈约说:

> 满氏姓族,士庶莫辨;……王满连姻,实骇物听。

又说:

> 高门降衡,虽自己作;蔑祖辱亲,于事为甚。此风弗剪,其源遂开;点世尘家,将被比屋。宜置以明科,黜之流伍。使已污之族,永愧于昔辰,方媾之党,革心于来日。

于是他主张:

> 请以见事免源所居官,禁锢终身,辄下禁止视事如故。

煞尾还说:

> 源官品应黄纸,臣辄奉白简以闻。

婚嫁原是人家家事,却受别人的干涉,竟要"置以明科,黜之流伍",当时阶级的严格,可想见了。

北朝婚姻严视阶级更甚。北魏和平四年(民国前一四四九)诏"皇族师傅百王公侯伯及士民之家,不得与百工伎巧卑姓为婚,犯者加罪"。(见《魏书·高宗本纪》)太和二年(民国前一四三四)又诏"皇族贵戚及士民之家,不得与非类婚偶"。(见《高祖本纪》)

魏以九品中正取人,固然是造成门阀的原因,相习成风,遂至如此。但尚有一个原因,使严限婚姻阶级的,便是北魏诏中所说的"皇族"了。东晋以后,五胡云扰,血统混乱,为标异种族起见,亦不得不严加辨别。

婚姻重门第,流弊很多,约略说来,如:

一、失时　为标榜门第起见,嫁女娶媳,富者固尚奢侈,贫家亦极铺张,世族人家,尤不能甘菲薄,然以经济困难之故,嫁娶每多失时。北魏孝文,曾诏禁止,太和二十年(民国前一四一六)更诏男女失时者,如仲春奔会之礼会合之也没有怎样帮助,所以北周建德三年(民国前一三三八)又有诏云;

> 自今以后,男年十五,女年十三已上,爰及鳏寡,所在军民,以时嫁娶,务从节俭,勿为财币稽留。

梁武帝大同五年(民国前一三七三)以七事祷雨,第六事是(命会男女恤怨旷。)凡此皆有失时者之证。然六朝有"拜时"之说,颇可救失时之弊,其礼以纱藏女首,送往夫家,而后拨之,因拜舅姑,便成妇道,无六礼,不合卺。袁子才谓为东汉以后权宜之制,今人养媳,颇类于此。

二、早婚　早婚的习惯,或谓是胡俗所染,但严重门第,也有关系。重门第固可使嫁娶失时,那门第相当而不为经济所困的,反可促之早婚。即如北周的诏语,男年十五,女年十三已上,便应婚嫁;也可见当时的风尚。北魏献文帝让位时,年仅十七,而孝文已五岁。北齐杀王族高俨时,年才十四,已有遗腹子五人。指腹为婚,亦起此时。梁韦放与吴郡张率,皆有侧室怀孕,因指腹为婚姻。当时此例甚多,故多悔恨之事。

三、劫婚　门第既严,往往有一方求婚,一方不与之弊,故劫婚的风俗,见于此时。北齐高乾求婚于博陵卢氏,门第悬绝,不能如愿,乾与弟昂往劫取之。这种风气,或说古已有之,不过发见于此时,并且直传至今日。

四、溺女　因为婚嫁奢侈,贫人遂不愿养女。《颜氏家训》说:

太公曰,"养女太多,一费也。"陈蕃云,"盗不过五女之门。"女之为累,亦已深矣。然天生蒸民,先人传体,其如之何?世人多不举女,贼行骨肉,岂当如此而望福于天乎?

五、婚嫁论财　既重门第,婚礼便争多较少,由婚礼争多,一变而愈重门第;因为门第高的人家,或者富有,而寒门则不容易有富者。所以婚嫁重门第与重财,几乎互为因果。《颜氏家训》说:"近世嫁娶,遂有卖女纳财,买妇输绢。比量父祖,计较锱铢,责多还少,市井无异。或猥婿在门,或傲妇擅室,贪荣求利,反招羞耻,可不慎欤。"又说:"世有痴人,不识仁义,不知富贵并由天命,为子娶妇,恨其生资不足倚作,舅姑之尊,蚘虺其性,毒口加诬,不识忌讳,骂辱妇之父母,却云教以妇道。……"这种情形,直传至今,舅姑每以妇家寒微或奁资太少之故,恨毒终身,时加虐待。或妇因门第甚高,奁资甚厚之故,傲慢无礼。都是从六朝就有的恶习了。

除上述五种外，还有婚嫁不论行辈，及教女嫉妒等等，都与严重门第有关系。

三 声伎之盛

三国魏时，倡妓业已通行，邯郸淳《笑林》载"某甲"一条，写某甲为霸府佐，尚不解声乐；妓人奏曲赞己，己亦不知：后作主人宴客，召妓具曲，误以药方当曲牌。如此说来。一个做官的若不懂声乐，就不免为人所笑了。倡妓若不通行，何至如此。

东晋天下已乱，特殊的权贵，此倒彼继。很多一旦富贵的人，这些人因为从前艰苦的原故，特别纵情声伎，穷极淫侈，社会上亦无人敢问；声伎之盛，乃为古代与两汉所未见。家里养许多美女，也不是妾，也不是婢，后人称之为"家妓"。如王恺、石崇豪侈相尚，恺置酒时，女伎吹笛小失声韵，便驱杀之。又使美人行酒，客饮不尽，便杀美人。石崇爱妾数十人，常屑沉香末布象床上，使妾践之，无迹者赐珍珠百琲，有迹者即节其饮食令体轻。（上均见《晋书》各本传）崇家厕中，设绛纱帐大床，茵蓐甚丽，令两婢守之，入厕时，两婢进锦香囊。（见《裴子语林》）王嘉《拾遗记》有"石崇婢翾风"一条云：

> 石氏侍人美艳者数千人，翾风最以文辞擅爱。……崇常择美容姿相类者数十人，装饰衣服，大小一等，使忽视不相分别，常侍于侧。使翾风调玉以付工人，为倒龙之佩。萦金为凤冠之钗，刻玉为倒龙之势。铸金像凤凰之形，结袖绕楹而舞；

昼夜相接,谓之常舞。若有所召者,不呼姓名,悉听佩声,视钗色,玉声轻者居前,金色艳者居后。以为行次而进。使数十人各含异香,使行笑而语,则口气从风而飏。……

当时之玩弄女子,有如此者。翾风不久也就因年长而宠衰①。石崇自己后来因妓绿珠之故,激怒孙秀。秀劝赵王伦矫召杀之,一门皆被害。王恺、石崇之外,狎玩女子的人还很多,如:

《晋书·平原王幹传》——幹前后爱妾死,既殓,辄不钉棺,置后空室中,数日一发视或行淫秽,须其尸坏,乃葬。

《宋书·颜师伯传》——师伯居权日久,伎妾声乐尽天下之选。

《宋书·阮佃夫传》——佃夫执权,妓女数十,艺貌冠绝当时,金玉锦绣之饰,宫掖不逮也。

《宋书·南郡王义宣传》——义宣多畜嫔媵,后房千余,尼媪数百,男女三千人,崇饰绮丽,费用殷广。

《南史·张环传》——环居室豪富,伎妾盈房,有子十余人。

《梁书·羊侃传》——侃性豪侈,善音律,自造采莲棹歌两曲,甚有新致。姬妾侍列,穷极奢靡……延阳斐同宴宾客三百余人,器皆金玉杂宝。奏三部女乐至夕;侍婢百余人,俱执金花烛。

《梁书·曹景宗传》——景宗好内,妓妾至数百,穷极锦绣。

《梁书·夏侯夔传》——夔性奢豪,后房妓妾曳罗谷饰金翠者,亦有数百。

《梁书·鱼弘传》——弘,襄阳人,恣意酣赏,侍妾百余人,不胜

---

① 翾风失宠,自作诗云:"春华谁不美,卒伤秋落时。突烟还自低,鄙退岂所期。"又:"桂芳徒自蠹,失爱在蛾眉。坐见芳时歇,憔悴空自嗤。"

金翠，服玩居马，皆穷一时之绝。

《魏书·咸阳王禧传》——禧性矫奢，贪淫财色，姬妾数十，意尚不已。衣被绣绮，车乘鲜丽，犹远有简娉，以恣其情。由是昧求货赂，奴婢数千，田业盐铁，偏于远近。

《魏书·高聪传》——聪有妓十余人，有子无子，皆注籍为妾，以悦其情。及病，不欲令他人得，并令烧指吞炭，出家为尼。

《周书·李迁哲传》——性复华侈，能厚自奉养，妾媵至有数百，男女六十九人。缘汉十余里间，第宅相次，姬人有子者分处其中，各有僮仆侍婢奄阍守之。迁哲每鸣笳导从，往来其间，纵酒饮宴，尽平生之乐。

这都是一般人臣的事，不过就正史所载，略举一二，自然不能详备，至于南北朝的君主，那新兴的还好，亡国的呢，有几个不是荒淫无度的？如宋废帝，如齐东昏，如陈后主，他们的荒淫，都是普通历史上特别著称的。后魏曹彰以爱妾换马，女子的价值，曾不如一马，唯在男性之好否。这样狎玩女子，蹂躏她的身体和人格，女子的生活，怎得不大事低落？故影响后世甚大。

四 元孝友请置妾

东魏孝静帝时（民国前一三七八—前一三三六），元孝友奏请委令百官各以品第置妾。元孝友是拓拔谭的曾孙，其兄彧封临淮王，甚有才学，后以不屈于尔朱氏死，孝友遂袭为临淮王。明于政理，但善事权势；后入北齐被害。东魏虽然并没有置妾的委令，但从他底奏请表里，可看出当时社会背景，一、竞尚妒忌，使男子骛于外淫;二、宗法的观念,益形发达;三、妻的门第高,遂竞于妒:这三种也就是他奏请置妾的原因。

诸侯一娶九女之说,在中古时代是毫不对之怀疑的,元孝友乃得根据此说。又据他说,晋已有广置妻妾之令,"晋令诸王置妾八人,郡君侯妾六人,官品令第一第二品有四妾,第三第四有三妾,第五第六有二妾,第七第八有一妾",他说因为这样——

> 所以阴教聿修,继嗣有广。广继嗣孝也,修阴教礼也;而圣朝忽弃此数,由来渐久。将相多尚公主,王侯娶后族,故无妾媵,习以为常。妇人不幸,生逢今世,举朝既是无妾,天下殆皆一妻。

他以为一妻已成习惯,故——

> 设令强志广娶,则家道离索,身事迍邅,内外亲知,共相嗤怪。

若勉强多娶,不但妇人要分门析居,社会亦加骇怪。而且妇人尚妒,男子每甘于屈服——

> 凡今之人,通无准节。父母嫁女,则教以妒;姑姊逢迎,必相劝以忌。以制夫为妇德,以能妒为女工。自云不受人欺,畏他笑我。王公犹自一心,已下何敢二意?

他以为妇人妒忌,是奸淫兆兴的原因;因为男子在家既不快乐,便不能不外淫了。他说:

> 夫妒之心生,则妻妾之礼废;妻妾之礼废,则奸淫之兆兴:斯臣之所以毒恨者也!

他主张:

> 请以王公第一品娶八通妻,以备九女称事。二品备七;三品四品备五;五品六品则一妻二妾。限以一周,悉令充数。若不充数,及待妾非礼,——使妻妾加捶挞则免所居官。

这是他的提议,至于那无子而又不娶妾的呢?他说:

> 其妻无子而不娶妾,斯则自绝,无以血食祖父,请科不孝之罪,离遣其妻。

末后他说他这种主张的原因,是怎样为国为家,就是根据宗法组织和门第阶级底观点的,他说:

> 臣之赤心,义唯家国,欲使吉凶无不合礼,贵贱各有其宜。

又说:

> 冒申妻妾之数,正欲使王侯将相,功臣子弟,苗裔满朝,传祚无穷,此臣之志也!

奏表上后,诏付有司议奏不可,遂未实行。就元孝友的奏表总括说来,见得声伎之盛是一部分权势豪富的人干的事,另有一部分人屈于妒妇,想得妾还不能哩。

五 "妒"性发达的原故与事实

妒是人类的通性,但何以在东晋南北朝时特别发达?其后五代时亦极盛?既是通性,遇着不平,便应激发,遇着压迫,亦应反抗。可是压迫的力过大时,它也就不能激发了。中国每当承平的时代,礼教的势力便会澎涨,礼教认"妒忌"是妇人的恶德,悦夫是妇人的本分,父母告诫谆谆,乡党人言啧啧,在作女时,已极力训练其服从,妒的性能,不得萌蘖。结婚以后,到处受环境制裁,逼着你容忍驯伏,故虽有可妒,亦不能妒。东晋以后,时势纷乱,礼教的约束力极小,个性异常发达,妒的性能,遂得在妇女的天赋中复活。(男子也有妒性,但三千年来,男子均极自由,故无由发现其所谓妒。)至于门阀之相高,女子仗其家势,轻视其夫,和声伎之盛,也是两个细因。(人总以为丈夫娶妾,或有外遇,老婆才妒,不知妇妒有并不因丈夫之业已娶妾的。丈夫富贵,其妇恐其娶妾,亦可发生妒意。《韩非子》中有个故事:"卫人有夫妇祷者,而祝曰,使我无故得百束布。其夫曰,何少也? 对曰,溢是,子将以买妾。"足见妒意在妻的心里,不必实有可妒,也可发作。故声伎之盛,不是妇妒的主因。)

东晋时,谢安深好声乐,每以妓女相随,后颇欲立妾,而其妻刘夫人戒视甚严。兄子外甥等知公之意,乃共问讯刘夫人,称《关睢》、《螽斯》有不忌之德。夫人知以讽己,因问:"谁撰此诗?"答云"周公"。夫人曰:"周公是男子相为尔;若使周姥撰诗,当无此也!"此传为后世佳话,见《妒妇记》。

《妒妇记》,宋虞通之所撰。宋世公主,莫不严妒,明帝疾之,故令通之撰此书。明帝曾赐袁慆妻死,及使人代江斆作辞婚表,均因恨恶妒忌之故。又宋文帝第六女临川长公主,适东阳太守王藻,性妒,藻别有所爱,公主谮之于废帝,遂逮藻,下狱死,主与王氏离婚。明帝朝,主复上表,乞归王氏,因离婚后再嫁未能,生活孤寂,且在王家,曾留一子,这时欲归王家,抚育其子。从此可见妇女虽可拿妒忌来抗男子,但因在社会上没有相等的地位之故,仍然要罹不幸的。临川公主所上表极凄恻动人,她说:

> 妾遭随奇薄,绝于王氏;弘庭嚚戾,致此分异。今孤疾茕然,假息朝夕;情寄所钟,唯在一子。契阔荼炭,特兼怜愍。否泰荣枯,系以为命。实愿申其门衅,还为母子。推迁俛俛,未及自闻。先朝慈爱,鉴妾丹衷;若赐使息彻,归第宅省,仰揆天旨,或有可寻。今事迫诚切,不顾典宪;敢缘恩焘,触冒披闻。特乞还身王族,守养弱嗣;虽死之日,实甘于生。

宋明帝时,尚书右丞荣彦远,以善棋见亲。妇妒,伤其面,帝曰,"我为卿治之,何如?"彦远率尔应曰,"听圣旨。"其夕遂赐药杀其妻。刘休妻王氏亦妒,明帝赐休妾打王氏二十杖。令休于宅后开小店,使王氏亲卖扫帚皂荚以辱之。梁武帝郗后性妒。或云鸽鹉为膳疗妒,遂令茹之,妒果减半,惟多食则面生斑。惩戒妒妇,不可谓不尽;足见妇女寄生在男子腋下,就连这一点反抗也不能有。不过妇女每有很无意识的妒忌,也足增男子之愤懑。然而这又是无知识的流弊了,怎能专责妇女呢?

沈约《俗说》载一条云:

> 荀介子为荆州刺史,荀妇大妒,恒在介子斋中,客来便闭屏风。有桓客,时在中兵参军,来诣荀咨事。论事已讫,为复作余语。桓时年少,殊有恣容,荀妇在屏风里,便语桓云:"桓参军,君知作人不?论事已讫,何以不去?"桓狼狈便走。

又有"妒妇津"故事一则,《酉阳杂俎》及他书均见载及,云:

> 相传言晋大始中,刘伯玉妻段氏,字明光,性妒忌。伯玉常于妻前诵《洛神赋》,语其妻曰"娶妇得如此,吾无憾焉。"明光曰,"君何以善水神而欲轻我?吾死何愁不为水神?"其夜乃自沉而死。死后七日托梦语伯玉曰,"君本愿神,吾今得为神也。"伯玉寤而觉之,遂终身不复渡水。有妇人渡此津者,皆坏衣枉妆然后敢济,不尔风波暴发;丑妇虽妆饰而渡,其神亦不妒也。妇人渡河无风浪者,以为己丑,不致水神恐;丑妇讳之,无不皆自毁形容以塞嗤笑也。故齐人语曰:"欲求好妇,立在津口;妇立水傍,好丑自彰。"

这只是一个传说,不必实有其事。即有其事,更不必产生在大始,(大始是晋初元)但既盛传于唐,至少也须是南北朝流传下的。妒,原是爱的极致,在平等的两性关系中,是有相当价值的,但在奴视女性的时代,妒只是一种不得已的可怜的反抗,且只能引起对手方的反感,被目为"恶德。"这也是时代给予的不幸啊。

六 "美"的观念之进步与修饰

美的观念,初甚质朴,《诗经·硕人》云:

> 手如柔荑,肤如凝脂,领如蝤蛴,齿如瓠犀,蓁首蛾眉;巧笑倩兮,美目盼兮!

这是春秋时形容美的最好的句子了。这其中并没有雕琢装饰的意思。宋玉《神女赋》,写女子之美,着重在"秾不短,纤不长",体长合度,是言美者所同宗。言女美之大体,则"其状峨峨,何可言极。貌丰盈以庄姝兮,苞温润之玉颜"。分言其眉目则:"眸子炯其精朗兮,瞭多美而可观。眉联娟以蛾扬兮,朱唇的其若丹。素质干之实兮,志解泰而体闲。"这比《硕人》所形容,精进多了。宋玉《登徒子好色赋》写东家之子,"增之一分则太长,减之一分则太短;著粉则太白,施朱则太赤。眉如翠羽肌如白雪,腰如束素,齿如含贝"。注重眉,注重齿,注重肌肤,注重眸子、体态和身腰,都很细致。汉魏以后更为精进。蔡邕《青衣赋》有云:

> 盼倩淑丽,皓齿蛾眉。元发光润,领如蝤蛴。纵横洁发,叶如低葵。修长冉冉,硕人其颀。绮袖丹裳,蹑蹬丝扉。盘跚蹀躞,坐起低昂。和畅善笑,动扬朱唇。都冶妩媚,卓跞多姿。精慧小心,趋事如飞。中馈裁割,莫能双追。

这比前人的描写，格外深细，而所谓"绮袖"、"丹裳"与"丝扉"，都是穿的东西，足见美的观念，不是从前那纯任天然的了。前章曾说过，梁冀之妻孙寿，作愁眉啼马妆，堕马髻，折腰步，龋齿笑，以为媚惑，足证汉时的美，已须借重于装饰。其后更然。曹子建《洛神赋》云：

> 袱纤得衷，修短合度。肩若削成，腰如约素。延颈秀项，皓质呈露。芳泽无加，铅华弗御。云髻峨峨，修眉联娟。丹唇外朗，皓齿内鲜。明眸善睐，靥辅承权。环姿艳逸，仪静体闲。柔情绰态，媚于语言。

这比前人的叙述，并不见若何不同。可是他接下去写道：

> 奇服旷世，骨像应图。披罗衣之璀粲兮，珥瑶碧之华琚。戴金翠之首饰，缀明珠以耀躯。践远游之文履，曳雾绡之轻裾。

就极力写衣饰之美了。美的观念，由质朴而进到富丽，汉是过渡的时代，魏晋就是成熟的时代了。妇女在这时候，修饰已甚进步，取悦于男子的方法亦较从前为工。《中华古今注》云："魏文帝宫人所绝爱者，有莫琼树、薛夜来、陈尚衣、段巧笑，皆日夕在帝侧。琼树始置为蝉鬓，望之缥渺如蝉翼。巧笑始以锦衣丝履，作紫粉拂面。尚衣能歌舞。夜来善为衣裳。皆为一时之冠绝。"《妆台记》云："魏武帝令宫人扫黛眉，连头眉，一画连心细长，谓之仙蛾妆；齐梁间多效之。"《玉台新咏》载梁简文帝《美人晨妆诗》云：

> 北窗向朝镜，锦帐复斜萦。娇羞不肯出，犹言妆未成。散

黛随眉广,燕脂逐脸生。试将持出众,定得可怜名。

妇女之重视修饰,以及修饰之进步,是这时代重要的表现,然也是历史的自然所演成。

七 后娶与双妻

当时嫡庶之分既严,妾媵的地位低下,正妻亡后,必得再娶,以致很有流弊,《颜氏家训·后娶篇》说:

> 河北鄙于侧出,不预人流,是以必须重娶,至于三四,母年有少于子者。后母之子与前妇之兄,衣服饮食爱及婚宦,至于士庶贵贱之隔,俗以为常。身没之后,辞讼盈公门,谤辱彰道路。子诬母为妾,弟黜兄为佣,播扬先人之辞迹,暴露祖考之长短,以求直己者,往往而有。

后娶的人与前妻之子往往年差不远,以及因此发生的纠葛,直至近代,尚且很多。(后娶的年龄有太相悬殊的,后魏甄琛娶刘缵的孙女,女年未二十,而琛已六十余。)主要的原因,只是宗法底组织太重视嫡庶了。所以"江右不讳庶孽",妻死之后,即可以妾主家,以后的分争也少些。

刘向《列女传》很赞美后母待前人之子慈爱的,则在汉代,恐后母即不易与前人之子相处得好,南北朝时,更是如此。颜之推说后母所以虐视前妻之子,并不是妇人嫉妒而然,只是前妻之子,每居已生之上,宦学婚嫁,都要优先,则不能不设法稍为自己的儿女留地步,便不能不压抑前妻之子了。这种现象,颜氏认为是"门户之祸"。

然晋世有有双妻的,温峤有二妻,俱封夫人;程谅立二嫡;贾充有左右夫人;柳仲武、陈说诸人,皆因离乱,失妻再娶,而其后又得圆聚。贾充之左右夫人,据《世说新语》云,充原娶李丰之女,丰被诛,戚属坐罪,充妻遂与离婚,随家人徙边去。后遇赦得还,充已另娶郭配女,晋武遂特听置左右夫人。(贾充及其两夫人死后,为合葬问题,曾起争端。因郭夫人所生女嫁为皇后,卒以帝力,以郭与贾合葬。)其他也都因门第的关系,不便派分嫡庶。当时议者亦有谓以后至之妻合于礼制之继室者,亦有谓两妻之子互相为服者,在当时也不过是个变态。然至后代,有"两头大"的习俗,即渊源于此了。

八 娶妇标准与胎教

晋武帝为太子纳妃,欲娶卫瓘女,谓卫公女有五可,(一)种贤,(二)多子,(三)端正,(四)长,(五)白。这是历史上有名的故事,后世娶妇论人,几乎都遵此五者为标准。反乎此的,便是(一)种妒,(二)少子,(三)丑,(四)短,(五)黑。拿种之贤妒作第一个标准,足见对于女子是希望其柔顺的。其次便希望其多子;当时观察女子将来多子与否,也只能就其种观察,如果她一脉宗支是蔓衍的,便认其为多子了。希望多子,正表示宗嗣观念之重。其次再讲到她的色貌,端正、长、白,便是美的标准。

不仅多子,并企其子贤,所以胎教是很重要的。胎教的渊源很古,《颜氏家训》说,"古者圣王有胎教之法,怀子三月,出居别宫,目不邪视,耳不妄听,音声滋味,以礼节之,书之玉版,藏之金柜";想是根据《大戴礼记》说的。至《博物志》所说胎教,则甚离奇,它说:

> 妇人妊娠,不欲令见丑恶异物。异类鸟兽食,当避其异常味。不欲令见熊罴虎豹御,及鸟雉食牛心白犬肉鲤鱼头。席不正不坐,割不正不食。听诵诗书讽咏之音,不听淫声,不视邪色,以此产子,必贤明端正寿考。所谓父母胎教之法。故古者妇人妊娠,必慎所感,感于善则善,恶则恶矣。

必慎所感,是不错的,一定全称肯定的说感善则生善,感恶则生恶,未免附会。难道看见了熊罴虎豹御(即交媾)即产生熊罴虎豹么?见了食牛心鲤鱼头,所生子即为牛心或鲤鱼头么?迷信胡说,至于如此。又云:

> 妊娠者不可啖兔肉,又不可见兔,令儿唇缺。又不可啖生姜,令儿多指。

又云:

> 妇人妊娠,未满三月,著婿衣冠,平旦,左绕井三匝,映详影而去,勿反顾,勿令人知觉,必生男。

事出不经,毫无道理,莫此为甚。《博物志》,据说为晋张华撰,姚际恒颇不以为然,然亦无他理由,只说其"浅猥无足观"。据他说胎教的话看,"浅猥无足观"已不足为讳,然张华好为图纬方技,本来就有点乌烟瘴气,也不能保证他就不说这样无理的话。《四库目录》谓"原本散佚,后人采其遗文,裒合成编,又杂取他说附益之",此语似可相信,则其离奇古怪,不足以责张华,只要知道从晋以后,就有这种说法罢了。

九　贞节观念之保守

魏晋南北朝这样乱杂的时代,宜其贞节观念之可以松散,乃竟不然。《北齐书·羊烈传》云,一门女不许再醮。太和中(民国前一四二五前后)于兖州造一尼寺,女之寡居无子者,都叫她出家为尼,住寺中。女子守寡,不是她乐意的,逼着她作尼姑,实在没有道理,然而羊家闺门之誉,竟由是起。《晋书·列女传》跋云:"夫繁霜降节,彰劲心于后凋;横流在辰,表贞期于上德;匪伊君子,抑亦妇人焉。"《北史·列女传》序云:"盖女人之德虽在于温柔,立节垂名咸资于贞烈。"可见世道越不好,贞烈越是提倡,诏旌门闾的事越是盛行。

裴颁,晋惠帝时为国子祭酒,约当民国前一千六百余年,他做一篇《女史箴》,很重贞操,他说:

> 膏不厌鲜,女不厌清,玉不厌洁,兰不厌馨,尔形信直,影亦不曲。尔声信清,响亦不浊。绿衣虽多,无贵于色。邪径虽利,无尚于直。春华虽美,期于秋实。水璧虽泽,期于见日。浴者振衣,沐者弹冠;人知正服,莫知行端。服美动目,行美动神;天道佑顺,常于吉人。

张华也作一篇《女史箴》，重在柔顺，他说：

> 妇德尚柔，含章贞吉。婉嫕淑慎，正位居室。……人咸知饰其容，而莫知饰其性；性之不饰，或愆礼正。出其言善，千里应之；苟违斯义，同衾以疑。骥不可以黩，宠不可以专。专实生慢，爱极则迁；致盈必损，理有固然。

他们两人，是晋代有名的学者，他们的话，很可代表当时士大夫对女子守贞的态度。

《晋书·列女传》有陕妇人，谥孝烈贞妇。《南史》羊佩任之乡里，号曰女表。卢元礼妻李氏号曰贞孝女宗，易其里为孝德里。《魏书》兕先氏许嫁彭老生为妻，未娶，彭逼与奸，不从，竟为彭所杀，号曰贞女。这些故事，不一而足。但是也有例外。宋"山阴公主谓帝曰，'妾与陛下，虽男女有殊，俱托体先帝；陛下六宫万数，而妾唯驸马一人，事不平均，一何至此'。帝乃为之置面首左右三十人"。（见《宋书》）这个故事，为后世所纷议；也许是有的，但断不能如所言之盛，即如宋之后宫，何尝有六，更何尝有宫妃万数？则帝不能恰为置面首三十，亦是明显的事。汉之馆陶公主可以宠董偃，安邑盖公主可以通丁外人，则山阴公主又何尝不可置面首？不过这是个例外，不能说南朝时即有人实行多夫主义的。

十　封爵与受田

古代妇女是无名无爵无谥的。到了汉代。妇女就有有名的了,并且也有有爵赐邑的。高帝封兄伯妻为阴安侯,高后二年封萧何夫人为酇侯,樊哙妻吕媭为临光侯……列侯之妻称夫人,列侯死,子复为列侯,乃称太夫人;子若不袭为列侯,则不得称。又常有赐女邑的事。晋代曾设均田制,男子占田七十亩,女子三十亩。丁男课田五十亩,丁女二十亩。次丁男二十五亩,次丁女则不课。东晋与南朝间,其法不行,北朝又行之。北齐时丁男受露田八十亩,丁女课四十亩。后又改为成丁者受田百亩,有室者出半。这都是乱后人少,偶尔试行的。并不是常法,行之也未久,不过有这回事罢了。正丁,男女年十六至六十者称之;十五以下至十三,及六十一以上至六十五为次了;十二以下及六十六以上则别称老小。

十一 晋代女子之风雅

晋代女子之风雅,有特述之必要,"步障解围之谈,新妇参军之戏",是卫道先生目为名教荡然的,也是千古流传认为美谈的。王献之与客谈辩,词理将屈,嫂氏道韫遣婢白献之,曰"欲为小郎解围"。乃施青绫步障自蔽,申献之的主张,客不能屈。在"叔嫂不通问"的卫道先生们眼中,自然认为名教荡然了。谢道韫是素被称为"咏絮才高"的,为女时,才情已压倒兄弟辈。即新婚归来,她在叔父谢安面前评其夫凝之道:"不意天壤之中,乃有王郎!"这在卫道先生看来,少不得又要说她不识羞耻了。——谢道韫又是晋代一个特殊的女子。王浑与妇钟氏共坐,其侄从庭过,浑欣然谓妇,"生儿如此,是慰人意",也不过对其侄满意的表现。钟氏却云"若使新妇得配参军,生儿故可不啻如此?"钟氏在丈夫面前以夫弟打浑,非能看破礼教的,怎能做到?他如许允新婚与王公渊新婚时,新妇折服他们的言谈,都是千古的美谈,不见于其他时代的。又如山涛妻穿墉以窥嵇、阮,对于她丈夫和嵇、阮的批评,能恰如三公之意,也是风雅的佳话。总之,东晋一代,礼教的约束力极小,才有这种现象。

第五章 隋唐五代的妇女生活

——民国纪元前一三二三—九五三年

一 炀帝后宫之特盛

隋自文帝统一,至恭帝禅位,其间不过二十余年。且在文帝时,诸般皆承南北朝之旧,妇女生活,无足特称。惟开皇十六年(民国前一三一六)曾诏官员九品以上,夫亡妻不许改嫁;五品以上,夫亡妾不许改嫁。足见当时改嫁之普遍,及贞节观念之保守。

隋炀帝荒淫无道,狎玩女子,至于极度,女性人格,大为破坏,很有一说的必要。炀帝在文帝病时,逼辱帝之宠姬陈夫人,激帝之怒,后遂因以弑帝。即位之后,认真照《昏义》六宫所说,置三夫人九嫔二十七世妇,八十一御妻。如贵妃淑妃德妃是为三夫人,品正第一。顺仪顺容顺华,修仪修容修华,充仪充容充华,是为九嫔,品正第二。婕妤一十二员,品正第三;美人才人一十五员,品正第四:是为世妇。宝林二十四员品正第五;御女二十四员品正第六;采女三十七员品正第七;是为女御。总一百二十四员以叙于宴寝,当时妇职,《后妃传叙》说:"惟端容丽饰陪从燕游而已,"实前古帝王所未有。且宫女侍婢,尚不在此一百二十四员之内。唐太宗即位之初,出宫女三千人,后又出三千人,足见隋代后宫之盛。

隋筑新宫既成,备极华丽,炀帝云:"使真仙游此,亦当自迷,因名迷楼。"后来韩偓作《迷楼记》,专言炀帝后宫及游幸之事。炀帝屡游江都,自长江至江都,设离宫四十余所;并开运河,以便来往。关于炀帝狎玩女子种种故事,前人笔记小说载者甚多,半皆猥亵,不必征引;且亦不足俱信。至《迷楼记》叙侯夫人自经事,很可见出当时后宫之苦况。据云侯夫人自经后,自其臂所悬锦囊中,取出诗文数首,以献炀帝。帝见其诗,反复伤感,往视其尸,曰"此已死,颜色犹美如桃花"。乃急召宫使许廷辅,责其何以不将侯夫人送之迷楼,——因后宫不能遍幸,宫使须尽择美貌者送迷楼,方易与炀帝接触,——遂赐自尽。炀帝后又将侯夫人诗,令乐府歌之,因特著名,其《自感》三首云:

> 庭绝玉辇迹,芳草自成窠;隐隐闻箫鼓,君恩何处多?!

> 欲泣不成泪,悲来翻强歌;庭花方烂漫,无计奈春何!

> 春色正无际,独步意何如;不及闲花草,翻承雨露多。

《看梅》二首云:

> 砌雪无消日,卷帘时自颦。庭梅对我有怜意,先露枝头一点春。

> 香清寒艳好,谁惜是天真;玉梅谢后阳和至,散与群芳自在春。

《妆成》一首云：

妆成多自惜,梦好却成悲。不及杨花意,春来多自飞。

《自伤》一首,是她的绝命词,云：

初入承明日,深深报未央;长门七八载,无复见君王。春寒侵入骨,独坐愁空房;飒履步庭下,幽怀空感伤。平日深爱惜,自待聊非常,色美反成弃,命薄何可量！君恩实疏远,妾意徒徬徨。家岂无骨肉,偏亲老北堂。此方无羽翼,何计出高墙。性命诚所重,弃割良可伤;悬帛朱栋上,肝肠如沸汤。引颈又自惜,有若丝牵肠。毅然就死地,从此归冥乡！

这诗第一段写初入承恩一次后,七八年不见君王之苦处,第二段写她自己的感伤怨慕,第三段写她想家,末段写几次欲死的情况：婉转之至是宫怨中最难得的。

后宫女子之多,虽然汉魏已然,但至炀帝而极盛,从此以后,君主之亵玩女子,遂认为当然的事;而其术亦愈进步。宫女之数,动辄有四五千人了。

二　唐初重门第与贫女之难嫁

唐初婚姻,犹重门第,南北朝时之望族,太原王,范阳卢,荥阳郑,清河、博陵二崔,陇西、赵郡二李,这时仍称望族,不与卑姓为婚。其他新官旧士,亦宜如此。太宗时曾有诏谓:"新官之辈,丰富之家,竞慕世族,结为婚姻,多纳财贿,有如贩鬻。或贬其家门,辱于姻娅;或矜其旧族,行无礼于舅姑。自今以往,宜悉禁之。"命修氏族志,例降一等,王妃主婿,皆取勋臣家,不议山东之旧族。而魏徵、房玄龄、李绩诸人家,皆乐与山东旧族议婚,故旧望不能减。或一姓之中,更分某房某眷,高下悬隔。张说好求山东婚姻,与张姓亲者,皆为门甲。李义府曾为其子求婚,不获,恨之,乃以先帝之旨劝高宗矫其弊。高宗诏后魏陇西李宝等子孙,不得自为婚姻。仍定天下嫁女受财之数,毋得受陪门财。然族望为时俗所尚,终不能禁。七姓虽不敢彰然婚媾,往往仍载女窃送夫家,或女老不嫁,亦不愿与异姓为婚。其有衰宗落谱者,每自称禁婚家,益增厚价。这都是南北朝传下的风气,唐兴数十年后,也就渐渐磨灭了。

重门第的观念虽可稍杀,势利的眼光,则深入人心。贫穷家女,乃不易嫁。白居易《贫家女》一诗,写当时婚姻心理,十分透辟。诗曰:

> 天下无正声,悦耳即为娱;人间无正色,悦目即为姝。颜色非相远,贫富则有殊。贫为时所弃,富为时所趋。红楼富家女,金缕绣罗襦;见人不敛手,娇痴二八初;母兄未开口,言嫁不须臾。绿窗贫家女,寂寞二十馀。荆钗不值钱,衣上无真珠;几回人欲聘,临日又踟厨。主人会良媒,置酒满玉壶。四座且勿饮,听我歌两途。富家女易嫁,嫁早轻其夫;贫家女难嫁,嫁晚孝于姑。闻君欲娶妇,娶妇意何如?

婚姻以财币为转移,始于魏晋盛于唐代,从此以后也就有增无减。

与门第的观念,成为议婚者两大先决条件,直至今日。实是痛心的事,也是宗法社会中的必然现象啊!

三　宫人的苦痛

　　隋炀帝在民间选宫女,遂开选女之例,宫中女子,不是从民间选,即是大臣家没官的妇女。这两种办法,实是专制的蝥毒。民间处女被选入宫,便将其青春断送,此非人所乐愿,自不待言;就是没官的妇女,虽然未蒙一死,入宫以后,秋月春花,等闲虚度,岂不一样的痛苦?肃宗在东宫时,为李林甫所构,屡频危殆。玄宗见其宫,不洒扫,无妓女,乃嘱力士为选民间女子颀长洁白者五人,将以赐太子。(这里可见美人标准是颀、长、洁、白。)后力士言:"民间选女,物议嚣嚣,掖庭中故衣冠以事没入其家者,宜可备选。"(详李德裕《次柳氏旧闻》)足见当时对于选女,已有非难了。贞元中宰相窦参被流于驩州,没入家赀,一簪不遗,其女上清,隶名掖庭为宫婢。(见《异闻集》)宰相的家人,尚且可以没官,所以当时被困深宫的女子,实在很多。
　　玄宗时,赐边军纩衣,制自宫中。有兵士于袍中得一诗,曰:

　　　　沙场征战客,寒夜苦为眠。战袍经手作,知落阿谁边。蓄意多添线,含情更着棉;今生已过也,愿结后生缘。

军士以诗白于主帅,帅闻于上,玄宗命遍示后宫,作此者勿隐,声言不加罪。一宫人自言万死,玄宗悯之,以嫁得诗者曰:"吾与汝结今生缘。"可见宫女情怀之迫切。

又孟棨《本事诗》载红叶题诗的故事,说顾况(在肃宗、德宗朝)在洛阳时,暇日与一二诗友游于苑中,流水上得大梧叶,上题诗曰:

一入深宫里,年年不见春,聊题一片叶,寄与有情人。

况明日于上游亦题诗叶上,泛于波中,诗曰:

愁见莺啼柳絮飞,上阳宫里断肠时。君恩不禁东流水,叶上题诗寄与谁?

后十余日,有客来苑中寻春,又于叶上得一诗,因以示况,其诗曰:

一叶题诗出禁城,谁人愁和独含情。自嗟不及波中叶,荡漾乘风取次行。

宫中之愁苦与不自由,于此可见。这个故事,流传到宋代,便加了很多的附会。王铚《补侍儿小名录》说是贞元中进士贾全虚的事,(既曰假,——贾同音,——又曰全虚,就变为凭壁虚造的事了。)后为德宗所闻,遂以题诗之女凤儿赐全虚。如此收场,显然地表示出后人同情的心理。中国人说故事,总希望团圆,无论从前怎样苦,能够团圆就好,所以明明一个悲剧,却变成了一个喜剧。

顾况以后不久,有白居易《上阳人》一诗,也是宫怨最好的作品,诗道:

上阳人,上阳人,红颜暗老白发新;绿衣监使守宫门,一闭上阳多少春。玄宗末岁初选入,入时十六今六十,同时采择百余人,零落年深残此身。忆昔吞悲别亲族,扶入车中不教哭,皆云"入内便承恩",脸似芙蓉胸似玉。未容君王得见面,已被杨妃遥侧目,妒令潜配上阳宫,一生遂向空房宿!宿空房,秋夜长,夜长无寐天不明,耿耿残灯背壁影,萧萧暗雨打窗声。春日迟,日迟独坐天难暮,宫莺百啭愁厌闻,梁燕双栖老休妒。莺归燕去长悄然,春往秋来不记年;唯向深宫望明月,东西四五百回圆!今日宫中年最老,大家遥赐尚书号。小头鞋履窄衣裳,青黛点眉眉细长;外人不见见应笑,天宝末年时世妆。——上阳人,苦最多。少亦苦,老亦苦,少苦老苦两如何?君不见昔时吕向《美人赋》,又不见今日上阳宫人白发歌!

天宝五年(民国前一一六六)以后,杨贵妃专宠,后宫无复进幸,宫人美者,俱迁置别宫,上阳宫是其一。不久贵妃虽死,此事亦被人忘却,故宫人尚不得解放。白居易这首诗,真能将宫人的痛苦,描摹尽致了。

四　官妓之盛

唐代官妓最盛,文人墨客,进士新贵,多以风流相高,皇帝且多出外作狎邪游者。长安、洛阳、扬州、湖州诸处,妓女尤多。孙棨《北里志》述长安官妓规例,云妓分三曲,略如现在的三等,南曲中曲为优等,其他则卑屑不足道,故多只称二曲。其屋舍情形,《北里志》云:"二曲中居者,皆堂宇宽静,各有三数厅事,前后植花卉,或有怪石盆池。左右对设小堂,垂帘茵褥帏幌之类称是。诸妓皆私有所占。厅事皆彩版,以记诸帝后忌日。"

妓之母,多为假母,俗呼为爆炭,大概皆衰退之妓。妓女来路有三种:(一)自幼丐有者;(二)或佣其下里贫家,为不调之徒所渔腊,失身至此者;(三)良家子为其家聘之,以转求厚赂,误陷其中者。入曲以后,教之歌令,责赋甚急,微涉退志,鞭扑备至。皆冒假母姓,呼以女弟女兄为之行,但年都不在三十以内。假母亦无夫,其未衰者,大抵为诸邸将辈所主,或私蓄侍寝,亦不以夫礼相待。有游惰男子,在三曲中为诸倡所豢养,则号之为"庙客",不知何意,大概亦似夫非夫之类。长安妓因为有公卿举子相往还,声价比较均甚高。大中皇帝,尝游北里,朝士宴聚,亦多在此。"诸妓居平康里,举子新及第,进士三司幕府,但未通朝籍,未直馆殿者,咸可就诣。如不惜所费,所下车,水陆备矣。其中诸妓,多能谈吐,颇有知书言话者,自公卿以降,皆以表德呼之。其分别品流,衡尺人物,应对排次,良不可及。信可辍叔孙之朝,致杨秉之惑。比常闻蜀妓薛涛之才辩,必谓人过言,及观北里二三子之徒,则薛涛远有惭德矣。"(《北里志·孙棨序》)这是长安妓的情形。

至于扬州,为盐铁转运使所在地,尽斡利权,判官多至数十人,商贾如织,故时谚有"扬一益二"之称。于邺《扬州梦记》云:"扬州,胜地也,每重城向夕,娼楼之上,街中珠翠填咽,邈若仙境。"杜牧之有"春风十里珠帘卷"之句。张祐诗云:"十里长街市井连,月明桥上看神仙;人生只合扬州死,禅智山光好墓田。"王建诗云:"夜市千灯照碧云,高楼红袖客纷纷;如今不似时平日,犹自笙歌彻晓闻。"徐凝诗云:"天下三分明月夜,二分无赖是扬州。"当时的盛况可以想见;交通便利,商业繁盛,实是致盛的主要原因;又与长安不同。长安是政治中心,扬州是经济中心,娼妓之所以能存在,便不能离开这两个原因。

唐诗最盛,妓中能诗者尤极多,因此更为一般文人学士所倾倒;良家妇女的诗什,流传反倒很少。这种有一个重要的原因,我以为娼妓的思想与精神是自由的,解放的,流动的,而良家妇女的精神,和她的身体一样,是拘束的,羞涩的,桎梏于礼教的,所以没有什么真情,也就不能做什么真情流露的诗了。唐妓诗既多,如今只能略选几首,代表一般。

张窈窕《春思》云:

> 门前梅柳烂春辉,闭妾深闺绣舞衣。双燕不知肠欲断,衔泥故故傍人飞。
>
> 井上梧桐是妾移,夜来花发最高枝;若教不向深闺种,春过门前争得知?

薛涛《春词》三首云:

> 揽草结同心,将以遗知音。春愁正断绝,春鸟复哀吟。
>
> 风光日将老,佳期犹渺渺;不结同心人,空结同心草。
>
> 那堪花满枝,翻作两相思;玉筋垂朝镜,春风知不知?!

刘采春有诗云:

> 不喜秦淮水,生憎江上船,载儿夫婿去,经岁又经年。

> 莫作商人妇,金钗当卜钱。朝朝江口望,错认几回船。

> 昨日胜今日,今年老去年;黄河清有日,白发黑无缘。

鱼玄机《赠邻女》云:

> 羞日遮罗袖,愁春嫩起妆。易求无价宝,难得有心郎!枕上潜垂泪,花间暗断肠。自能窥宋玉,何必恨王昌。

又《闺怨》云:

> 蘼芜盈手泣斜晖,闻道邻家夫婿归。别日南鸿才北去,今朝北雁又南飞。春来秋去相思在,秋去春来信息稀。扃闭朱门人不到,砧声何处透罗帏?!

李冶《寄朱放》云:

> 望水试登山,山高湖又阔;相思无晓夕,相望经年月。郁郁山木荣,绵绵野花发。别后无限情,相逢一时说。

又《送阎二十六赴剡县》云:

> 流水阊门外,孤舟日复西;离情遍芳草,无处不萋萋。妾梦经吴苑,君行到剡溪;归来重相访,莫学阮郎迷。

又《相思怨》云:

> 人道海水深，不抵相思半。海水尚有涯，相思渺无畔。携琴上高楼，楼虚月华满，弹着相思曲，弦肠一时断。

女子作抒情诗写像这一类深刻的，也只有娼妓，清代女诗人虽极盛，就没有一个敢这样大胆。宋代李易安、朱淑真的词，也就很能说情的了，但像"易求无价宝，难得有心郎"这类话是绝对没有的。虽然这是娼妓的口吻，然而也是真正懂得爱情的才能说出。不过朱、李当时的社会，还没有发生"无才是德"的谚语，所以还能比清代女诗人任情一些；然而也就招章实斋的抨击了。上面所引的诗，都限于抒情；能以表出她们生活真像的，最好是徐月英的《叙怀》，云：

> 为失三从泣泪频，此身何用处人伦。虽然日逐笙歌乐，长羡荆钗与布裙。

从这一首诗，可以看出娼妓那被压迫的、地位卑贱的、衷心的痛苦了。三从虽不是好道德，她还求之不得哩。

唐代的名妓，除前面引诗的各人外，尚有：盛小丛、赵莺莺、薛瑶英、元淳、翠华（杜牧有诗称之）、阿软（白居易为其女题名）、苏小小（钱塘名妓，时语曰：钱塘苏小小，歌声上林鸟，腰细楚王宫，杨柳摇春风）、李端端（扬州）、沈东东（与窦巩狎）、关盼盼（张建封爱姬）、薛琼琼、楚莲香、琼华（戎昱有诗）、锦云（与傅春狎）、贾爱卿（李师中有诗）、刘采春（元稹爱之）、柳氏（与韩翊厚）、刘凤仙（与周彦狎）、丽玉（杜牧欲婚未得者）、曹文姬（号书仙）、李娃（有传）。这些人，长安、扬州、洛阳、四川各地都有。洛阳妓亦最盛，李愿罢镇家居，每一会酒，女妓百余人。当时尚有饮妓，大概是专门侍酒的。又有歌女,大历中有张红红,曾入宫为才人。贞元中有田顺,曾为宫中御史娘子。元和、长庆以后有李贞信、米嘉荣、何戡、陈意奴。武宗以后有陈幼奇、南石嫌、罗宠。咸通中有陈彦晖。俱见段安节《乐府杂录》。

五 妆饰之崇绮与媚惑的进步

当时妆饰娥媚之术,比较从前,又大进步。髻的样式,连前所发明。取其佳者,名曰十髻,即:

凤髻(周文王时) 近香髻(秦始皇时) 飞仙髻(汉武帝时) 同心髻(汉元帝时) 堕马髻(梁冀妻) 灵蛇髻(魏甄后) 芙蓉髻(晋惠帝时) 坐愁髻(隋炀帝时) 反绾乐游髻(唐高祖时) 闹扫妆髻(唐贞元时)

画眉的式样,至五代时,也凑成十种,是为十眉:

(一)开元御爱眉 (二)小山眉 (三)五岳眉 (四)三峰眉 (五)垂珠眉 (六)月棱眉(一名却月) (七)分梢眉 (八)涵烟眉 (九)拂云眉(一名横烟) (十)倒晕眉

所以后来东坡诗有"成都画眉开十眉,横烟却月奇新奇"之句。唐末点唇名样亦极多,如:

胭脂晕品 石榴娇 大红春 小红春 嫩吴香 半边娇 万金红 圣檀心 露珠儿 内家圆 天宫巧 恪儿殷 淡红心 猩猩晕 小朱龙 格双唐 眉花奴

陆龟蒙有《纪锦裙》一文,述一古锦极华丽,不知是否实有其事。即使不是实有,龟蒙当时既作此文,已有这种侈丽的思想,或者当时衣裙实有很华彩的,不过不若所纪之甚。龟蒙文曰:

……李君乃出古锦裙一幅示余。长四尺,下广上狭,下阔六寸,上减三寸半,皆周尺如直。其前则左右鹤二,势若飞起,率曲折一胫,口中衔芋蓣辈。左右鹦鹉,耸肩舒尾,数与鹤相等。二禽大小不类,而隔以花卉,均布无余地。界道四向,五色间杂道上,累细钿点缀其中。微云琐结,牙以相带,有若驳霞残虹,流烟堕雾。春草夹径,远山截空,坏墙古苔,石泓秋水,印丹浸漏,粉蝶涂染。鳌缩环佩,云隐涯岸,浓澹霏拂,霭抑冥密,始如不可辨别,及谛视之,条段斩绝,分书一一有去处。非绣非绘,缜致柔美,又不可状也。里用缯采,下制线尚如旧,两旁皆解散,盖圻灭露落,仅存此故耳。纵非齐梁物,亦不下三百年矣!

如他所说,不是六朝的东西,便是唐初,如实有此物,则其繁丽,可增极点了。

妆饰之盛,进步至此,媚惑男性的程度,自然也颇有可观。隋丁六娘之《十索曲》,艳丽之至,可作女性娥媚的代表,今录其五:

裙裁孔雀罗,红绿相参对;映以蛟龙锦,分明奇可爱。——粗细君自知,从郎索衣带。

为性爱风光,生憎良夜促;曼眼腕中娇,相看无厌足。——欢情不奈眠,从郎索花烛。

君言花胜人,人今去花近,寄语落花风,莫吹花落尽。——欲作胜花娇,从郎索红粉。

二八好容颜,非意得相关,逢桑欲采折,寻枝倒嫩攀。——欲呈纤纤手,从郎索指环。

含娇不自转,送眼劳相望,无那关情伴,共入同心帐。——

欲防人眼多,从郎索锦幛。

男女两性,原是互相媚惑,互相吸引的,但女性从来被动的多,像这位诗人的口吻,隋唐已前,绝不曾有。薛媪《赠郑女郎》诗一首,也可见出女性媚惑男性的心理,她的诗道:

> 艳阳灼灼河洛神,珠帘绣户青楼春。能弹箜篌弄纤指,愁杀门前少年子。笑开一面红粉妆,东园几树桃花死。朝理曲,暮理曲,独坐窗前一片玉。行也娇,坐也娇,见之令人魂魄销。堂前锦褥红地炉,绿沉香榼倾屠苏。解佩时时歇歌管,芙蓉帐里兰麝满。晚起罗衣香不断,灭烛每嫌秋夜短。

晋代女子脱落逸散的风气,这时完全改变了。

六　婚姻的佳话

婚姻原以合两姓之好,表面似乎全是人为的,有意的,而按之实际,每有欲求不得,不求反得者,遂使人有因缘天定的迷信。什么"有缘千里来相会,无缘对面不相逢",什么"千里姻缘一线牵",这些话发生都恐甚晚;至于"天作之合"那早就有了。因为有天定的迷信,遂发生很多的佳话,或是固意造作,或是讹传失真,虽不可辨,但唐代发生的可最多。唐代以后,简捷可以说不再有新的发生,唐代以前,只有晋时有两个故事,是与唐代的故事,并为佳话,传于口碑的。

晋代的故事，一个是"东床坦腹"。郄鉴使门生求婿于王导，导令就东厢偏观子弟，门生归谓郄鉴曰："王氏诸少并佳，——然闻信至，或自矜持，惟一人在东床坦腹食，独若不闻。"鉴曰："正此佳婿耶。"一问，原是王羲之，遂结婚姻。另一故事是冰下人语。索紞明术数，令狐策梦立冰上与冰下人语，紞曰，"冰上人与冰下人语，为阳语阴，媒介事也；当为人作媒，冰泮婚成。"时适太守田豹求张公征女，使策为媒，仲春成婚。后世称媒人为冰人，便原于这个故典。

唐代姻缘天定的故事，无非都是说明"欲成不成，不欲成反得成"的，自有了这些故事，人们格外把婚姻的事，委诸天命，不大固执了。在妇人的心里，自然格外是乐天安命，她们自己的婚姻，她们一向就不能参加意见的，有了这些故事，不免更使安然就范，嫁鸡随鸡，嫁狗随狗，皆有定数。所以，这些故事是使妇女们的生活，更俛俛更驯服的，影响实在很大，值得我们一说。李复言《续玄怪录》载"卢生"一条云：

> 私农令之女既笄，适卢生。卜吉之日，女巫有来者。李氏之母问曰，"小女今夕适人。卢郎常来，巫当屡见，其人官禄厚薄？"巫者曰，"所言卢郎，非长髯者乎？"曰"然。"——"然则非夫人之子婿也！夫人之婿，中形而白，且无须也。"夫人惊曰，"吾之女今夕适人得乎？"巫曰"得"。夫人曰，"既得适人，又何以云非卢郎乎？"曰："不知其由；卢则终非夫人子婿也。"
>
> 俄而卢纳采，夫人怒巫而示之，巫曰："事在今夕，安敢妄言。"其家大怒，共唾而逐之。及卢乘轩车来，展亲迎之礼。宾主礼具，解佩约花，卢生忽惊而奔出，乘马而遁。众宾追之不返。主人素负气，不胜其愤，且恃其女之容，邀客皆入，呼女出

拜,其貌之丽,天下罕敌。指之曰,此女岂惊人者耶?今而不出,人其以为兽形也。众人莫不愤叹。

主人曰,"此女已奉见,宾客中有能聘者,愿赴今夕。"时郑某官莱,为卢之候,在坐起拜曰:"愿事门馆。"于是奉书择相,登车成礼。巫言之貌宛然,乃知巫之有知也。

后数年,郑仕于京,逢卢,问其事,卢曰:"两眼赤,且大如朱盏,牙长数寸,出口之两角,得无惊奔乎?"郑素与卢相善,骤出其妻以示之。卢大惭而退。

——乃知结缡之亲,命固前定不可苟而求之也。

又"定婚店"一条云:

杜陵韦固,少孤,思早娶妇,多歧,求婚不成。

贞观二年,将游清河,旅次宋城南店。客有以前清河司马潘昉女为议者。来旦,期于店西龙兴寺门,固以求之意切,且往焉。斜月尚明,有老人倚巾囊,坐于阶上,向月检书。觇之,不识其字。固问曰:"老父所寻者何书?固少小苦学,字书无不识者,西国梵文,亦能读之,唯此书目所未觌;如何?"老人笑曰:"此非世间书,君何得见?"固曰:"然则何书也?"曰:"幽冥之书。"固曰:"幽冥之人,何以到此?"曰:"君行自早,非某不当来也。凡幽吏皆主生人之事,可不行其中乎?今道途之行,人鬼各半,自不辨耳。"固曰:"然则君何主?"曰:"天下之婚牍耳。"固喜曰:"固少孤,尝愿早娶,以广后嗣,尔来十年,多方求之。竟不遂意。今者人有期此与议潘司马女,可以成乎?"曰:"未也。君之妇适三岁矣;年十七,当入君门。"因问囊中何物,曰"赤绳子耳,以系夫妇之足。及其坐,则潜用相系,虽仇敌之家,贵贱悬隔,天涯从官,吴楚异乡,此绳一系,终不可逭。君之脚已系于彼矣;他求何益?"曰:"固妻安在?其家何为?"曰"此店北卖菜家姬女耳。"固曰:"可见乎?"曰:"姬尝抱之来,卖菜于是,能随我行,当示君。"及明,所期不至,老人卷书揭囊而行,固随之,入米市。有老姬抱三岁女来,弊陋亦甚,老人指曰:"此君之妻也。"固怒曰:"杀之可乎?"老人曰,"此人命当食大禄,因子而食邑,庸可杀乎?"老人遂隐。

固磨一小刀,付其奴曰:"汝素干事,能为我杀彼女,赐汝万钱。"奴曰:"诺。"明日,袖刀入菜肆中,于众中刺之而走,一市纷扰,奔走获免。问奴曰:"所刺中否。"曰:"初刺其心,不幸才中眉间。"

尔后求婚,终不遂。

又十四年,以父荫参相州军。刺史王泰,俾摄司户掾,专鞫狱,以为能,因妻以女。年可十六七,容色华丽,固称惬之极。然其眉间常贴一花钿,虽沐浴闲处,未尝暂去。岁余,固逼问之,妻潸然曰:"妾郡守之犹子也,非其女也。畴昔父曾宰宋城,终其官时,妾在襁褓。母兄次殁,唯一庄在宋城南,与乳母陈氏居。去店近,鬻蔬以给朝夕。陈氏怜小,不忍暂弃。三岁时,抱行市中,为狂贼所刺,刀痕尚在,故以花子覆之。七八年间,叔从事卢龙,遂得在左右,以为女嫁君耳。"固曰:"陈氏眇乎?"曰:"然。何以知之?"固曰:"所刺者,固也。"乃曰:"奇也!"因尽言之。相敬愈极,后生男鲲,为雁门太守,封太原郡太夫人。——知阴骘之定,不可变也。

宋城宰闻之,题其店曰定媒店。

后世称媒人曰"月老",称定婚男女为"赤绳所系",都渊源于这个故事。传至五代,遂变为范资《玉堂闲话》中之"灌园婴女",可见其流衍之广,惟已不若"定婚店"之详尽周至钟辂《前定录》"武殷"一条,载武殷已定婚郑氏,而郑氏嫁郭绍,后娶韦氏不数月而卒,中间有一勾龙生善相人,已前知此事,事前曾详为武殷述之,后竟一一如其言,足见姻缘之有命定。薛用弱《集异记》"裴越客"一条,载张镐许女裴越客,将迎娶,而镐贬官迁去,遂改期次年春季。至期,越客果束装往,镐知其将至,设家宴于花园以庆,其女忽为虎所衔去,举家号哭,莫知所为。是夜越客方宿于水次板屋,见有猛虎负一物至,共阚喝之,并大击板屋及物,其虎徐行去,所留物乃一美女,衣服虽破碎,身肤无少损,越客深以为异,遂载舟前进。次日便闻张尚书次女昨夜游园为虎所食,始知即是己妻。既见张镐,悲不胜喜,遂使合巹。失女之日,即他们约定的喜期,因虎的帮助,才未误时。故此后黔峡,往往建立"虎媒祠"。这段虎媒的故事,只是写虎助人不失佳期,也可见姻缘天合,动物都来帮忙,不是全凭人意的。还有一个故事说婚姻已许定,而又改变,赖虎的帮忙,却仍合其原议,比较裴越客一条更觉天定姻缘之可不以人意更变。皇甫氏《原化记》有"中朝子"一条云:

> 有一中朝子弟,性颇落拓;少孤,依于外家。外家居在亳州永城界,有庄。舅氏一女,甚有才色,此子求娶焉。舅曰:"汝且励志求名,名成,吾不违汝。"此子遂发愤笃学,荣名京邑。白于舅曰:"请三年以女见待,如违此期,任别适人。"舅许之。
>
> 此子入京,四年未归,乃别求女婿。行有日矣,——而生亦已成名归去舅庄六七十里,夜宿,时暑热,此子从舟中起,登岸

而望。去舟半里余,有一空屋,遂领一奴,持刀棒居宿焉。此乃一废佛屋,土榻尚存,此子遂寝焉。奴人于地,持刀棒卫之。忽觉榻下有物动声,谓是虫鼠,亦无所疑。夜终三更,月渐明,忽一虎背负一物,掷于门外草内。将欲入屋,此人遂持刀棒叫呼,便惊走。呼舟人持火来照,草间所堕。乃一女,妆梳至华,但所着,故衣耳,亦无所损伤。熟视之,乃其舅妹也,许嫁之者。为虎惊,语犹未得,遂扶入屋。又照其榻后,有虎子数头,皆杀之。扶女却归舟中。

明日至舅庄,遥闻哭声,此子遂维舟庄外百余步。入庄先慰问凶故。舅曰:"吾以汝来过期,许嫁此女于人,吉期本在昨夜。一更后,因如厕,为虎所搏,求尸不得。"生乃白其事,舅闻悲喜惊叹,遂以女嫁此生也。

《续玄怪录》"卢造"一条,也是与此相类的事。像"定婚店"一类的故事,最初自然不免是故意造作,至于"虎媒"的故事,其先或者真有过这么回事,辗转讹传,遂似乎凿凿有据了。然不论其为造作或实有,影响于妇女生活,总是很大。

除了上面所说,唐代还有两个择婚佳话,一是雀屏中选的事,一与红线牵丝的事。雀屏中选的事,据说窦毅为女选婿,画二孔雀为屏,令求婚者射之,阴约中目则与以女。唐高祖射中双目,遂得娶之。后来杜子美诗就有"屏开金孔雀,褥隐绣芙蓉"之句,足见是唐代时已成为佳话流传了。红线牵丝的事,据《开元天宝遗事》所载云:

郭元振少时美风姿,有才艺,宰相张嘉贞欲纳为婿。元振曰："知公门下有五女，未知孰陋，事不可仓卒，更待试之。"张曰："吾女各有姿色，惟不知谁是匹偶。以子风骨奇秀，非常人也。吾欲令五女各持一丝幔前，使子取便牵之，得者为婿。"元振欣然从命。遂牵一红丝线，得第三女，大有姿色，后果随夫贵达也。

就这两事看来，唐人的风雅，也不减于晋代。

七　班昭以后的圣人

后汉班昭做了一本《女诫》，使女子生活，压抑益重，在第三章里，既然说过。自从班昭至今，六七百年，中间未出什么女圣女贤，故于女教方面，并未加重什么担负。唐太宗长孙皇后曾作《女则》三十卷，谓采自古妇人得失，用以垂范后世的。此书产生在民国纪元前一二八〇年左右，太宗曾以颁行于世，惟今日未见，早许散失了。

其后陈邈妻郑氏，作《女孝经》十八章：（一）开宗明义、（二）后妃、（三）夫人、（四）邦君、（五）庶人、（六）事舅姑、（七）三才、（八）孝治、（九）贤明、（十）纪德行、（十一）五刑、（十二）广要道、（十三）广守信、（十四）广扬名、（十五）谏诤、（十六）胎教、（十七）母仪、（十八）举恶。作曹大家与诸女答问口气，叶韵，易读。据说其侄女为永王妃，恐未娴诗礼，作此以献，以诫其为妇之道。自云："上自皇后，下及庶人，不行孝而成名者，未之闻也。妾不敢自专，因以曹大家为主；虽不足藏之岩石，亦可以少补闺庭。"这本书直传至今，影响亦甚大。

可是唐代最重要的一本女教的书,却是《女论语》。

宋廷棻有五个女儿,若华(《新唐书》作若莘)、若昭、若伦、若宪、若荀,皆警慧善属文,秉性素洁,鄙薰泽靓妆,不愿嫁人,欲以学名家。若华著《女论语》,若昭申释之。贞元中,卢龙节度使李抱贞表其才。德宗召入禁中,试文章,论经史,俱称旨。帝每与群臣赓和,五女皆预其间,屡蒙赏赉,后遂皆为德宗所恩幸。独若昭不希上宠,乃不以妾侍命之,称为女学士,拜内职尚宫,使教诸皇子公主,号曰宫师;《女论语》得她的帮助很多。《女论语》的宗旨,从他的序里可以看出,序云:

> 大家曰:妾乃贤人之妻,名家之女。四德粗全,亦通书史。因辍女工,闲观文字。九烈可嘉,三贞可慕。惧夫后人,不能追步。乃撰一书,名为《论语》。敬戒相承,教训女子。若依斯言,是为贤妇罔俾前人,独美千古。

全书十二章,(一)立身、(二)学作、(三)学礼、(四)早起、(五)事父母、(六)事舅姑、(七)事夫、(八)训男女、(九)营家、(十)待客、(十一)和柔、(十二)守节。四字一句,叶韵,很多用白话的地方,所以流行极远,极遍。从贞元至今,有一千一百多年了。论到此书内容,自然也不外"贞节柔顺"四个大字,可是他的节目,比班昭《女诫》就详尽切实得多了。《立身章》说:

> 凡为女子,先学立身,立身之法,惟务清贞,清则身洁,贞则身荣。行莫回头;语莫掀唇;坐莫动膝;立莫摇裙;喜莫大笑;怒莫高声。内外各处,男女异群;莫窥外壁,莫出外庭;出

必掩面,窥必藏形。男非眷属,莫与通名;女非善淑,莫与相亲。立身端正,方可为人。

她在这里明明白白的主张女子应当羞羞怯怯藏藏掩掩的态度。她认为这才是女子立身之道,班昭并没有这样主张过。班昭只说:"若夫动静轻脱,视听陕输,入则乱发坏形,出则窈窕作态,说所不当道,观所不当视,此谓不能专心正色矣;"(《女诫·专心章》)何尝就要"出必掩面,窥必藏形"呢?《女论语·事夫章》说:

> 女子出嫁,夫主为亲。前生缘分,今世婚姻。(这在当时已成流行语,所以产了那些佳话。)将夫比天,其义匪轻。夫刚妻柔,恩爱相因。居家相待,敬重如宾;夫有言语,侧耳详听;夫有恶事,劝谏谆谆:莫学愚妇,惹祸临身。夫若出外,须记途程,黄昏未返,瞻望思寻;停灯温饭,等候敲门:莫学懒妇,先自安身。夫如有病,终日劳心,多方问药,遍处求神;百般治疗,愿得长生:莫学蠢妇,全不忧心。夫若发怒,不可生嗔;退身相让,忍气吞声:莫学泼妇,斗闹频频。粗丝细葛,熨贴缝纫;莫教寒冷,冻损夫身。家常茶饭。供待殷勤;莫教饥渴,瘦瘠苦辛,同甘同苦,同富同贫,死同棺椁,生共衣衾。能依此语,和乐瑟琴;如此之女,贤德声闻。

这样的琐碎,也是《女诫》里没有的,因为他们近世的浅显的言语,所以影响于后世更大。《守节章》劝人守节,说:

> 夫妇结发,义重千金。若有不幸,中路先倾,三年重服,守

志坚心。保持家业,整顿坟茔。殷勤训后,存殁光荣。

班昭只说"妇无二适之文",这却正式提出守节的话,也是时俗进步使然。《女论语》的作者,总算是班昭以后的第一个女圣人了。

唐代教女的项目,李义山《杂纂》载有十则:一、习女工,二、议论酒食,三、温良恭俭,四、修饰容仪,五、学书学算,六、小心软语,七、闺房贞洁,八、不唱词曲,九、闻事不传,十、善事尊长,(明人所作《珊瑚网》教女九则,无"温良恭俭"、"修饰容仪",增"戒懒"一条。)《女论语》对于女教的主张,大体与此仿佛。《学作章》是讲"习女工"的。《学礼章》是讲"温良恭俭"、"修饰容仪"的。《早起章》是讲"议论酒食"的。《事父母章》与《事舅姑章》是讲"善事尊长"的《立身章》与《守节章》是讲"闺房贞洁"的。其余各事,有《训男女章》及《和柔章》差不多都曾说到。《训男女章》说训女道:

> 女处闺门,少令出户;唤来便来,唤去便去;稍有不从,当加叱怒。朝暮训诲,各勤事务;扫地烧香,纫麻缉苎。若在人前,修她礼数;递献茶汤,从容退步。莫纵骄痴,恐她啼怒;莫纵跳梁,恐她轻侮;莫纵歌词。恐她淫污;莫纵游行,恐她恶事。

又《和柔章》有云:

> 东邻西舍,礼数周全,往来动问,款曲盘旋,一茶一水,笑语忻然。当说则说,当行则行,间是间非,不入我门。

由上面参看起来,唐代的女子教育,已可想见一般。不过《女论语》中并未提及"学书学算"的事,可是她也无反对学书的话。《女论语》很多针刺时病的话,所以常用"算学……"的语句,既未主张或反对学书,足见学书一事在当时尚无问题,不好亦不坏,足见"女子无才即是德"的话,唐代尚没有产生。

八　贞节观念的淡薄

实际的贞节观念,唐时尚不甚注重,故公主再嫁者,达二十三人,高祖女四,太宗女六。中宗女二,睿宗女二,元宗女八,肃宗女一。三嫁者四人,高宗女一,中宗女一,元宗女一,肃宗女一。俱详《新唐书·公主传》。公主再嫁,还可说是挟其势位,不足为怪。韩愈的女儿,曾先适李氏,后嫁樊宗懿,足见读书人家也不禁止再嫁。至于杨志坚妻之请离,则更表示社会有离婚改嫁的习俗了。《云溪友议》载此事云:

> 颜鲁公为临川内史,浇风莫竞,文教大行,康乐以来,用为嘉誉也。有杨志坚者,嗜学而居贫,乡人未之知也;山妻厌其馕藿不足,索书求离。志坚以诗送之曰:"平生志业在琴诗,头上如今有二丝;渔父尚知溪谷暗,山妻不信出身迟。——荆钗任意撩新髻,鸾镜从她画别眉。今日便同行路客,相逢即是下山时。"其妻持诗诣州,请公牒以求别适。鲁公按其妻曰:"杨志坚素为儒学,遍览九经,篇咏之间,风骚可摭。愚妻睹其未遇,遂有离心。王欢之廪既虚,岂遵黄卷;朱

叟之妻必去,宁见锦衣。污辱乡间,败伤风俗,若无褒贬,侥幸甚多。阿王决二十后,任改嫁;杨志坚秀才,赠布绢各二十四,米二十石,便署随军:——仍今远近知悉。"江左十余年来,莫有敢弃其夫者。

此事若发生在宋明以后,决不会真判其离,以后我们会讲到的。且既云:"十余年来,莫有敢弃其夫者",则唐代离婚的事,一定很多。这讲的是社会上普通人,是庶人。

独孤郁娶相国权文公之女,以得佳婿,至使天子动色相羡,其实还是寡妇。杨贵妃是寿王瑁之妃,是玄宗的媳妇,后竟宠之为贵妃。这不但不重贞节,亦且废弃礼教了。

贞节问题与妾媵无干,那是不用谈的;不过因为男子妒性的关系,做妾的也不能不守贞节。《隋唐佳话》载隋时一个故事,说:

> 李德林为内史令,与杨素共执隋政。素功臣豪侈,后房妇女,锦衣玉食千人。德林子百乐夜入其室,则其宠妾所召也。素俱执为庭,将斩之。百药年未二十,仪神隽秀,素意惜之,曰:"闻汝善为文,可作诗自叙,称吾意当免汝死。"后解缚授以纸笔,立就,素览之欣然,以妾与之,并资从数十万。

妾也要守贞;然也不过所有物之保护权的意思,终究是可以给人的。所以严续可以拿歌妓与唐高的犀带作呼卢时的赌品,赌输后,乃酌酒令美人歌一曲而别,以为风流快事。(见朱揆《钗小志》)做姬妾的,更谈不到贞节了。

妇人之守节,本是很不平等的事,白居易《妇人苦》说:

> 蝉鬓加意梳,蛾眉用心扫,几度晓妆成,君看不言好。妾身重同穴,君意轻偕老;惆怅去年来,心知未能道。今朝一开口,语少意何深,愿引他时事,移君此日心:人言夫妇亲,义合如一身,及至生死际,何曾苦乐均。妇人一丧夫,终身守孤子;有如林中竹,忽被风吹折,一折不重生,枯身犹抱节。男儿若丧妇,能不暂伤情;应似门前柳,逢春易发荣,风吹一枝折,还有一枝生。为君委曲言,愿君再三听;须知妇人苦,从此莫相轻。

这首诗里明明说丈夫死后妇人之要守节。然我们记得,贞节的问题在两汉时便已成立,至今七八百年,行之自已甚远。现在说唐代贞节观念很淡薄,并不是个个妇人夫死都要改嫁,不过社会上不禁止改嫁,不逼令守节罢了。白居易认此是妇人苦的一个重要原因,一方面固然是求做丈夫的了解,一方面也正有认守节为不平的意思,殊不知贞节问题,就是由于不平等而成立的,如果两性平等,又到没有什么贞节问题了。

妇人的苦处,不仅在守节,色衰爱弛而被弃,亦是最难堪的。孟郊《古妾命薄》云:

> 不惜十指弦,为君千万弹;常恐新声至,坐使故声残。弃置今日悲,即是昨日欢。将新变故易,持故为新难。青山有蘼芜,泪叶长不干;空令后代人,采掇幽思攒。

唐代诗人为此事鸣不平的,还很多。所以有这种现象,不用说,自然是因为女子没有人格不能独立的原故。

九　奇妒的故事

妒的发达,以晋及南北朝为最盛,前已说过;惟唐及五代,却有几个很奇的妒的故事,像隋独孤后以高颎爱妾生子遂憎而杀之,又不算怎样特别了。《耳目记》载一条云:

> 唐宜城公主驸马裴巽,有外宠一人,公主遣人执之,截其耳鼻,剥其阴皮,附驸马面上,并截其发,令厅上判事集僚吏共观之。

这样的怪事,若以小说家的口吻道来,真所谓"妙绝千古了"。又《王氏记闻》有一条云:

> 蜀有功臣忘其名,其妻妒忌,家畜妓乐甚多,居常即隔绝之,或宴饮即使隔帘幕奏乐,某未尝见也。其妻左右常令老丑者侍之;某尝独处,更无侍者,而居第器服甚盛。后,妻病甚,语其夫曰:"我死,若近婢妾,当立取之。"及属纩,某乃召诸姬,日夜酣饮为乐,有掌衣婢尤属意,即幸之。方寝息,忽有声如霹雳,帷帐皆裂,某因惊成疾而死。

又有一条云:

> 蜀吴宗文以功勋继领名郡,少年富贵,其家姬仆乐妓十余

辈皆其精选也。其妻妒,每怏怏不惬其意。一日鼓动趋朝,已行数坊,忽报云放朝,遂密戒从者,潜入遍幸之,至十数辈,遂据腹而卒。

韩琬《御史台记》载任瓌怕妇的理由,更有意思,云:

> 唐管国公任瓌酷怕妻。太宗以功赐二侍子,瓌拜谢,不敢以归。太宗召其妻,赐酒谓之曰:"妇人妒忌,合当七出,若能改行无妒,则无饮此酒;不尔,可饮之。"曰:"妾不能改妒,请饮酒。"遂饮之。比醉归,与其家共死诀,其实非鸩也。(后人谓太宗赐任瓌妻饮的,是醋,不是酒,"吃醋"之说出此。)
>
> 既不死,他日,杜正伦讥弄瓌,瓌曰:"妇当怕者三:初娶之时。端居若菩萨;岂有人不怕菩萨耶? 既长生男女如养大虫;岂有人不怕大虫耶? 年老面皱,如鸠盘荼鬼;岂有人不怕鬼耶? 以此怕妇,亦何怪焉!"闻者欢喜。

两性的关系不平等,使彼此常在敌视中,不知包藏了多少痛苦,像这一类的故事,总算是最好的表征。于义方作《黑心符》,极言妇人之凶险,妻已甚,重婚更甚,告诫子孙,慎谨御妻,勿为所害,末段云:

> 吾年六十,目见耳闻,不可算数。今训汝等,有妻固所不免,当待之如宾客,防之如盗贼。以德易色,修己率下,妻既正子孙敢不正乎? 万一不幸,中道鼓盆,巾栉付之侍婢,盐米畀之诸子,日授方略,坐享宴安。又或无嗣孤单,则宜归老弟侄,

以心与之；孰敢不尽。若更重婚续娶，定见败身殒家。至时亲友不欲言，子孙不敢谏，兼已惑已误，难信难处；岂知吾熟谙而预言之。龟鉴在前，无复缕缕。

这一段话，很是伤痛，他一定经历过不少的痛苦。不让女子有对等人格，役使她，奴隶她，她那高压下的反抗，断不能是轰烈的狮吼，而只能是难堪的螯刺，也是历史上必然有的。上一章所说《颜氏家训》对于后娶的观念，及这两章妒的现象，都不是女子天性恶劣之故，而是被摧残的女性所演，我们须得辨明。

十　缠足的起始

缠足何时所起，说者纷纷。前人所考，有详有略，且有根据伪书，误解古义的。据我看来，缠足起于南唐，殊无足疑。南唐李后主有宫嫔窅娘，纤丽善舞。乃命作金莲，高六尺，饰以珍宝，网带缨络，中作品色瑞莲；令窅娘以帛缠足，屈上作新月状，著素袜行舞莲中，回旋有凌云之态：——这实是后世缠足之起源！

五代以前没有缠足，何以见得呢？

《周礼》有屦人，掌王及后之服屦，为赤舄、黑舄、赤繶、黄繶、青勾、素屦、葛屦，辨外内命夫命妇之功屦、命屦、散屦：可见男女之屦，同一形制。曹植赋有云："践远游之文屦。"谢灵运有云："临流濯素足。"李白诗有云："一双金齿屐，两足白如霜。"都是从前不缠足的明证。

五代以前，虽然没有缠足，但妇人的脚，不一定很大。妇人行步,以舒迟为贵,古代已然。《诗经》:"月出皎兮,佼人僚兮,舒窈纠兮。"舒就是迟,窈纠是行步舒迟的姿态。张平子《南都赋》:"罗袜蹑蹀而容与;"焦仲卿诗:"足下蹑丝履,纤纤作细步。"妇人走路,如果急率卤莽,不但不美,反要失礼的。既以缓行为贵,则两足稍加约束,或是有的。不过不像后世一定要他骨头折、脚背弓,那样死缠啊。即如民国以前,做母亲的不愿男孩子脚太野大,在小时也要约束的。或竟裹缠,但与女子缠足,便不相同。

既然如此,所以古乐府《双行缠》诗有云:"新罗绣白跬,足趺如春妍。"虽然是缠,却要"趺如春妍",不说"尖如春笋",就可证古人虽重脚小,然不似后世之偏枉。所以白居易《上阳人》诗,有"小头鞋履窄衣裳"之句,韩偓诗有"六寸圆肤光致致"皆极言其小,但终未言其弓。南齐东昏侯作金莲花贴地,令潘妃行其上,曰"此步步生莲花也",并非说她的脚就是金莲。

妇人缠足,便不能穿袜,而只能以裹脚布层层裹之,古时妇人却穿袜,这也可作不缠足的反证。郭若虚《图画见闻记》说唐代宗令官人穿红锦靿靴。杨太真死于马嵬,有媪得其锦袎袜一只,观者百钱。(从余怀说)。袁枚谓"观者人一钱"。李白《越女诗》云:"屐上足如霜,不着鸦头袜。"曹植云:"凌波微少,罗袜生尘。"李后主词:"刬袜下香阶:手提金缕鞋。"古时袜有底,(和现在的底当然不同,)所以不穿鞋也能行。

《花间集》有"慢移弓底绣罗鞋"之句,《丹铅总录》即指以为缠足不始于五代。俞正燮辩谓弓鞋非即裹脚,云:"所谓鞋弓袜一钩者,如今鞔鞋包底,(其)尖向上弓曲,故鞵弓言弓底;谓底如弓弰向上,袜亦似钩矣。"此语而信,则聚讼可以立解。袁枚又谓从前的弓鞋是舞靴。根据《宋史》"韩维为颍王记室,侍王坐,有以弓鞋进者,维曰,王安用此舞靴?"和俞正燮的话合起来,我们可以决定,五代以前的弓鞋和以后的弓鞋是不同的?用法不同,形式也不同。从前是用之于舞的,不拘男女;以后是用来美观的,专用于女子。从前的底尖向上弓,后来的底中弓起,合于脚骨之裹折者。主张缠足不始于五代的人,又常引《杂事秘辛》为言,但《杂事秘辛》原是伪书,出在五代以后,自不得藉为证据。

自五代起始缠足后,北宋徐积《咏蔡家妇》,就有"但知勒四支,不知裹两足"之句。陆放翁《老学庵笔记》云,"宣和末女子鞋底尖,以二色合成,名错到底。"《宋史·五行志》:"理宗朝,宫人束脚纤直,名快上马。"苏轼《菩萨蛮》云:

涂香莫惜莲承步,长愁罗袜临波去;只见舞回风,都无行处踪。偷穿宫样稳,并立双趺困,纤妙说应难,须从掌上看。

足见到了宋时,人都以脚小为好看,盛行缠裹了。

第六章　宋代的妇女生活

——民国纪元前九五二—六三六年

一　宋儒对于妇女的观念

宋代出了一班儒者,遂使宋代为中国学术思想以至于风俗制度的一个转变时代。这个转变,或者是好的,也或是坏的,但我们用历史的眼光来看,便不能说什么好、坏,只应当说明他如何发生了这种现象。宋代儒学的渐渐形成,实在是在宋兴五十余年以后;宋兴五十年后生的儒者,他们学术才渐渐与前人不同。我们若看一看诸儒生年的先后,然后再考一考他们思想的迁变,到是一件很有趣的事。我且开列一个简单的表出来:

宋　历	民国纪元前	西历	诸儒生略	（与宋兴距）
建隆元年	九五二	九六〇	（赵匡胤受周禅,宋兴。）	（0）
端拱二年	九二三	九八九	范仲淹生	（29）
淳化四年	九一九	九九三	胡瑗生	（33）
景德四年	九〇五	一〇〇七	欧阳修生	（47）
大中祥符元年	九〇四	一〇〇八	苏子美生	（48）
二年	九〇三	一〇〇九	李觏生 苏洵生	（49）

101

四年	九〇一	一〇一一	邵雍生	(51)
天禧元年	八九五	一〇一七	周敦颐生	(57)
三年	八九三	一〇一九	司马光生	(59)
四年	八九二	一〇二〇	张载生 苏颂生	(60)
五年	八九一	一〇二一	王安石生	(61)
明道元年	八八〇	一〇三二	程颢生	(72)
二年	八七九	一〇三三	程颐生	(73)
庆历五年	八七六	一〇四五	黄庭坚生 游酢生	(85)
皇祐五年	八五九	一〇五三	杨时生	(93)
熙宁五年	八四〇	一〇七二	罗从彦生	(112)
元祐三年	八二四	一〇八八	李侗生	(128)
建炎四年	七八二	一一〇三	朱熹生	(170)

这一个简单的表，我们可把他分作三个时代，宋兴五十年间生的，邵雍以前诸人，属于第一个时代。这个时代是承前期，此期的几位，对于妇女贞节的观念，都很宽泛，同从前的人差不多，宋兴五十年以后，七十年以前生的人，从邵雍到王安石，是第二个时代，是变化期。这期中的几个人，见解很不一致，是学派蜕分的开始，对于妇女的观念，很不一样，有的宽泛，有的严格。程颢以后生的人属于第三时代，是宋代理学成立的时代。程颢、程颐的学说，说是渊源于周敦颐一派，那我们就说在蜕分期的几个学派中，后来周敦颐理学一派战胜了各家，得了宋儒正统大位，亦无不可；——后来的人，总以周程朱子这一派代表宋代儒学，这是就正统的观点（成败）立论的，若就历史的观点立论，自然不行。

我们先说第一个时代。范仲淹对于贞节观念是极宽泛的。他的义庄《田约》，准许给予寡妇再嫁的用费，再娶反而不给。他绝未说一句再嫁非礼的话。他儿子纯佑早死，过了许久，他的门生王陶恰好死了老婆，便把他的寡媳，嫁给了王陶；他毫没有要寡妇守节的观念。他的母亲，就是改嫁朱姓的。因为家穷的原故，他跟着母亲，到了朱家，更名朱说。既贵之后，才复范姓。后来遇有推恩，多先给朱姓子弟，毫不以母亲再嫁为耻，——当时社会实在也都不以再嫁为耻。这很可代表宋初儒者的态度了。

至于胡瑗，虽较严格，然也极合人情。他的孙子胡涤曾说："先祖治家甚严，尤谨内外之分。儿妇虽父母在，非节朔不许归宁。有遗训，嫁女必须胜吾家者，娶妇必须不若吾家者。或问故，曰，嫁女胜吾家，则女之事人，必钦必戒；娶妇不若吾家，则妇之事舅姑，必执妇道。"他这见解，后颇为司马光所称道，司马光也就这样主张，他曾说："妇者，家之所由盛衰也。苟慕一时之富贵而取之，彼挟其富贵，鲜有不轻其夫而傲其舅姑，养成娇妒之性，异日为患，庸有极乎？借使因妇财以致富，依妇势以取贵，苟有丈夫之志气者，能无愧乎？"

司马光著有一本《家范》，主张女子要读书，其中有云：

> 女子六岁始习女工之小者；七岁始诵《孝经》、《论语》；九岁为之讲解《论语》、《孝经》及《列女传》、《女诫》之类，略晓大义。古之贤女，无不观图史以自鉴。如曹大家之徒，皆精通经术，议论明正。今人或教女子以作歌诗，执俗乐，殊非所宜也。

他主张女子读书，这与前人的意见相同；他不赞成女子作歌诗，便与从前妇女的习尚不同了，——晋代妇女的风雅，唐及五代妇女之能诗，前面都已经说过。

当时离婚的事，颇受社会非诮。司马光说："夫妻以义合，义绝则离。"与后来程子主张出妻，微有不同。女子的最高目标怎样呢？

司马光说:"为人妻者,其德有六:一曰柔顺,二曰清洁,三曰不妒,四曰俭约,五曰恭谨,六曰勤劳。"这六个标准,是很对的,在当时不嫌什么偏颇。只他又说:"夫、天也,妻、地也,夫、日也,妻、月也,夫、阳也,妻、阴也。天尊而处上,地卑而处下,日无盈亏,月有圆缺,阳唱而生物,阴和而成物,——故妇专以柔顺为德,不以强辩为美也。"(见《训子孙》文)这种见解太守旧了,与前人相同,且较精透;男尊女卑的观念,又给他加紧了些。

王安石贞节的观念是很宽泛的,《渑水燕谈录》载他一段故事道:

> 宋王荆公之次子名雱,为太常寺太祝,素有心疾,娶同郡庞氏女为妻。逾年生一子,雱以貌不类己,百计欲杀之,竟以悸死。又与其妻日相斗哄。荆公知其子失心,念其妇无罪,欲离异之,则恐其误被恶声;遂与择婿而嫁之。
>
> 是时,有工部员外郎侯叔献者,荆公之门人也,取魏氏女为妻,少悍,叔献死而帏薄不肃。荆公奏逐魏氏妇归本家。京师有谚语曰:"王太祝生前嫁妇,侯工部死后休妻。"

王安石当儿子在时,把媳妇改嫁了,这件事情在后来一般礼教的人家,无论如何,是办不到的。至于他奏逐魏氏,断不能说是他保持贞节的观念,因为所谓对于贞节观念的宽泛,是不责全那无论如何从一而终的死的教义,可不是允许妇人养汉方算贞节观念宽泛的,这个意思很明白。

在第二个时代,除开司马光、王安石以外,我们就要谈到周敦颐和张载了,他们两个都是理学的先驱,尤其是周敦颐。要想知道宋代理学,先得知道他的来源。他的来源我可以一表明之:

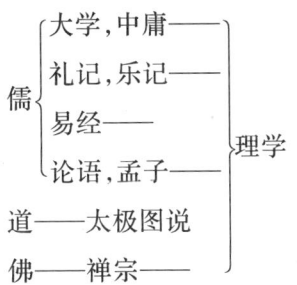

由于上表,可见宋代理学,是尊古的。古代形成的礼教,一经宋儒推重,便格外发生了威力。只要认清这一个简单的观念,便可说明他们与妇女生活的影响了。

张载的妇女观念,同古代一样,主张婉顺,无非无仪,他有一篇《横渠女诫》道:

> 妇道之常,顺为厥正,——是曰天明,是其帝命。嘉尔婉婉,克安尔亲。往之汝家,克施克勤。尔顺维何?无违夫子,无然皋皋,无然訾訾。彼是而违,尔焉作非;彼旧而革,尔焉作仪;惟非惟仪,女生则戒。王姬肃雍,酒食是议。贻尔五物,以铭汝心:锡尔佩巾,墨予诲言。铜尔提匜,谨尔宾荐,玉尔奁具,素尔藻绚。枕尔文竹,席尔吴筦。念尔书训,思尔退安。彼实有室,尔勿从室。逊尔提提,尔生引逸。

他的见解,同班昭仿佛,如"彼是而违,尔焉作非;彼旧而革,尔焉作仪;惟非惟仪,女生则戒",便是班昭《女诫》所谓:"直者不能不争,曲者不能不讼,讼争既施,则有忿怒之事矣。"

周敦颐《太极图说》里的"乾道成男,坤道成女,二气交感,化生万物",并不能表出其对于妇女的观念。至于他的《通书》里说:

> 礼、理也,乐、和也,阴阳理而后和。君、君,臣、臣,父、父,子、子,兄、兄,弟、弟,夫、夫,妇、妇,——万物各得其理然后和,故礼先而乐后。(《礼乐》第十三)

由此可见宋儒正礼乐明五伦的态度。所谓夫夫妇妇,就是说夫为妻纲,以夫御妇的在一家之中,又为根本。他说:

> 治天下有本,身之谓也;治天下有则,家之谓也。本必端,端本、诚心而已矣;则必善,善则、和亲而已矣。家难而天下易,家亲而天下疏也。家人离,必起于妇人,故睽次家人,……(《家人睽复无妄》第三十二)

治天下的根本在于治身,治天下的法则在于治家,这一段是疏解《易经》的,而实是发挥《大学》"欲治天下"一段。宋儒看家中的妻妾,犹如皇帝看国中的臣庶,臣庶须治服,妻妾须御顺,这就是宋儒的妇女观念。这观念显然是从《大学》、《易经》、《礼记》来的。

从周敦颐传到二程,便入了我所说的第三个时期了。二程因崇理之故,把古说看得太认真了,对于贞节的观念,遂严格起来。《近思录》载一段云:

> 或问:"孀妇于理,似不可取;如何?"伊川先生曰:"然!凡取,以配身也,若取失节者以配身,是己失节也。"又问:"人或居孀贫穷无托者,可再嫁否?"曰"只是后世怕寒饿死,故有是说。然饿死事极小,失节事极大!"

他不但主张孀妇不可再嫁，还主张男子可以出妻，《性理大全》有云：

> 问："妻可出乎？"程子曰："妻不贤出之何害？如子思亦尝出妻。今世俗乃以出妻为丑行，遂不敢为，——古人不如此。……"

女子不能再嫁，男子可以出妻，二重道德的观念，到了程子，才正式成立，从前虽有这种说法，却不如是严格。但程子似乎很注目于男女平等，他同时也主张男子不再娶，不过在无人主持家事的情境之下，是可以再娶的，《性理大全》又有一段云：

> 问："再娶皆不合理否？"曰："大夫以上，无再娶理。"凡人为夫妇时，岂有"一人先死，一人再娶、一人再嫁"之约？——只约"终身夫妇"也。但自大夫以下，有不得已再娶者，盖缘奉公姑或主内事耳。如大夫以上，自有嫔妃可以供祀礼，所以不许再娶也。

如此说来，有妾的人不许再娶，无妾的人，妻死可以再娶。再娶为的是奉公姑、主内事、供祀礼，完全出于宗法的家族的观念，和孀妇之不能再嫁，正出于一个观点，这也是两重的道德。不过伊川的甥女曾经再醮，他的侄媳也曾改嫁，足见宋儒虽然照礼主张，事实却跟着实际社会走的。

朱子也是看重贞节的，陈师中的妹婿死了，他写信给陈师中，叫他设法使其妹守节，信云：

令女弟甚贤,必能养老抚孤以全《柏舟》之节;此事在丞相夫人奖劝扶植以成就之。使自明没为忠臣,而其室家,生为节妇,斯亦人伦之美事。计老兄昆弟,必不惮赞成之也。昔伊川先生尝论此事,以为饿死事小,失节事大,自世俗观之,诚为迂阔,然自知经识理之君子观之,当有以知其不可易也。

自程子四传,而至朱子,全祖望称他的学问"致广大、尽精微,综罗百代矣",他实集宋儒理学的大成。妇女应重贞节的观念,经程朱的一度倡导,宋代以后的妇女生活,便不像宋代以前了,宋代实在是妇女生活的转变时代。郑绮子孙,自建炎至洪武,十世同居。六世孙太和,立家规五十八则,七世孙铉作二规,八世孙涛作三规,共一百六十八则,即今所传之《郑氏规范》。其中有些话很可代表宋儒对于妇女的观念,抄他几则来,做我这一节的结论。《郑氏家范》说:

子孙有妻子者,不得更置侧室,以乱上下之分,违者责之。若年四十无子者,许置一人,不得与公堂坐。

家中燕享,男女不得互相劝酬,庶几有别。若家长舅姑宜馈食者,非此。

诸妇必须安详恭敬,奉舅姑以孝,事丈夫以礼,待姊姒以和。无故不出中门,夜行以烛,无烛则止。如其淫狎,即宜屏放。若有妒忌长舌者,姑诲之;诲之不悛则责之;责之不悛则出之。

诸妇媒言无耻,及干预阃外事者,当罚拜以愧之。

诸妇工作,当聚一处。机杼纺绩,各尽所长,非但别其勤惰,且革其私。

> 主母之尊,欲使家众悦服,不可使侧室为之,以乱尊卑。
>
> 诸妇之于母家,二亲存者。礼得归宁;无者不许。其有庆吊,势不得已者,则弗拘此。
>
> 女子年及八岁者,不许随母到外家,余虽至亲之家,亦不许往。
>
> 世人生女,往往多至溺没,纵曰女子难嫁,荆钗布裙,有何不可;诸妇违者议罚。
>
> 男女不共围溷,不共湢浴,以谨其嫌。春冬则十日一浴,夏秋不拘。
>
> 男女不亲授受,礼之常也,诸妇不得刀镊工剃面。

二 社会对于离婚再嫁的态度

贞节观念虽经程朱底奖劝而加重,当时社会,影响尚小。社会风俗,总是旧势力的原子战胜,所以实际上宋代的离婚再嫁,尚觉容易。程子家有再嫁的妇人,何况其他。杨万里《诚斋杂记》载一节再嫁的事很奇怪,说:

> 扶风马元正妻尹氏,天水人也。元正早死,欲从者久之;其父劝之嫁,尹氏哭指铁井阑曰:"此上生花,我则再醮。"三年而黄芝生于阑上,遂嫁为李晷继室。

后世对于期望难及的事,每譬之为"铁树开花",或即渊源于这个故事。不过"铁"是绝不会开花的,这自然是井阑陈旧多年,苔藓太深,菇藓偶以寄生,遂认为了不得的事,再嫁引以借口。也是当时再嫁尚不成问题,才有这样啊。薛居正妻柴氏,移赀改嫁张齐贤,薛张二人都是赫赫的名臣,何尝即以为嫌?陈了翁和潘良贵是一个母亲生的,后此母尚往来于两家,《齐东野语》转录其事于《闻见录》。称一母而生二名儒,为前古所未有。秦国长公主,初适朱福德,再适高怀德;荣德帝姬,初适曹晟,再适习古国王:是宫室亦不以再嫁为非。《宋史·宗室传》云,汝南王允让曾奏:"宗妇年少丧夫,虽无子不许嫁,非人情。请除其例。"可见当时人情。治平中,令宗室女再嫁者,祖父有二代任殿直,若州县以上,即许为婚姻。熙宁十年,诏宗妇非袒免以上亲,与夫听离再嫁者,委宗正司审核;其恩泽已追夺而乞与后夫者,降一等。未几又诏宗女不得嫁曾娶人者,再适不用此法。女真内犯,于中国社会,也略有影响。他们对于再嫁再婚,是看得毫无关系的,《轩渠录》载一故事云:

  绍兴辛巳冬(民国前七五一)女真犯顺,米忠信夜于淮南劫砦?得一箱箧,乃自燕山来者。有所附书十余封,多是军中妻寄军中之夫。建康教授唐仲友,于枢密行府僚属方圆仲处亲见一纸,别无他语,止诗一篇云:
    "垂杨传语山丹,你到江南艰难;你那里讨个南婆,我这里嫁个契丹。"

《齐东野语》载一件妇被姑迫而后改适的事道:

  陆务观初娶唐氏,闳之女也,于其母夫人为姑侄,伉俪相得,而弗获于姑,既出,而未忍绝之,则为别馆,时时往焉。姑

第六章 宋代的妇女生活

知而掩之,虽先知挈去,然事不得隐,竟绝之,亦人伦之变也。

唐后改适同郡宗子士程,尝于春日出游,相遇于禹迹寺南之沈氏园。唐以语赵,遣致酒肴,翁(即务观)怅然久之,为赋《钗头凤》一词题园壁间,云:

红酥手,黄藤酒,满城春色宫墙柳。东风恶,欢情薄;一怀愁绪,几年离索。错,错,错!春如旧,人空瘦,泪痕红浥鲛绡透。桃花落,闲池阁,山盟虽在,锦书难托。莫,莫,莫。

实绍兴乙亥岁(民国前七五七)也。

翁居鉴湖之三山,晚岁每入城,必登寺眺望,不能胜情,尝赋二绝云:

梦断香销四十年,沈园柳老不飞绵。此身行作稽山土,犹吊遗踪一怅然。

又云:

城上斜阳画角哀,沈园无复旧池台;伤心桥下春波绿,曾是惊鸿照影来。

盖庆元己未岁(民国前七一三)也。未久,唐氏死。

庆元己未的两绝句,那时他早老了;在此诗前,还有几首,今均节去,但即在这一段中,不独可见离婚后的妇人,不难再嫁;也可以见大家庭——宗法组织的家庭之违悖人情。(不过《拜经堂诗话》与《带经堂诗话》于放翁弃妇事,都有更正,不知究属谁是,著以存疑。)

可是当时已有离婚阴谴的迷信,李昌龄《乐善录》载"孙洪"一条云:

侍郎孙公,初名洪。少时与一同舍生游太学,相约毋得隐家讯。一日,同舍生得书,秘不以示。孙诘之,生曰:"非敢隐也;第爷书中语,于公进取似不便。"孙曰:"何害;某正欲知所避就。"生出书示之。书云:"昨梦至一官府,恍若阅登科籍,汝与孙洪皆列名籍中。内孙洪名下,有朱字,云于某年月日,不合写某离婚书,为上天所谴,不得过省。"孙阅书愕然。生曰:"岂公果有是事乎?"孙曰:"有之。向者东上,在某州,适见某翁媪相诟求离,某轻易为写离书,初无他意,不谓上帝谴责乃尔。"生曰:"梦寐恍惚,亦何足信。如公高才硕学,俯拾无疑。"孙终怏怏。及就试,生果高中,而孙下第,方信前梦为不诬也。生曰:"某西归,当为合之,以契天心;"因问孙向所遇睽离人姓字。寻迹其处,得之,夫妇俱未有偶,生为具道一段因缘,置酒合之如初。乃驰书报孙,孙不胜感悦。其后孙以太学内舍生免省,历跻膴仕,屡典大郡;所至有离婚之事,未尝不宛转调护。晚持从橐,侍经闱,连举二丈夫子,亦同舍生有以全之。

助人离异,须受天谴,这种观念,是从体谅女子来的。再嫁虽然为社会所许,但在妇女方面,损失较大,因为宋人已把"处女"的观念看得重了,离婚妇和寡妇,究竟不若处女之为人见重。社会上一班人道主义者,遂造作离婚天谴的故事,以警劝人勿轻离异,就是这故事发生的原因。士大夫又多以离婚为可耻,为不道德,如上一节所引司马光《训子孙文》说:"夫妻以义合,义绝则离"的话以下本有"今之士大夫有出妻者,众则非之,以为无行,故士大夫难之"数句。又程子"妻不贤出之何害"以下,亦谓"今世俗乃以出妻为丑行,遂不敢为"。社会以出妻为丑行,为不德,所以有离婚天谴的故事;何以社会以出妻为丑行? 就因为男性嗜好偏重到处女了。下一节让我们详细说他。

三 男性底处女嗜好之产生

在我们讲的,一向从前的贞节观念,不外都着眼在妇人身上,所谓"家人利女贞";所谓"恒其德贞,妇人吉";所谓"妇无二适之文";都是指妇人说的。结婚以前的贞的观念,不是不讲,然重要的是在已婚之后。已婚的妇人,如不守贞,有乱伦纪、乱宗支的危险,所以看的特重,而"淫"为七出之一。可是到了宋代,我发现对于妇女的贞节,另有一个要求,便所谓"男性之处女的嗜好"了。古代的贞节观念,很是宽泛,渐紧渐紧,到了宋代,贞节观念遂看中在一点——性欲问题——生殖器问题的上面,从此以后,女性的摧残,遂到了不可知的高深程度!

上一节曾经说过,离婚天谴的传说,含有一种人道的主义;因为离婚后的妇女,她的价值是没有处女的价值大的;这个现象,毫无疑义,完全是男性性欲的嗜好所养成。我不能说宋代以前的男性,就决没有"处女是好的"的心理,然确乎到了宋代,这种心理,普遍了,扩大了。所以一般人道主义者。才出而主张出妻为可耻,才造作离婚天谴的故事;但一方面再嫁的妇人,还不是绝无人要,于此可见这是过渡时代的现象,也是我决定这观念——男性对于处女的嗜好的观念,——是这个时代才发生的原因。

李元纲《厚德录》有一个故事,说道:

> 自王均李顺之乱后，凡官于蜀者，多不挈家以行，至今成都犹有此禁。张定公咏知益州，单骑走任。是时一府官属，惮张之严峻，莫敢蓄婢使者。张不欲绝人情，遂自买一婢，以侍巾帻，自此官属稍稍置姬属矣。张在蜀四年，被召还阙，呼婢父母，出赀以嫁——仍处女也！

这个故事发生在北宋中叶，李元纲是南宋初的人，一直传到那个时候，他才笔之于书，这中间的传播，一定很广了。李元纲觉得这是张咏的德事，好像在称赞他那侍婢还有完璧之贵，这不是明明把"处女"的观念，看得太重吗？所以娶寡妇的，就有人讥之为"旧店新开"了。李有《古杭杂记》曾有这样一个故事：

> 三山萧轸登第，榜下娶再婚之妇。同舍张任国以《柳梢青》词戏之曰："挂起招牌，一声喝采，旧店新开。熟事孩儿家怀，老子毕竟招财。当初合下安排，又不豪门买献。自古道正身替代，见任添差！"

社会上已有了这种趋向，那一班儒学先生，不知道个中道理，还在那里主张"妻不贤出之何害"哩！明朝人的小说，甚至有描写女性生殖器之检查的，如《杂事秘辛》之类，便是处女嗜好更甚的表现。还有一事足述的，张子野年八十五尚买妾，苏轼作诗贺之曰：

> 锦里先生笑自狂，莫欺九尺鬓毛苍。诗人老去莺莺在，公子归来燕燕忙。柱下相君犹有齿，江东刺史已无肠。平生谬

作安昌客,略遣彭宣到后堂。

《墨客挥犀》载一事云:

> 有一郎官年六十余,置媵妾数人。须已斑白,令其妻妾互镊之。妻忌其少,恐为群妾所悦,乃去其黑者;妾欲其少,乃去其白者:不踰月颐颔遂空。

这都是男性的风流雅事。采阴补阳之说,宋代大为盛行,愚谷老人之《延寿第一绅言》首即攻击此事,此事与处女的嗜好,很有因果关系,但他很无道理,我也不去详考了。

四 第一个女性同情论者——袁采

到了这个时候,男性对于妇女的压迫,已经到什么程度?我们看:柔顺固然是美德,但男子之要求女性柔顺,不过是要她更驯服些,曲不可争,直不可讼,绝不要女子干涉外事,而要她受支配,这是第一种压迫。习惯于被压迫的倚赖之下,自己已无治生的能力,到丈夫死了时,无论有饭吃无饭吃都要守节,这是第二种压迫,这两种压迫是矛盾的。虽然要她驯服,更不以同情看她,好恶一任其意,于是女子不得不克意修饰以博男性的欢喜,尚有一朝被弃之惧,所谓义合义绝,都是便于男子的,被弃之后,男性尚照常自由,女子则终身被弃了,这是第三种压迫。处女的贞操是极要讲究的,一旦大意，便着了终身的伤痕，纵不必为社会所非诮，亦每为丈夫所隐弃，这是第四种压迫。有这几种压迫，女子一生的美丽时代，乃至极短。深闺待字的时候，所遇的都觉荣幸，是黄金时代的初期。嫁后的极短时间内，华彩焕发，遇怜得爱，这是黄金时代的最高期。颜色不常，转眼生男育女，益以中馈的繁琐，蓬头跣足，丈夫的爱怜渐淡，便入了衰退期了。老年以后，景况更苦。这都是通常的现象，七八百年前，绝没有人注意的。也许近代皆然，因为旧习惯已使男子都变作利己者了。可是有一个人独能深深见到，指出了妇女的种种痛苦，劝做男子的给她怜惜，这真是中国历史上倡女性同情论的第一人，这人是谁？——袁采！

袁采，字君载，信安人（今浙江常山县），著有《政和杂志》、《县令小录》及《世范》三书，今只传有《世范》。他对女性同情的见解，也是在这部书里。他的详细事迹，已不可考，只《衢州府志》说他"登进士第。三宰剧邑，以廉明刚直称"。陈振孙《书录解题》，说"采尝宰乐清，是书即其在乐清时所作"。那我们知道，他是一个好官；实在也因为他是个好官，才能做出这样的书，因为其中有许多见解，都得自于民间的诉讼，他从这些事上，看着了真正的社会。他的生卒也不详，不过书前有刘镇底淳熙戊戌（民国前七三四）年序，由此推知，他与朱子同时。

《世范》书分《睦亲》《处己》《持家》三门，我所见知不足斋本及四库抄本，均三卷全，字数很多，《说郛》中所刻，是节录本，不及全书二十分之一，别种刻本，不知有无全豹。我们在他书里，不但可见到他的同情妇女的见解，且可看知当时真正的妇女生活。他说妇女暮年最苦，怎样呢？他说：

第六章 宋代的妇女生活

> 人言光景百年,七十者稀,为其倏忽易过。而命穷之人,晚景最不易过。大率五十岁前,过二十年如十;年五十藏后,过十年不啻二十年。而妇人之享高年者,尤为难过。大率妇人依人而立,其未嫁之前,有好祖不如有好父,有好父不如有好兄弟,有好兄弟不如有好侄。其既嫁之后,有好翁不如有好夫,有好夫不如有好子,有好子不如有好孙。故妇人多有少壮富贵而暮年无聊者,盖由此也。凡其亲戚,所宜矜念。(《睦亲》)

妇人三从,若活高年,从晚辈的时日必较从高辈为多,所以希望有好子好孙好侄,可是这一层最难做到了。这是平时人不注意的,惟他注意得到。女子之心,也是最可怜的,他说:

> 大抵女子之心,最为可怜:母家富而夫家贫,则欲得母家之财以与夫家;夫家富而母家贫,则欲得夫家之财以与母家;为父母及夫者,宜怜而稍从之。及其有男女嫁娶之后,男家富而女家贫,则欲得男家之财以与女家;女家富而男家贫,则欲得女家之财以与男家;为男女者,亦宜怜而稍从之。——若或割富益贫,此为非宜,不可从也。(《睦亲》)

旧式妇女真有这种心理,被他一语道破。妇女要柔顺,要服从,不使其干预外事,但遇着不肖的丈夫或不肖的儿子时,那就可怜了,他说:

> 妇人不预外事者,盖谓夫与子既贤,外事自不必预。若夫

与子不肖,掩蔽妇人之耳目,何所不至?今人多有游荡赌博,至于鬻田,甚至于鬻其所居,妻犹不觉;然则夫之不贤,而欲求预外事,何益也。子之鬻产,必同其母,而伪书契字者有之,重息以假贷,而兼并之人,不惮于论讼;贷茶盐以转货,而官司责其必偿,为母者终不能制;然则子之不贤,而欲求预外事,何益也。此乃妇人之不幸,为之将奈何?苟为夫能念其妻之可怜,为子能念其母之可怜;顿然悔悟,岂不甚善!(《睦亲》)

丈夫不贤以至鬻妻,是常有的事,已甚难堪,谁知还有鬻母的哩!(明李东阳《书某节妇事》即言此,下一章详说。)到了这步田地,纵能干预外事,已无用处,何况不能?万一的补救,只是要妇人知书识字,庶能持家不坠,所以他说:

> 妇人有以其夫蠢懦,而能自理家务计算钱谷出入不能欺者;有夫不肖,而能与其子同理家务不至破荡家产者;有夫死子幼,而能教养其子敦睦内外姻亲料理家务至于兴隆者:皆贤妇人也!而夫死子幼,居家营生,最为难事。托之宗族,宗族未必贤;托之亲戚,亲戚未必贤;——贤者又不肯预人家事。惟妇人自识书算,而所托之人衣食自给,稍识公义,则庶几焉。不然,鲜不破家。(《睦亲》)

我尝以为中国素来认定妇女最高的标准,是贤良,不是贤能,所以那懦弱,无反抗,遇着困难,一死了之,这样妇人,便是好的妇人。困难越大,死的越苦,动人怜悯越深,好的程度便越高。不知这正是汨没人性的!表面虽像有利于男子,不知实足为家庭之累!近世常谓中国人对于妇女向持贤母良妻主义,实应加以说明。"贤母良妻"这个名词,是清末从东洋输入的,从前我们对于妇女虽也常用贤良的字眼,可是那含义是"无能",是"懦弱",是"柔顺",和近代所谓"贤母良妻"的含义,差得远了。我敢断言,中国历史上对于妇女的思想,在民国前二十年以前,绝没有什么贤母良妻主义!你看袁采所鼓吹的,不才是贤能么?你看他所说的贤妇人有三类:其夫懦弱,而能自理家务不受人欺,是第一类。其夫不肖,能与其子整饬家务不至破产,是第二类。夫死子幼,能教养其子以至兴隆家业,是第三类。——而以第三类为最难。这才稍有近世底贤母良妻的意义,而当时是很不多见的!一班女圣男贤所不知注意的!

宋人嫁娶多喜因亲及亲,苏洵的女儿,诗中有:"乡人嫁娶重母党"之句,她就是表兄妹结婚的。袁采对于因亲及亲的事,有一种极透辟的见解,使七百多年后的人看着,还像正道着今日的社会;他说:

> 人之议亲,多要因亲及亲,以示不相忘,此最风俗好处;——然其间妇女无远识,多因相熟而相简,至于相忽,遂至于相争而不和,反不若素不相识而骤议亲者。故凡因亲议亲,最不可托熟阙其礼文,又不可忘其本意,极于责备,则两家周致,无他患矣。故有侄女嫁于姑家,独为姑氏所恶;甥女嫁于舅家,独为舅妻所恶;姨女嫁于姨家,独为姨氏所恶;皆由玩易于其初,礼薄而怨生,又为不审其初之过者。

旧式家庭的恶现象,他真见得透。做儿子的,若父亲讨了后母,境遇便非常痛苦;做媳妇的,若家中有小姑,日子也非常难过:这是什么原故！袁采说：

> 凡人之子，性行不相远，而有后母者独不为父所喜；父无正室而有宠婢者亦然。此固父之昵于私爱；然为子者要当一意承顺，则天理久而自协。凡人之妇，性行不相远，而有小姑者独不为舅姑所喜。此固舅姑之爱偏；然为儿妇者要当一意承顺，则尊长久而自悟。父或舅姑，终于不察，则为子为妇无可奈何，加敬之外，任之而已。（《睦亲》）

寡妇再嫁，如果原来没有子女，到还罢了；如有子女，实是难办。袁采说：

> 寡妇再嫁，或有孤女年未及嫁，如内外亲姻有高义者，宁若与之议亲，使鞠养于舅姑之家，俟其长而成亲。若随母而归义父之家，则嫌疑之间，多不自明。（《睦亲》）

这正是妇女不能独立的痛苦，只有他看得到，说得出，若以为是蔑视女性，便大错了，他的办法，正是不得已的救济。他说后娶也是件难事：

> 中年以后丧妻，乃人之大不幸。幼子幼女无与之抚存，饮食衣服凡阃门之事无与之料理，则难于不娶。娶在室之人，则少艾之心非中年以后之人所能御。娶寡居之人，或是不能安其室者，亦不易制；兼有前夫之子，不能忘情；或有亲生之子，岂免二心？——故中年再娶为尤难。然妇人贤淑自守，和睦如

一者不为无人,特难值耳。(《睦亲》)

他说:"娶寡居之人,或是不能安其室者,亦不易制",不是他反对娶寡妇,是正道着旧式束缚的苦痛。旧日对于寡妇,每以"非人"看待,故寡妇嫁人,调协尤难。宋时寡妇有坐家招夫者,曰"接脚夫",①《世范》中亦曾提及。婚姻贪攀门阀,图谋富厚,以及早婚等等,宋以前已很发达,袁采也是极力攻击的。他说:

> 男女议亲,不可贪其阀阅之高。资产之厚:苟人物不相当,则子女终身抱恨,况又不和而生他事者乎?(《睦亲》)

又说:

> 有男虽欲择妇,有女虽欲择婿,又须自量我家子女如何。如我子愚痴庸下,若娶美妇,岂特不和,或有他事;如我女丑拙狠妒,若嫁美婿,万一不和,卒为其弃出者有之。凡嫁娶固非偶然不和者,父母不审之过也。(同上)

又说:

> 人之男女,不可于幼小时便议婚姻;大抵女欲得托,男欲得嫁,若论目前,悔必在后。盖富贵盛衰,更迭不常,男女之贤否须年长,乃可得见。若早议婚姻,事无变易固为甚善;或昔

---

① 清邱炜萲《菽园赘谈》云:"戚里早寡者,或不安于室,始焉求牡,终且鸠居,率以招夫养子卫言为口实。此等恶俗,不知起于何时。"当是未见《世范》所言"接脚夫"。此风宋代已有,至其渊源,我谓当本于汉之馆陶公主。

富而今贫,或昔贵而今贱,或所议之婿流荡不肖,或所议之女狠戾不检:从其前约,则难保家,背其前约,则为薄义,——而争讼由之以兴,可不戒欤!(同上)

媒人的可恶,他也是极力指摘的。他说:

> 古人谓周人恶媒,以其言语反复,给女家则曰男富,给男家则曰女美;近世尤甚。给女家则曰男家不求备礼,且助出嫁遣之资。给男家则厚许其所迁之贿,且虚指数目。若轻信其言而成婚,则责恨见欺,夫妻反目至于仳离者有之。大抵嫁娶固不可无媒,而媒者之言,不可尽信如此,宜谨察于始。(同上)

旧式婚姻的缺点,一齐经他说尽了:他说"嫁娶固不可无媒",好像嫁娶之有媒,纯非得已,若不因媒妁制度规订在礼教之中,——更进一步,若是他生在七百年后礼教可以动摇的今日,他一定极力主张不要媒人了;又为避免"子女终身抱恨"起见,他一定要劝天下的父母把子女婚姻大事让子女绝对自由去的。

他对于当时的乳母和婢女两种人,有极深的同情,他说:

> 有子而不自乳,使他人乳之,前辈已言其非矣。况其间求乳母于产之前者,使不举己子而乳我子;有子方婴孩使舍之而乳我子,其己子呱呱而泣至于饿死者;有因仕宦他处,逼勒牙家,诱赚良人之妻,使舍其夫与子而乳我子,因挟以归乡,使其一家离散,生前不复相见者;——士大夫递相庇护国家法令有不能禁,彼独不畏于天哉?(《治家》)

又说:

> 以人之妻为婢,年满而送还其夫;以人之女为婢,年满而送还其父母;以他乡之人为婢,年满而送归其乡:此风俗最近厚者,浙东士大夫多行之。有不还其夫而擅嫁他人者,有不还其父母而擅与嫁人,皆兴讼之端。况有不恤其离亲戚去乡土,役之终身,无夫无子,死为无依之鬼,岂不甚可怜哉?(《治家》)

这都是他痛心于世道的言论,强凌弱,官欺民,当时已成普通现象,他也只好叹惜几声,略寓讽劝罢了。

他对于妇女衣饰,不赞成过于华丽,也是根于人情说的,他说:

> 妇女衣饰,惟务洁净,尤不可异众。且如十数人同处,而一人之衣饰独异,众所指目,其行坐能自安否?

袁采虽然是七百多年前的人,实在有些见解到现在一样有价值。可惜在那沉痼的社会里不能使他跳到圈儿外来主张,所以他的影响,并不甚大。

五 冥婚

冥婚这件事,虽然是迷信,也可见人们对于婚姻的看重。总以为未婚而死,是人生的不幸,故即在冥间,亦须为觅配偶。此风最早见于魏,魏武子邓哀王冲,幼而岐嶷,仁爱识达,年十三卒,魏武甚悼之,为之娉甄氏之亡女以合葬,为后世冥婚之始,在民国前一千七百年。到了唐代冥婚的发现较多,韦后为其弟洵与萧至忠殇女冥婚,见《唐书·至忠传》。戴君孚《广异记》载唐代冥婚事一则云:

> 长洲县丞陆某,家素贫,三月三日,家人悉游虎邱寺,女年十五六,以无衣不得往,独与一婢守舍。父母既行,慨叹投井而死;父母以是为感。悲泣数日,乃权殡长洲县后。
>
> 一岁许,有陆某者,曾省其姑,姑家与女嫔同地。出经殡宫过,有女婢随后云,女郎欲暂相见。某不得已,随至其家。家门卑小,女郎靓妆,容色婉丽,问云:"君得非长洲百姓耶?我是陆丞女,非人,鬼耳,欲请君传语与赞府,今临顿李十八求婚,吾是室女,义难自嫁,可与白大人,若许为婚,当传语至此。"其人尚留殡宫中,少时,当州坊正从殡宫边过,见有衣带出外,视之,见妇人,以白丞。丞自往,使开壁,取某置之厅上,数日能言。问焉得至彼,某以其言对,丞叹息。寻令人问临顿李十八,果有之,而无恙自若,初不为信。后数日乃病,病数日卒,举家叹恨,竟将李子与女为冥婚。

这个故事,自然不足信,然是唐人造出的,就其最后一语看,冥婚在当时已成风俗无疑,并且定有一定的手续和办法。此风至宋更盛,康与之《昨梦录》有云:

> 北俗男女年当嫁娶未婚而死者,两家令媒互求之,谓之鬼媒人。通家状细帖,各以父母命祷而卜之。得卜,即制冥衣,男冠带女裙帔等毕备,媒者就男墓备酒果,祭以合婚。设二座相并,

各立小幡长尺余者于座后。其未奠也,二幡凝然直垂不动。奠毕,祝请男女相就,若合卺焉,其相喜者,则二幡微动,以致相合若一;不喜者幡不为动且合也。又有虑男女年幼或未闻教训,男即取先生已死者书其姓名生时以荐之,使受教;女即作冥器充保母使婢。云属既已成婚,则或梦新妇谒翁姑,婿谒外舅也。不如是则男女作祟,见秽恶迹,谓之男祥女祥鬼。两家亦薄以币帛酬鬼媒;鬼媒每岁察乡里男女之死者而议资,以养生焉。

冥婚在北宋,自已通行甚盛,此篇所言,即甚详尽。清孙樗《余墨偶谈》云:

> 山右风俗,凡男女纳采后,若有夭殇,则行冥配之礼。女死归于婿茔,男死女改字者,另寻殇女结为婚姻。诹吉合葬。冥衣楮饰,备极经营。若婚嫁后。家君宰曲沃时,曾有邑绅三姓以争冥配兴讼者。

可见此风在清代亦盛行且一直至民国纪元后尤然,《妇女杂志》第一三二号(民国十四年底出版,)有车素虞女士《冥婚》一篇,即言此事。

六　旷世女文人李清照

李清照(一〇八一——一一四一以后)是有史以来一位最大的女文学家。在她以前,固然没有比她好的;在她以后也没有比得上她的。父格非,为礼部员外郎,母亲是状元王拱宸孙女,都擅文章,所以幼教极好,早有才华。她出嫁时,据她自己说是建中辛巳(见《金石录后序》)应在民国前八一一年,但《宋史》说她"元符二年(民前八一三)年十八,适太学生诸城赵明诚"。明诚父挺之,那时做吏部侍郎,后来曾为丞相。所以赵李两家,都是望族。清照尝自称易安居士,后人因即称之曰易安。

结缡未久,明诚出游。易安意殊不忍别,书《一剪梅》词于锦帕送之,曰:

> 红藕香残玉簟秋,轻解罗裳,独上兰舟。云中谁寄锦书来,雁字回时月满楼。 花自飘零水自流,一种相思,两处闲愁,此情无计可消除;才下眉头,却上心头。

别后又曾以《重阳醉花阴》词函致明诚。明诚思胜之,一切谢客废寝忘食者三日夜,得五十余阕,把易安所作,抄杂一起,以示友人陆德夫。德夫玩诵再三,说"有三句绝佳",问那三句?德夫说:"莫道不消魂,帘卷西风,人比黄花瘦"这三句刚刚就是易安作的,(见《苕溪渔隐丛话》,)明诚终未能胜她。这首词全文云:

> 薄雾浓云愁永昼,瑞脑消金兽。佳节又重阳,玉枕纱厨,半夜凉初透。 东篱把酒黄昏后,有暗香盈袖。莫道不消魂,帘卷西风,人比黄花瘦。

易安被人传诵之诗句亦最多,如:

> 诗情如夜鹊,三绕未能安;少陵也是可怜人,更待明年试

春草。(《风月堂诗话》)

又：

> 两汉本继绍,新室如赘疣,所以嵇中散,至死薄殷周。(朱子《游艺论·引评》)

又《春残》云：

> 春残何事苦相思,病里梳头恨发长;梁燕语多终日在,蔷薇风细一帘香。(《彤管遗编》)

《郡斋读书志》说,挺之在徽宗时(为宰相),易安进诗曰:"炙手可热心可寒。"挺之排元祐党人甚力,(易安父)格非以党籍罢,易安上诗挺之,有"何况人间父子情"句。他们儿女亲家,因为政事的原故,尚且不讲交情,真令人敬佩。

赵明诚好金石藏书画,所收极多,曾著《金石录》三十卷,至今均为谈考证者所珍视。明诚之好古,与他们夫妇生活极有关系。易安在《金石录后序》中写他们的生活道：

> 赵李宦族,然素贫贱。每朔望,明诚太学谒告出,质衣取半千钱,步入相国寺,市碑文果实归,夫妻相对展玩咀嚼,尝自谓葛天氏之民也。后二年,(明诚)出仕宦,便有饭蔬衣练穷遐方绝域尽天下古文奇字之志。日就月将,渐益堆积。(挺之为)丞相居政府,亲旧或在馆阁,多有亡诗、逸史、鲁壁、汲冢所

未见之书,遂力传写,浸觉有味,不能自已。后或见古今名人书画一代奇器,亦复脱衣市易。尝记崇宁间有人持徐熙《牡丹图》求钱二十万,当时虽贵家子弟,求二十万钱岂易得耶?留信宿,计无所出而还之,夫妇相向惋怅者数日。后屏居乡里十年,仰取俯给,衣食有余,连守两郡(青州、莱州),竭其俸入,以事铅椠。每获一书,即校勘整集签题。得书画彝鼎,摩玩舒卷,指摘疵病,夜尽一烛为率。故能纸札精致,字画完整,冠诸收书家。余性偶强记,每饭罢坐归来堂,烹茶指堆积书史,言某事在某书某卷第几叶第几行,以中否角胜负,为饮茶先后。中即举杯大笑,至茶倾覆怀中,反不得饮而起;甘心老是乡矣!故虽处忧患困穷,而志不屈。……收藏既富,于是几案罗列,枕席狼籍,意会心谋,目往神授,乐在声色狗马之上。……

这几段写他们夫妇生活,何等绮丽,何等快活!自结婚至今二十余年,算是易安之黄金时代。像这样美满的夫妻生活,应当是妇女生活史中最宝贵的材料!

靖康二年(一一二七)明诚奔母丧于金陵,"既长物不能尽载,乃先去书之重大印本者,又去画之多幅者,又去古器之无款识者,又去书之监本者,画之平常者,器之重大者",像这样的割爱舍去,"尚载书十五车"。其收藏之富可见。其年十二月,金人陷青州,火其书十余屋,于是十去七八。

戊申(一一二八)九月,明诚起复知江宁。《清波杂志》云:"在江宁日,每值天大雪,即顶笠披蓑循城远览,得句必邀赓和,明诚每苦之。"这也是他们夫妻间的韵事。

第二年春三月,明诚罢官,想到江西去住家,雇船上驶,已到池阳,被旨召知湖州,遂留易安于池阳,自己从陆路赴召过阙上殿。六月十三那一天,明诚舍舟登岸,"葛衣岸巾,精神如虎,目光烂烂射人,望舟中告别",易安看这神情,不觉恶心,谁知明诚此去,果不生还了。易安因呼问:"如传闻城中缓急,奈何?"明诚戟手遥应曰:"从众。必不得已,先弃辎重,次衣服,次书册卷轴,次古器。独所谓宋器者,可自负抱,与身俱存亡,勿忘也。"这几句话,好像遗嘱一般了。遂驰马去。后来果然在途中受了暑,到行在时,就害病了。《金石录后序》易安自叙其得信及赶往视病以至于明诚死的情形道:

> 七月,来报卧病,余惊怛,念侯性素急,奈何病痁。或热,必服寒药,疾可忧。遂解舟下,一日夜行三百里。比至,果大服柴胡黄芩药,疟且痢,病危在膏肓,余悲泣仓皇不忍问后事,八月十八日遂不起,取笔作诗绝笔而终。

据这一般,我们看出易安不仅文学好,并且很有才干;又看出她还懂一点医药哩。明诚死时,尚有书二万余卷,金石刻二千卷,器皿茵褥可符百客。是年十二月,金人陷洪州,遂尽委弃。

那时易安已经四十九岁了。以后所经变故极多,都写在她所作《金石录后序》里,那是她五十二岁时(绍兴壬子)作的。后来辗转避乱,居于金华。在金华有《武陵春》一词,至今为世人称诵,词云:

> 风住尘香花已尽,日晚倦梳头;物是人非事事休,欲语泪先流。 闻说双溪春尚好,也拟泛轻舟。只恐双溪舴艋舟,载不动,许多愁!

又有《感怀》诗云：

寒窗败几无书史，公路生平竟至此，青州从事孔方兄，终日纷纷喜生事。作诗谢绝聊闭门，虚室香生有佳思。静中吾乃见真吾，乌有先生子虚子。（见《彤管遗编》）

她的嫠居生活，可以从这一首诗及《晓梦》一诗中看出。《晓梦》云：

晓梦随疏钟，飘然跻云霞。因缘安期生，邂逅萼绿华。秋风正无赖，吹尽玉井花。共看藕如船，同食枣如瓜。翩翩垂发女，貌妍语亦佳。嘲辞斗诡辨，活火烹新茶。虽乏上元术，游乐亦莫涯。人生能如此，何必归故家。起来敛衣坐，掩耳厌喧哗。心知不可见，念念犹咨嗟。（同上）

易安自己并无儿女，这诗中所说"翩翩垂发女"指的是她弟弟李远的女儿。因为她那时是住在她弟弟家里。

易安有一首最著名的词：

寻寻觅觅，冷冷清清，凄凄惨惨戚戚，乍暖还寒时候，最难将息。三杯两盏淡酒，怎敌他晚来风急。雁过也，正伤心，却是旧时相识。　满地黄花堆积，憔悴损，如今有谁堪摘。守着窗儿，独自怎生得黑。梧桐更兼细雨，到黄昏点点滴滴，这次第怎一个愁字了得！

她不仅是会诗能词而已，对于时政，也极关心。秦楚材（秦桧的哥

哥)命韩肖胄、胡松年二人充奉表通问使副使使金,易安各上一诗送之,上胡诗云:

> 胡公清听人所难,谋同德协置器安。解衣已道汉恩暖,离诗不怯关山寒。皇天久阴后土湿,雨势未回风势急,车声辚辚马萧萧,壮士懦夫俱感泣。间阎嫠妇亦何知,沥血投诗干纪室。蔡邱莒父非荒城,勿轻谈士弃儒生。愤王墓下马犹倚,寒号城边鸡未鸣。巧匠亦且顾樗栎,刍荛之询或有益。不乞隋珠与和璧,但乞乡关新信息,灵光虽在应萧条,草中翁仲今何若?遗民定尚种桑麻,败将如闻保城郭。嫠家祖父生齐鲁,位下名高人比数。当年稷下纵谈时,犹记人挥汗如雨。子孙南渡今几年,漂零遂与流人伍。愿将血泪寄河山,去洒青州一抔土。(见《云麓漫钞》)

真正是"忠愤激发,意悲语明"。宋自南渡以后,一般宦门望族,都逃在江南,久不能归,自然有无限悲痛怀旧之忧。易安又有句云:

> 南来犹怯吴江冷,北狩应知易水寒。

又:

> 南渡衣冠思王导,北来消息少刘琨。

俱见《渔隐丛话》,是极佳美的句子。

宋以词盛,柳永、秦观、苏轼、欧阳修、晏殊等尤有名,她对之却

都有不满的批评,她说:

> 本朝柳屯田永,变旧声作新声,出乐章集,大得声称于世;虽协音律,而词语尘下。又有张子野、宋子京兄弟、沈唐、元绛、晁次膺辈继出,虽时时有妙语,而破碎何足名家。至晏丞相、欧阳永叔、苏子瞻,学际天人,作为小歌词,直如酌蠡水于大海;然皆句读不葺之诗耳。又往往不协音律。……王介甫、曾子固文章似西汉,若作小歌词,则人必绝倒。不可读也。乃知词别是一家,知之者少。后晏叔原、贺方回、黄鲁直出,始能知之;而晏苦无铺叙,贺苦少典重,秦少游专主情致而少故实,譬如贫家美女,虽极妍丽丰逸,而终乏富贵态,黄即尚故实,而多疵病,譬如良玉有瑕,价自减半矣。(见《渔隐丛话》)

一代词人,俱在言下,她的大胆卓识可见。张九成,绍兴二年进士,她更诗诮之,云:

"露花倒影"柳三变,"桂子飘香"张九成。

她用他们文章中语,以讥其不通。因为她勇于批评,并杂讽讥,故恨她的人很多,于是李心传《建炎以来系年要录》根据鄙恶小说之言,就说她改嫁张汝舟了。后来又不堪张之虐待,和张离婚,作有离婚启,因比其事为文案。但易安的历史,据上面所述看来,她四十九岁时死了丈夫,后即依弟以居,生活很恬静,如何会有改嫁的事呢?《齐东野语》说李心传在蜀,去天万里。轻信记载,疏舛固宜。又《谢枋得集》亦言《系年要录》为辛弃疾造韩侂胄寿词。那末宜乎此书惯作假话。可是因为易安名声太大,惹人注意,其改嫁之说遂愈传愈确。直至清代俞正燮,替她编排事实,作《易安居士事辑》,辨无其事。李慈铭又作辑补,事始大白。改嫁原不是丑事,然而她没有改嫁,诬之为改嫁,岂非大不平么?

易安改嫁之说是从何发生的呢?赵明诚从池阳到行在的时候,学士张飞卿(即汝舟)以玉壶示明诚,相语久之,仍携壶去。时建康置防秋安抚使扰攘之际,或疑其馈璧北朝,言者遂列以上闻。有人说赵张皆当置狱,那时明诚已死,易安方大病,仅存喘息,闻玉壶事大惧。尽以其家所有,赴越州行在投进,而高宗已奔明州。时中书舍人綦崇礼为赵明诚辩护,事乃得白。易安因为与綦有旧亲情,这回又极得其帮助因作启谢之,曰:

> 素习义方,粗明诗礼。近因疾病,欲至膏肓。牛蚁不分,灰钉已具。岂期末事,乃得上闻。取自宸衷,付之廷尉。序欲投进家器,日抵雀捐金……

《系年要录》却谓明安既改嫁张汝舟,不睦请离,是綦崇礼为之处的。后来易安有谢綦的信,就把上面的启改了。改曰:

> 牛蚁不分,灰钉已具。弟既可欺,持官文书来,辄信身几欲死。非玉镜架亦安知呻吟未定。强以同归。猥以桑榆之末影,配兹驵侩之下才。……视听才分、实难共处。惟求脱去,决欲杀之。遂肆欺凌,日加殴击,岂期末事,乃得上闻。取自宸衷,付之廷尉。

据李慈铭说,也许张汝舟妻亦姓李,或竟是易安一家,与夫不咸,讼评离异。或者也娴于文字,作文自述被夫欺凌殴击之事。她告其夫"妄增举数"时,亦必牵及闺门乖忤,自求离绝。后人因其适皆李姓,遂牵合到易安了。这论据很有道理。此外证据尚多,今述其最重要的三个如次:

(一)李慈铭指出《系年要录》所载张汝舟妻李氏告她的丈夫"妄增举数",在绍兴二年九月朔。而易安作《金石录后序》在绍兴二年十月朔,尚自称"易安室","岂有三十日内忽在赵氏为嫠妇,忽在张氏讼其夫"之理?

(二)绍兴十一年(一一四一)五月十三日,綦崇礼婿阳夏谢伋寓家台州,自序《四六谈尘》,时易安年已六十,伋称之为赵令人李,若崇礼为处理张汝舟婚事,伋是他的亲婿。还有不知道的吗?

(三)淳祐元年(一四二一)张端义作贵耳集,尚称"易安居士赵明诚妻",则易安之以寡妇终无疑。

易安不仅是能诗词四六,并且能画。宋濂《学士集》说:"易安能诗词文四六,又能画,明人陈查良藏有易安画琵琶行图。"《太平清话》说:"莫廷韩买得易安图墨竹一幅。"

她并创造一种游戏,名曰"打马"。曾著《打马赋》一卷。《直斋书录解题》说:"用二十马。今世打马,大约与樗蒲相类。"

《词综》载朱文公言,谓"本朝妇人能文章者,曾相布妻魏及李易安二人而已"。魏夫人是丞相曾子宣妻,亦善作词,意境也高。《宋史·艺文志》说后人集易安所作为,文七卷词六卷,但现在所流传的,不过薄薄的一卷《漱玉词》罢了,并且都还是从别的书中摘出的。

第七章 元明的妇女生活

——民国纪元前六三五—二六九年

一 元代的妇女生活

元代前后与宋明衔接,年代又短,故妇女生活,无甚足述。可是元人自己,有应提到的数处。元人本是游牧民族,文化幼稚,没有中国这样的礼教,但后来亦稍受影响。元人婚姻,初本不论行辈,所以嫡子可以娶庶母,侄子可以娶叔母,可是做妇人的,后来受了中国礼教的影响,也要守节了,便发生许多变故。陶宗仪《辍耕录》载一事云:

> 中书平章阔阔歹之侧室高丽氏,有贤行,平章死,誓弗贰适。正室子拜马朵儿赤悦其色,欲妻之而不可得,乃以其父所有大答纳环子献于太师伯颜,此物盖伯颜所属意者。伯颜喜,问所欲,遂白其事。伯颜特为奏闻,奉旨命拜马朵儿赤收继小母高丽氏。高丽氏夜与亲母踰垣而出,削发为尼。伯颜怒,以为故违圣旨,拜命省台洎侍正府官鞫问,诸官奉命惟谨,锻炼备极惨酷。时国公阔里吉思于鞫问官中,独秉权力。侍正府

都事帖木儿不花,数致语曰:"谁无妻子,安能相守至死,得有如此守节者,莫大之幸;而反坐以罪,恐非我治朝之盛典也。"国公悟,为言于伯颜之前,宛曲解释,其事遂已。

所以其后有"色目人勿得妻其叔母"之诏,这是受了中国人影响,始能如此。

后宫的制度经隋炀帝"参详典故,自制嘉名"以后,宫妃之数,即未稍减。唐因隋制,且设四妃以佐皇后。唐末丧乱,后妃之制不备。后唐庄宗增后宫之数,有昭容、昭仪、昭媛、出使、御正、傅真、懿才、咸一、瑶芳、懿德、宣一等名号。至金,更设五妃,元妃、贵妃、淑妃、德妃、贤妃正一品,昭仪、昭容、昭媛、修仪、修容、修媛、充仪、充容、充媛曰九嫔,正二品。婕妤正三品,美人正四品,才人正五品,各九员,为二十七世妇。宝林正六品,御女正七品,采女正八品,各二十七员,为八十一御妻。到了元代,宫妃更盛,据陶宗仪《元氏掖庭记》云,元顺帝宫嫔进御,数目无纪,佩夫人贵妃印的,一百多人。宫中有"七贵"名目,即淑妃龙瑞娇、程一宁、戈小娥与丽嫔张阿玄、支祁氏、才人英英、凝香儿。她们七人,极见宠爱,所好成之,所恶除之,位在皇后之下,而权则重于禁闱。淑妃龙瑞娇尤贪妒,宫人少有不如意,便笞挞至死;若不欲置之死地,则百计千方致其苦楚,创为种种酷刑。以酸沃鼻,谓之醋刑。以秽塞口,谓之臭刑。夏日以火围烤,谓之蒸刑。冬天使之卧冰,谓之炼肋。不能吃酒的,强令之饮,多至十碗,是名醉鬼之刑。削木埋地,相去二尺,高三尺,令女立上,又以一木柱其腰,令两手各持重物,不许失坠,名之曰悬心之刑。诸如此类,不胜数说,则元代后宫之惨苦,可以想见。

元人袭丰履厚者九十年，被明灭后，蒙古子孙流寓中国的，令所在编入户籍；在京城的，编为乐户；在州邑的，编为丐户，生活遂一落千丈。《三风十愆记》叙常熟丐户之妇女生活云：

> 丐户多在边海之邑；其隶于常熟者，男谓之贫子，妇谓之贫婆，其聚族而居之处谓之贫巷。初无姓，任取一姓以为姓，而各以种类自相婚配。其男以索绹为业，常不足以自给。妇则习浆饎缝纫，受役于殷实高贵之家，所获常百倍于男。司晨之势，积重于牝鸡，由来久矣。厥后家计日足，男子不复理前业，衣冠楚楚，安坐而食；妇则为伴娘，(此时陪嫁即不用妓女了。)为卖珠娘，为小儿医，常以一人而营数业，以一人而应数家。都市之中，窈窕少女，往来如织，摩肩蹑踵。混杂人群，恬不为怪。然不事艳妆色服，簪止骨角，衣止玄绢，裙止白练；不卷袖，不束帨，不著红履；淡扫蛾眉以相矜尚而已。当有事而出，则命其夫或携小囊，或负小筐，相随于后。道遇所熟识，则妇趋迎而前，殷勤欢语移时，夫则俯立道旁，不敢与其人举手；然亦实不知其何许人也。至大户家，妇则直入闺阃，与内主人谦语饮馔。日昃未及出，夫则踽踽伺候于门外，不敢他往，亦不敢迫促；必俟妇出乃偕归。岁时糕粽，喜庆酒肉，给赏频来，醉之饱之，则拜妇之赐。

这一段叙述的极好，惟作者具一付旧礼教的眼光，所以把男子写得那样可怜，说什么"司晨之势，积重于牝鸡"，不知这正给我们一个历史上的证据,让我们晓得三千年来男强女弱的观念,都是受经济权力所支配,若男子依靠女子生活时,便要变成男弱女强了。

二 提倡贞节之极致

自宋人对于贞节的态度加严后,夫死守节,差不多为个个妇人应尽的义务,甚言之,这种观念差不多成为人们下意识了。守节的妇人,不但不能涉及于性的淫污,即皮肤手臂亦不能为男子接触。五代时本有节妇断手的事,她运送丈夫的灵柩回家,夜投逆旅,旅店主人拒而不纳,牵了她的手臂,要她出去,她便拿起刀来斫去手臂,说是被男子污了。当时此事,受礼学先生的赞颂,自不用说,可是影响还不普遍。到了元代,节妇马氏,乳疡不医,足与前事,后先辉映。元明善作《节妇马氏传》云:"大德七年十月,乳生疡,或曰当迎医,不尔且危。马氏曰,吾杨氏寡妇也,宁死,此疾不可男子见;竟死。"体肤给男子看见,都认为污辱,贞节讲到这步田地,真是泯没人性至极了。后世妇女有病讳医,想亦宋元以后盛行的。

元末还有一件殉节的事,真令人咄咄不平。张士诚的女婿潘元绍,先跟士诚造反,后士诚降元,授太尉,元绍自然也跟着做官了。明太祖起兵时,遣徐达等围姑苏,潘元绍出战。元绍有七妾,一天回来,对她们说:"我受国重寄,义不顾家,脱有不宿,诚若等宜自引决,毋为人嗤也。"一妾跪而前曰:"主君遇妾厚,妾终无二心,请及君时死以报,毋令君疑也。"遂趋室自经,其他六人相继死。是至正丁未(民国纪元前五四五)七月五日事。既有这样节烈妇人的勖劝,潘元绍一定身为元死的了?谁知不然,不独战场上没有打死,而且还降了明朝!从这个故事里,我们看男子的性命是多么值

钱,女子的性命又多么不值钱啊!陈基作《群珠碎》诗咏此事,极好,诗曰:

> 绣纹刺绮春纤长,兰膏馨鬓琼肌香;芳年艳质媚花月,三三两两红鸳鸯。翠靴踏云云帖妥,海棠露湿胭脂朵。冶情纷作蝶恋春,新曲从翻玉连琐。画堂一笑天沉沉,扬眉一笑轻千金,明珠买得绿珠心,欲挥鱼肠扫妖彗。主君勿疑心似醉,一宵痛击群珠碎!门前铁马嘶寒风,奇勋解使归元戎!

朱象贤《闻见偶录》载此事,并云:"苏州城北大杨家巷有七姬庙,庙址系潘氏故园西一隅,塑有七姬小像,相传七女常于此地显著灵异,故为立庙。"不知今还在否。

明朝是奖励贞节最力的时代,在书籍方面,有徐皇后的《内训》,解缙等的《古今列女传》。《内训》的传播尤广。在法律方面,洪武元年(民国前五四四)太祖曾有这么一个诏令:

民间寡妇,三十以前夫亡守制,五十以后不改节者,旌表门闾,除免本家差役。(《明会典》)寡妇守节,不但本身得旌表的光荣,本家的差役,转可藉以除免,那末哪个寡妇能不守节,哪个本家能不希望寡妇守节呢?又令巡方督学,岁上其事,著为规条,大者赐祠祀,次亦树坊表,奖励贞节,莫此为盛。后来为贪图荣利起见,很多把寡妇年纪冒填的,所以宪宗成化元年(民国前四四七)奏准:"如有夫亡时,年纪三十以上,及寡居未及五十妇人,增减年甲举保者,被人首发或风宪官覆勘得出,就将原保各该官吏里老人等,通行治罪。"寡妇守节,而至于作伪生弊,还有一毫自动的意思么?但是一部《二十四史》,中间节烈妇女最多的,莫如《明史》了。(参看本书附录《二十四史中之妇女一览表》)《明史·列女传》云：

> ……刘向传列女,取行事为鉴戒,不存一操。范氏宗之,亦采才行高秀者,非独贵节烈也。魏隋而降,史家乃多取患难颠沛杀身殉义之事,盖挽近之情,忽庸行而尚奇激,国志所褒,志乘所录,与夫里巷所称道,流俗所震骇,胥以至奇至苦为难能。而文人墨客,往往借俶傥非常之行以发其伟丽激越跌宕可喜之思,故其传尤远而其事尤着。然至性所存,伦常所系,正气之不至于沦澌而斯人之所以异于禽兽,载笔者宜莫之敢忽也。

《明史》虽是清人所修,这一段话,说的可正是以前的情形,魏隋以后的贞节观念,实在是以至苦难能为可贵,而有表扬正气,鉴别人禽的心理的。传《序》又云：

> 明兴著为规条,巡方督学,岁上其事。大者赐祠祀,次亦树坊表,乌头绰楔,照耀井间,乃至于僻壤下户之女,亦能以贞白自砥。其著于实录及郡邑志者,不下万余人,虽间有以文艺显要之节烈为多,呜呼,何其盛也,岂非声教所被,廉耻之分明,故名节重而蹈义勇欤?今援其尤者,或以年次,或以类从,具著于篇,视前史殆将倍之,——然而姓名湮灭者尚不可胜计。存其什一,亦足以示劝云。

《二十四史》中的妇女,连"《列女传》"及其他传中附及,《元史》以上,没有及六十人的。《宋史》最多,只五十五人;《唐书》五十四人;而《元史》竟达一百八十七人。《元史》是宋濂他们修的,明朝人提倡贞节,所以搜罗的节烈较多,一方面他们的实录与志书,又多多的记载这些女人节烈的事,所以到清朝人修《明史》时,所发现的节烈传记,竟"不下万余人",即掇其尤者,也还有三百零八人,所以才说"视前史(指《元史》)殆将倍之"。守节要守的苦,尽节要尽的烈,这种观念,很有一述的必要。现在从《明外史》中摘录几个传记,或者可以代表一点。

蔡烈妇　烈妇,松阳叶三妻。三贫,负薪为业。蔡小心敬事。三久病,织纴供药饵。病笃,执妇手诀曰:"及我生改嫁,无受三年苦。"妇梳洗更衣袖刀前曰:"我先嫁矣!"刎颈死。三惊顾,寻死。

戚家妇　妇,宝应人,甫合卺而夫暴殁,妇哭之哀,投门外江中死。留一诗云:"画虎虽成未点睛,百年夫妇一宵情。欢声方举哀声动,贺者才临吊者并。孔雀屏前灯隐隐,鸳鸯枕上泪盈盈。从来不识儿郎面,独抱冰心照水心。"后人名其死所为戚家江云。

金华方氏　氏,军士袁坚妻。坚嗜酒败家,卒殡城北濠上。方贫无所依,乃即殡处置棺,寝处其中,饥则出饮于濠。久之不复出,则死矣!郡守刘莅,封土祭之。

刘氏　刘氏,京师人。有松江人戍边者,诈称无妻,娶刘。久之遇赦,给刘曰:"吾暂归省",遂往不复还。刘抵松访之,婿故不认,刘哭曰:"良人弃我,我将安归!"乃剪发为尼,乞行市上,人多怜而周之。刘置一棺,夜卧棺中,五十余年,邻火起,刘入棺,呼曰:"乞与阖棺,以毕吾事",遂焚死。

张烈妇 妇政和游铨妻。倭入寇,所至淫掠,妇敬语其女曰:"妇道惟节是尚,值变之穷,有溺与刃耳。汝谨识之。"铨闻以为不祥。妇曰:"使妇与女能如此,祥孰大焉。"未几,贼陷政和,张度不能脱,连呼女曰:"省前诲乎?"女颔之,即赴井,张舍笑随之并死。

林端娘 端娘,瓯宁人,字陈廷策。闻廷策讣,寄声曰"勿殓,吾将就死。"父曰,"而虽许,未纳币也,何往?"对曰,"既许矣,何币之问?"父谨防之。曰:"女奚所不可死,顾死夫家,髭耳。"父曰:"婿家贫无以周身。"曰"身也乎哉!"曰"婿家贫孰为标名?"曰:"名也乎哉!"遂往哭奠,毕,自克死期,理帛自经,三拱而绝!——陈故家青阳山下,山下人言妇将尽时,山鸣三昼夜。

郑氏 郑氏,安陆赵钰妻,性刚烈,闺房中言动不涉非礼。或馈茶饼,问之,云某寡妇更适人,大怒且骂,命倾之。夫戏曰:"若勿骂人,幸夫不死耳。"郑正色曰:"君勿忧,我岂为此者。"后钰疾将死,回视郑,瞪目不瞑,郑曰:"君得毋疑我乎?"即自缢于床楣。钰稍苏回眄,出泪而绝。

风俗习惯,当其根基牢固的时候,往往忘其本意。即如贞节这件事,到得明代,已经变成迷信了,教条了,就是这样的,应当这样的,谁还有心去问为什么,谁又敢问:"妇道惟节是尚,值变之穷,有溺与刃耳。"张烈妇这几句话，后来简直是全国上下，母诫其女，姑诫其妇的普通话，谁还想到他的错误？贞节提倡到这步田地，真是无以复加了。

三　几个女教的圣人

明代对于贞节底极力奖励，有一个人很有关系，便是仁孝文皇后。明成祖以篡逆取国，淫刑肆暴，无甚善德，他的皇后却称贤淑。她是中山王徐达的长女，小时很念过一些书，她的婆婆高皇后，喜欢听她诵书，听她读《列女传》，说宜加讨论。高皇后死后，她便本了高皇后的遗意，另撰《内训》一书，最初不过给皇太子诸王看的，永乐五年（民国纪元前五〇五）她死后，成祖因为追念她，遂把此书颁赐臣民，后来便非常流行。到了清初，王相把她这书和班昭的《女诫》、宋若华的《女论语》，以及王相母亲的《女范捷录》四本书合起来，订为一部《女四书》，这部《女四书》，不胫而走的传遍了妆楼绣阁，一直到现在。《内训》的宗旨和内容，在他底序里，可以看得出来，他的序说：

　　……夫人之所以克圣者，莫严于养其德性，以修其身，故首之以"德性"，次之以"修身"。修身莫切于谨言行，故次之以"慎言""谨行"推而至于"勤励""节俭，"而又次之以"警戒"。人之所以获久长之庆者，莫加于"积善"；所以无过者，莫加于"迁善"。数者皆修身之要，而所以取法者，则必守高皇后之教也，故继之以"崇圣训"。远而取法于古，故次之以"景贤范"。上而至于"事父母"、"事君"、"事舅姑"、"奉祭祀"，又推而至于"母仪""睦亲""慈幼""逮下"，而终之以"待外戚"。——

> 顾以言辞浅陋,不足以发扬深旨,而其条目,亦粗备矣。……

全书共二十章,序里都说到了,加以引号的便是。她这本书,也不过把从前对于妇女的见解,重述一遍,没有什么特色。但她在《母仪章》说:

> 女德有常,不踰贞信;妇德有常,不踰孝敬。

很能够概括从前要妇女遵行的通路,这书原是为训宫壼的,所以很重事君,她在《事君章》中竟说:

> 纵观往古,国家废兴,未有不由于妇之贤否,事君者不可以不慎。《诗》曰"夙夜匪懈,以事一人";苟不能胥匡以道,则必自荒厥德,若网之无纲,众目难举,上无所毘,下无所法,则胥沦之渐矣。

这都是天下之母的观念,可是她下面一转,就说到凡是妇人,都应当拿这种态度事夫了;她说:

> 夫上下之分,尊卑之等也;夫妇之道,阴阳之义也;诸侯大夫士庶人之妻,能推是道以事其君子,则家道鲜有不盛矣。

这书传播虽远,影响还不及《女论语》那样大,《女诫》是更不说了,大概就因为偏重在后妃而不是妇女普遍的鉴戒之故。可是她同时帮助《古今列女传》的成功,及平时对于妇德的奖劝,于明代贞节之极力提倡,是有关系的。高皇后既谓《列女传》宜加讨论,遂请太祖命儒臣考订,没有成功。永乐元年,成祖既追上高皇后尊谥册,仁孝皇后因复以此书为言,遂命解缙、黄淮、胡广、胡俨、杨荣、金幼孜、杨士奇、王洪、蒋骥、沈度等,同加编辑。因为仁孝皇后的注意,编辑很是审慎,起自有虞,迄于元明,汉以前多本之刘向书,后代则略取各史《列女传》,而附以明初节烈的妇女。这书与《内训》作成时相差不远,都在民国纪元前五〇八年左右,书成之后,成祖自制序文刊印颁行,明代有,这两部书颁行民间,民间的风教,不期的考究起来,所谓"上有好者,下必甚焉",在专制的时代,这两句话真是再也不错的。

* * * *

明初女教,因为有那两本书的颁行,轰动了一时,可是过了二百年,又冷淡了。这二百年的经历,社会上对于女子,普通总不要她读书,"女子无才便是德"的话,渐渐有了引子。这时便有一位吕坤做了一本《闺范》。他是一个进士,做官时很留意风教;作《闺范》的原因,他说:

> ……女训诸书,昔人备矣;然多者难悉,晦者难明,杂者无所别白,淡无味者不能令人感惕,闺人无所持循以为诵习,余读而病之;乃拟《列女传》,辑先哲嘉言,诸贤善行,绘之图像,以警后学。(《闺范序》)

从这上面可以想见他的内容。这本书文字浅显,又有图像,所以流传很遍,清陈宏谟说:

> 《闺范》一篇,无非欲儿女子见之喜于观览,转相论说,因

事垂训,实具苦心。当时士林乐诵其书,摹旧不下数万本,直至流布宫禁。其中由感生愧,由愧生奋,巾帼之内相与劝于善而改不善者,盖不知凡几也,所载之懿行,可以动天地,泣鬼神,至今读之,凛凛然尤有生气。诚哉地维赖以立,天柱赖以尊,孰谓女德无关轻重哉?

对于《闺范》的尊崇,可谓至极了。

明末还有《温氏母训》一书,中间有许多对于妇女的见解。如谓守节与否应听寡妇自己决定,意思就很好,原云:

少寡不必劝之守,不必强之改,自有直捷相法。只看晏眠早起,恶逸好劳,忙忙地无一刻丢空者,此必守志人。身勤则念专,贫也不知愁,富也不知乐,便是铁石手段。若有半晌偷间,老守终无结果。吾有相法要诀曰:"寡妇勤,一字经。"

她的见地本不错,但难免还有重视守节之意,最能守节的,是那"贫也不知愁,富也不知乐"的人,节妇之泪没人性,于此可见。这书是温璜母陆氏的训言,温璜笔录而成的。温璜因拒清师,城破,举家殉节,义震一世;人称其不愧母教,故这书亦被收于《四库》。书中对于后娶的难处,也有独到的见解,她说:

中年丧偶,一不幸也;丧偶事小,正为续弦费处。前边儿女,先将古来许多晚娘恶件,填在胸坎;这边妇父母婢,唆教自立马头出来;两边闲杂人占风望气,弄去搬来;外边无干人听得一句两句,只肯信歹,不肯信好:真是清官判断不开。不幸之苦,全在于此。

做晚娘的难处,她真说得透。

四 "无才是德"一语之产生

"女子无才便是德"这句话,在妇女生活上曾发生极大的影响。细考这句话的起源,并不很早,最早亦不过在明末。因为清人的书里,才见有这样的话。在宋代,袁采那样博通世故,说了那许多关于妇女的话,都没有"无才是德"的字句。只司马光曾经说:

> 今人或教女子以作歌诗,执俗乐,殊非所宜也。

这稍有"无才是德"的意义了。宋代以前,晋代妇女之风雅,唐代妇女之能诗,都不为当时社会所禁止,所以连这句话的意思都没有。即在宋代,既是他反对女子作歌诗,足见社会上女子是爱学歌诗的。有人说班昭作《女诫》,中间就有"无才是德"的意思了;这也不确。我们看《女诫》中只有一句话,很涉嫌疑,就是:

> 妇德,不必明才绝异也。

她说"不必明才",断不能就是"无才",此中程度,相差甚远。况在东汉那样醇朴的社会,更不会发生这种防嫌的观念。她自己不还说吗?

> 男能自谋矣,吾不复以为忧,但伤诸女,方当适人,而不渐加训诲,不闻妇礼,惧失容他门,取辱宗族。……因作《女诫》七篇,愿诸女各写一通,……

足见她的女儿,都是知书识字的,何尝有后世那样"无才是德"的观念?

《女诫》以下,北朝的《颜氏家训》,晋朝的《女史箴》,唐朝的《女论语》《女孝经》,和《女则》,都没有这一句话。只明代末叶吕坤曾说:

> 今人养女多不教读书认字,盖亦防微杜渐之意。然女子贞淫,却不在此。果教以正道,令知道理,如《孝经列女传》《女训》《女诫》之类,不可不熟读讲明,使他心上开朗,亦闺教之不可少也。

这才看出当时社会有不教女子读书认字的趋向,这时才有发生"无才是德"这句话的可能。但是还未看见谁直捷地说出这句话。清初的人就有提出"女子无才便是德",而加以反对的了。如王相母亲之《女范捷录·才德篇》即曰:

> 男子有才便是德,斯言犹可;女子无才便是德,此语诚非;——盖不知才德之经与邪正之辨也。

陈宏谟《教女遗规》说:

> 或者疑女子知书者少,非文字之所能教,而弄笔墨工文词

者,有时反为女德之累。——不知……

梁氏某序《古今女史》(明赵如源撰)有:

> 夫"无才便是德"似矫枉之言:"有德不妨才"真平等之论。

又章实斋《妇学篇》说:

> 古之贤女,贵有才也。前人有云"女子无才便是德"者,非恶才也,正谓小有才而不知学,乃为矜饰骛名,转不如村妪田妪不致贻笑于大方也。

《妇学篇》作于乾隆末年,是到了乾隆末年(民国前一一七)这句话已成极普遍的谚语了。可是菉猗女史李晚芳,她那部《女学言行录》,也是部教训女子的伟著,在她书里,尚未发见此语。她那书自序于乾隆辛未(民国前一六一)则是从辛未到末年,这四十几年间,这句话传播的特别加快,那大概因为那时女子学诗的风气太大,这句话格外被一班卫道先生所利用的缘故。

总之,无才是德这句话的起源,实起源于明末养女多不教其读书识字的社会,不过宋初司马光之不赞成女子作诗歌,已微开其意罢了。可是司马光在不赞成教女子作诗歌之前,固明明主张女子读书的,他说:

> 女子六岁始习女工之小者;七岁始诵《孝经》《论语》;九岁为之讲解《论语》《孝经》及《列女传》《女诫》之类,略晓大义。

足见他虽不赞成女子作诗歌,却主张女子读书认字。女子教育,就《内则》看,虽然简直没有规定,可是自汉以后,沾男子教育的光,有学问的女子,任一时代都有。虽没人主张女子应怎样有学问,也没人坚持女子不应怎样有学问,只是据吕坤所说,在明末,人多不教女子读书了。《温氏母训》尚有这样的话:

> 妇女只许粗识柴米鱼肉数百字,多识字无益而有损也。

"无才便是德"这句话之造端于明末,无容疑义。

何以明末会酝酿出这种意见?这是我们要解答的。据我推想,有两个原因:一是由故事传说影响的,是远因;一是由当时情形发生的,是近因。由故事传说上发生的原因。唐元稹谋娶莺莺而不得,乃作《会真记》,以快其意,原是文人技俩,不发生道德问题的。可是一经元代诸人把他演为传奇,——董解元作《弦索西厢》,王实甫作《西厢记》,关汉卿作《续西厢记》,已成元曲中最有名的著作,明陆采又作《南西厢记》,则《西厢记》之盛行于明代可知。人都以为莺莺之不贞,完全由于她的能诗,她若不知诗,断不能与张生相酬答,而"待月西厢下"一诗,尤其是失身的张本。故自《西厢记》盛行,人都觉女子学诗的不妥了。学问的标准,是随时代变的,唐代重诗,宋代重词,元代重曲,从前的学问观念,差不多偏重文字,所谓"女子无才",就是不赞成女子学诗文的意思。

还有个故事是很动人的。辽道宗懿德皇后是萧惠的少女,能歌诗,善琵琶,最初很得宠幸,生皇子濬。后因遭乙辛之嫉,时欲陷害;后又常于当御之夕,进谏得失,为帝所恶,咸雍之末,遂稀幸御。后作《回心院词》以望幸,词云:

埽深殿,闭久金铺暗:游丝络网尘作堆,积岁青苔厚阶面。埽深殿,待君宴。

拂象床,凭梦借高唐。敲坏半边知妾卧,恰当天处少辉光。拂象床,待君王。

换香枕,一半无云锦。为是秋来转展多,更有双双泪痕渗。换香枕,待君寝。

铺翠被,羞杀鸳鸯对;犹忆当时叫合欢,而今独覆相思块。铺翠被,待君睡。

装绣帐,金钩未敢上,解却四角夜光珠,不教照见愁模样。装绣帐,待君觃。

叠锦茵,重重空自陈;只愿身当白玉体,不愿伊当薄命人。叠锦茵,待君临。

展瑶席,花笑三韩碧,笑妾新铺玉一床,从来妇欢不终夕。展瑶席,待君息。

剔银灯,须知一样明,偏是君来生彩晕,对妾故作青荧荧。剔银灯,待君行。

爇熏炉,能将孤闷苏。若道妾身多秽贱,自沾御香香彻肤。

爇熏炉,待君娱。

张鸣筝,恰恰语娇莺;一从弹作房中曲,常和窗前风雨声。张鸣筝,待君听。

此曲娇柔婉转,绮丽动人;成后诸伶无能奏者,独伶官赵惟一能之。而宫婢单登亦善筝及琵琶,每与惟一争能,怨后不知己。单登原是皇太叔重元家婢,重元谋反被削平后,单登遂没入宫。这时道宗常召登弹筝,后谏曰:"此叛家婢,女中独无豫让乎?安得轻近御前?"因遣登直外别院。登怨后益深。

登妹清子嫁为教坊朱顶鹤妻,方为乙辛所昵;登每向清子诬后与惟一淫通,乙辛俱知之,欲藉以害后,以为不足证实,乃令他人作《十香词》,用为诬案,词云:

青丝七尺长,挽作内家装;不知眠枕上,倍觉绿云香。

红绡一幅强,轻阑白玉光,试开胸采取,尤比颤酥香。

芙蓉失新艳,莲花落故妆,两般总堪比,可似粉腮香?

蜥蜴那足并,长须学凤凰;昨宵欢臂上,应惹领边香。

和羹好滋味,送语出宫商,定知郎口内,含有暖甘香。

非关兼酒气,不是口脂芳。却疑花解语,风送过来香。

> 即摘上林蕊,还亲御苑桑,归来便携手,纤纤春笋香。
>
> 凤靴抛合缝,罗袜卸轻霜;谁将暖白玉,雕出软钩香。
>
> 解带色已战,触手心愈忙;那识罗裙内,消魂别有香。
>
> 咳唾千花酿,肌肤百和装,元非啜沈水,生得满身香。

乙辛阴嘱清子使单登持《十香词》乞后手书。那时单登虽外直,仍然常得见后,后固善书。登给后曰:"此宋国忒里蹇(意即皇后)所作,更得御书,便称二绝。"后读而喜之,即为手书一纸,纸尾复书己所作《怀古》诗一绝,云:

> 宫中只数赵家妆,败雨残云误汉王。惟有知情一片月,曾窥飞鸟入昭阳。

后写此以与单登,无边冤狱,遂因此以作。

单登得后手书,持与清子。乙辛乃构词命登与朱顶鹤赴北院陈首"伶官赵惟一私侍懿德皇后,有《十香淫词》为证"。一面密奏道宗,说据单登等的陈首,懿德皇后于道宗驾幸木叶山时,惟一怎样入宫,怎样调制《回心院》曲,皇后怎样望他,后来怎样隔帘对弹,二人怎样更衣,怎样对饮,怎样入帐,帐中作怎样的笑声动声话声以及怎样的惺惺,寂静,后来惟一又怎样出宫,后来又怎样虽常见而不得近,皇后怎样做《十香词》赐惟一,惟一怎样拿他傲朱顶鹤,朱顶鹤怎样夺来以问单登,单登怎样畏罪不敢不首陈:——造作了一大套,有声有色,道宗看完,焉有不恼之理?便召后对诘,后哭辨道:"妾托体国家,已造妇人之极;况诞育储贰,近且生孙,儿女满前,何忍更作淫奔失行之人乎?"道宗把《十香词》取出,后曰:"此宋国忒里蹇所作,妾即,从单登得而书赐之耳。且国家无亲蚕事,妾作,那得有亲桑语?"道宗道:"诗正不妨以无为有,如词中合缝靴,亦非汝所着为宋国服耶?"道宗恼极,拿铁骨朵(刑具)击后,后几至殒。后交张孝杰与乙辛穷治之。狱既成,道宗意犹未决,指后《怀古》一诗对张孝杰道:"此是皇后骂飞燕也,如何更作十词?"孝杰进曰:"此正皇后怀赵惟一耳。"道宗问:"何以见之?"孝杰曰:"宫中只数赵家妆,惟有知情一片月,是以二句中包含赵惟一三字也!"道宗意遂决,即日族诛惟一,敕后自尽。时皇太子及齐国诸公主,被发流涕,乞代母死。帝曰:"朕亲临天下,臣妾亿兆,而不能防闲一妇,更何施眉目,腼然南面乎?"后乞更面可汗一言而死,亦不可得,乃望帝所而拜,后闭宫以白练自经。帝怒犹未解,命裸后尸,以苇席裹之还其家,年才三十六。死以前,还作绝命词一首道:

> 嗟薄佑兮多幸,羌作丽兮皇家;承昊穹兮下覆,近日月兮光华。托后钧兮凝位,忽前星兮启耀,虽蚌累兮黄床,庶无罪兮宗庙。欲贯鱼兮上进,乘阳德兮天飞;岂祸生兮无朕,蒙秽恶兮宫闱。将剖心兮自陈,冀回照兮白日,宁庶女兮多渐,遏飞霜兮下击。顾子女兮哀顿,对左右兮摧伤。共西曜兮将坠,忽吾去兮椒房。呼天地兮惨悴,恨古今兮安极!知吾生兮必死,又焉爱兮旦夕!

王鼎《焚椒录》写的即是这段故事。王鼎是辽清宁八年(民国前八五

○)的进士,作此录在谪居镇州时,时乙辛已囚于莱州,孝杰亦死,故敢直写其实。后人看了这故事的,不禁人人都感觉诗文才学之遗累懿德,更不禁感觉女子无才的好处。这故事流入明代之后,遂与《西厢记》一同侵入人心,为酝酿出"女子无才便是德"一语的远因。

"无才是德"一语发生的近因,便是当时的妓女以诗词著名的很多,使世俗眼光认有才为不幸。能诗有才固然不是女子所以为妓的原因,但卫道先生们总觉得"吟风弄月""和李酬张"不是良家女子应作的事;女子能作诗词,多少就有点薄幸了;况善诗的大多为妓女,女子学诗便为所禁,就像近代女学生奏钢琴是可以的,拉胡琴便认为非是一样;社会心理总觉得同样的事是坏人常做的,那事虽然好亦是坏的。明代妓女能作诗词的很多,《明词综》所录即有二十六人;益以他处所见,最有名的是:姜舜玉、林奴儿、马湘兰、薛素素、马如玉、朱无瑕、顾文英、卞赛、王少君、郝文姝、郝赛、李贞孋、梁昭、孙瑶华、杨花、杨蕙娘、沙嫩、杨淑卿、赵丽华、王儒卿、马守真、郑如英、景翩翩、郭鸾鸾、素带、张碧娘、郑妥、王月、顿文、尹春、王微诸人。尹春有《醉春风》词云:

> 池上残荷尽,篱下黄英嫩,重阳还有几多时?近,近,近!曾记当年,那人索句。品花呼茗。　望断风郎信,懒去匀宫粉;虾须帘外晚风生,阵、阵、阵!双袖初寒,一灯欲灭,博山香炉。

"曾记当年,那人索句,品花呼茗",是如何逼真的妓女口吻啊!王微本良家女,七岁失父,流落北里,后皈依佛法,泛游江湖,过天门时为俗子所嬲,遂归华亭颖川君为妾;有《修微樾馆诗》数卷,

自叙云:

> 生非丈夫,不能扫除天下,犹事一室。参诵之余,一言一咏,或散怀花雨,或笺志山水,嘿然而兴,寄意而止。

女子有才,便多薄幸,在这几句话中,亦可看出。

"无才是德"的意思,除谓有才而后多不能贞外,原亦有有才每致短命的意思,明代女子极可代表这一层意思的,莫如叶小鸾。小鸾是叶天寥的幼女,她的母亲沈宜修,姐姐纨纨和小纨,都工吟咏,小鸾尤娟美敏慧,十岁能韵语,十七即死,所存诗词,钮琇《觚賸》称之为"皆似不食人间烟火"。关于她的事,使世人想到有才不免薄命,也足为"无才是德"一句话张目。叶天寥《续窈闻记》述小鸾死后,其家恳泐庵大师召魂事,说小鸾魂来后,愿从大师受戒。大师说受戒以先,必须审戒,因审她种种过失,她的答语非常艳丽。召魂的事,固不可信,但在当时,实有很大影响,令人感道"惟其这样有才,所以不免夭死罢?"不嫌麻烦且将这一段抄出:

> 师云:"凡受戒者必先审戒,我当一一审汝。仙子曾犯杀否?"对云:"犯。"师问"如何?"女云:"曾呼小玉除花虱,也遣轻纨坏蝶衣。"
>
> ——"曾犯盗否?"女云:"犯":"不知新绿谁家树,怪底清声何处箫。"
>
> ——"曾犯淫否?"女云:"犯:晚镜偷窥眉曲曲,春裙新绣鸟双双。"
>
> 师又审四口恶业,问"曾犯妄言否?"女云:"犯:自谓前生

欢喜地,诡云今坐辩才天。"

——"曾绮语否?"女云:"犯:团香制就夫人字,镂雪装成幼妇词。"

——"曾两舌否?"女云:"犯:对月意添愁喜句,拈花评出短长谣。"

——"曾恶口否?"女云:"犯:生怕帘开讥燕子,为怜花谢骂东风。"

又审意三恶业,"曾犯贪否?"女云:"犯:经营湘帙成千轴,辛苦莺花蒲一庭。"

——"曾犯嗔否?"女云:"犯:怪他道韫敲枯砚,薄彼崔徽扑玉钗"。

——"曾犯痴否?"女云:"犯:勉弃珠环收汉玉,戏捐粉盒葬花魂。"

师大赞曰:"此六朝以下温李诸公血竭髯枯惊咤累日,子于受戒一刻,随口而答,然则子固一绮语罪耳。"遂予之戒,名曰智断,字曰绝际。

总之,明代当时的事实使人感到女子以无才为佳的,不外有才会使女子薄命的一种情形;有才的女子流落为妓了,有才的女子夭死了,是"无才是德"一语产生的近因。不久以后,这句话便普遍的被人应用了。

五 罚良为娼与娼妓生活

上一节已略述妓女能诗的盛况,明初因有罚良为娼的官章,所以妓女之有才者不少。元末铁铉守山东，与明久抗，后以计擒，终不屈，被杀，其家属发教坊为娼，这最是明之虐政。铉有二女，皆誓不受辱，仁宗即位，赦出，得嫁朝士，二女各有《自述》诗一首，长女诗云：

> 教坊脂粉洗铅华，一片闲心对落花。旧曲听来犹有恨，故园归去已无家。云发半绾临妆镜，雨泪空流湿绛纱。今日相逢白司马，樽前重与诉琵琶。

次女诗云：

> 骨肉伤残旧业荒，此身何忍去归娼。涕垂玉筯辞官舍，步蹴金莲入教坊。览镜自怜倾国貌，向人羞学倚门妆。春来雨露深如海，嫁得陶郎胜阮郎。

事详王鏊《震泽纪闻》。章实斋所谓"诗礼大家，多沦北里"，就指的这一类事。

刘祁《归潜志》"卢鼓椎"一条，中云"宿州有营妓"，则营妓之制，至明尚有。此外则为官妓，叙述明代官妓情形的，先有黄雪蓑之《青楼集》，后有余怀之《板桥杂记》。《青楼集》各处妓女均有，《板桥杂记》则专述南京诸妓。他说南京的妓院情形道：

> 旧院人称"曲中"，前门对武定桥，后门在钞库街，妓家鳞次，比屋而居，屋宇精洁，花木萧疏，迥非尘境。到门则铜环半启，珠箔低垂。升阶则猧儿吠客，鹦哥唤茶。登堂则假母肃迎，分宾抗礼。进轩则丫鬟毕妆，捧艳而出。坐久则水陆备

至,丝肉竞陈。定情则目挑心招,绸缪宛转。纨袴少年,绣肠才子,无不魂迷色阵,气尽雌风矣!

妓家各分门户,争妍献媚,斗胜夸奇。凌晨则卯饮淫淫,兰香渰渰,衣香一室。停午乃兰花茉莉,沈水甲煎,馨闻数里。入夜则撇笛搊筝,梨园搬演,声彻九霄。

他叙秦淮灯船之盛道:

秦淮灯船之盛,天下所无。两岸河房,雕栏画槛。绮窗丝障,十里珠帘。客称既醉主曰未归;游楫往来,指目曰某名姬在某河房,以得魁首者为胜。薄暮须臾,灯船毕集,火龙蜿蜒光耀天地;扬槌击鼓,踢顿波心。自聚宝门水关至通济门水关,喧阗达旦。桃叶渡口,争渡者喧声不绝。

妓女的服妆,最能引人入胜,为良家女子所取法,他说:

南曲衣裳妆束,四方取以为式,大约淡雅朴素为上,不以鲜华绮丽为工也。初破瓜者,谓之梳拢;已成人者,谓之上头:衣衫皆客为之措办。巧样新裁,出于假母;以其余物,自取用之。故假母虽年高,亦盛妆艳服,光彩动人。衫之短长,袖之大小,随时变易,见者谓是时世妆也。

每逢秋试,是妓院最热闹的时候,他说:

旧院与贡院遥对,仅隔一河,原为才子佳人而设。逢秋风桂子之年，四方应试者毕集，结驷连骑，选色征歌。转车子之喉，按阳阿之舞；院本之笙歌合奏，回舟之一水皆香；或邀旬日之欢，或订百年之约。蒲桃架下，戏掷金钱；芍药阑边，闲抛玉马。——此平康之盛事，乃文战之外篇。

余怀对于娼妓生活痛苦的一面，他是没有注意的，并且他有卫道先生的见解，把娼妓看作是设阱陷人的，劝男子之自悟；他道：

迨夫士也色荒，女兮情倦；忽衾敞而金尽，亦遂欢寡而愁殷。虽设阱者之恒情，实冶游者所深戒也。青楼薄幸，彼何人哉！

这也是从前大多数人的意见，所以妓女生活的真相，就没有人知道，就不能得人同情了。张岱《陶庵梦忆》中叙扬州妓女的情形，到能顾到妓女的苦况。扬州妓女之盛，在唐时为第一，直至近代，扬妓还是最多，所以其在明代的情形，也是很可注意的。张岱说：

广陵二十四桥风月，邗沟尚存其意。渡钞关横亘半里许，为巷者九条。巷故九，凡周旋回折于巷之左右前后者什百之。巷口狭而肠曲，寸寸节节有精房密户，名妓歪妓杂处之。名妓匿不见人，非向导莫得入。歪妓多可五六百人：每日傍晚，膏沐熏烧，出巷口，倚徙盘礴于茶馆酒肆之前，谓之站关。茶馆酒肆岸上，纱灯百盏，诸妓掩映闪灭于其间。蚆蟿者帘，雄趾者阈，灯前月下，人无正色，所谓一白能遮百丑者，粉之力也！游子过客，往来如梭；摩睛相觑。有当意，逼前牵之去；而是妓忽出身分，肃客先行，自缓步尾之。至巷口，有侦伺者，向巷口呼曰："某姐有客了"，内应声如雷。火燎即出；一一俱去，剩者不过二三十人。沉沉二漏，灯烛将烬，茶馆黑魆无人声，茶博士不好请出，惟作呵欠；而诸妓醵钱向茶博士买烛寸许，以待迟客。或发娇声唱《劈破玉》等小词，或自相谑浪嘻笑，故作热闹，以乱时候。然言笑哑哑声中，渐带凄楚。夜分不得不去，悄然暗摸如鬼，见老鸨受饿受笞，俱不可知矣！

倚门卖笑的痛苦，他淡淡说来，却令人深深感到。从前多半的男子，不是拿妓女开心来谈妓女，便是看她们天生下贱不值一顾，该是多么不幸！张岱这篇东西，应是非娼运动的先驱了！这是明末的状况，清代末叶，陈说娼妓痛苦的人就很多，以后再说。

六 "妻不如妾"与妾的情形

"妻不如妾，妾不如妓，妓不如偷，偷着不如偷不着"，这是后世常见的话，形容男性对于异性的要求，以稀遇为贵，并没有一定理性的。可是此谚已见于明初，江盈科《雪涛小说》曾载之。这话的内容，很足打破一夫一妻的制度，如果这就是真实的人性的话，则一夫一妻制度，不过是假道学，空面子，徒洁杯盘外面的制度而已，这是给讨论两性问题的人，历史上的一个好材料。

《明会典》"刑部律例"规定亲王妾媵十人，一次选；世子郡王妾媵四人，二十五岁无子具二人，有子即止，三十无子始具四人；将军三十无子具二人，三十五无子具三人；中尉三十无子娶一妾，三十五无子具二人；庶人四十以上无子者，许娶一妾。又"律例"四云：

"民年四十以上无子者,方听娶妾,违者笞四十。"是国家法律明明准许亲王可以一次置妾十人,其他人们都要无子才可以置妾,庶民不到四十或已经有子的,如果娶妾,还要受笞,比较从前没有限制的置妾,严格多了。读书的人,多半也劝人必要无子才可置妾,徐三重《家则》即云:

> 古者无子置妾,定以年齿,盖甚不得已也。若孕育已繁,更营姝丽,此则明示淫汰已耳。夫妾婢既滥子女杂出,各私其类,便生异同。若无礼义之维,难免乖离之衅;中人或衰孝敬,不肖者遂滋忿争,恐薄世浇俗所必至此也。窃谓嫡室或鲜生育,乃缘继续大事,不得不有蓄置,纵于年齿不免通俗,亦须明正大体,务使相安,礼序乐和,以成家范,——此在吾儒以躬修古学裁之。然又当知有子而无妾,亦最家门善事也。

道学先生们,一面要维持嗣续问题,一面又恐娶妾乱家,在这两种压迫之中打主意,真是痛苦;但于此见普通人的娶妾,总只以嗣续为借口的,否则也用不着维持世道的人们"言之谆谆"了。元代杨维桢他劝人不娶妾,却老老实实地从人情方面立论,他的《买妾言》云:

> 买妾千黄金,许身不许心;使君闻有妇,夜夜白头吟。

他的意思就是"你拿千金去买妾,她也不把心卖给你的,而你的那老婆呢,她才真真的爱你,而为你悲痛无已了";这到是说明娶妾之不幸福的真话。尽如此说。男子还是为一己的娱乐而依旧纳妾的,非法律所能禁,非情义所能劝。《陶庵梦忆》载《扬州瘦马》一则,说扬州那地方,许多人家专把女儿给人做妾,这种人非娼非妓,但名"瘦马",扬州人专门靠"瘦马"吃饭的有几百人,怎样呢? 他说:

> 扬州人日饮食于"瘦马"之身者,数十百人。娶妾者切勿露意,消息稍透,牙婆驵侩,咸集其门,如蝇附膻,撩扑不去。黎明即促之出门,媒人先到者先挟之去,其余尾其后,接踵伺之。至"瘦马"家坐定,进茶,牙婆扶"瘦马"出,曰"姑娘拜客";下拜。曰"姑娘往上走走——",曰"姑娘转身",转身向明立;面出。曰"姑娘借手睄睄"。尽褫其袂;手出,臂出,肤亦出。曰"姑娘睄相公",转眼偷觑眼出。曰"姑娘几岁了?"曰几岁;声出。曰"姑娘再走走",以手拉其裙;趾出。——然看趾有法,凡出门裙幅先响者,必大;高系其裙,人未出而趾先出者,必小。——曰"姑娘请回"。一人进一人又出,看一家必五六人,咸如之。看中者用簪金或钗一股插其鬓,曰插带。看不中出钱数百文赏牙婆,或赏其家侍婢。又去看。
>
> 牙婆倦,又有数牙婆踵伺之。一日二日至四五日不倦,亦不尽。然看至五六十人,白面红衫,千篇一律,如学字者一字写至百至千,连此字亦不认得矣。心与目谋,毫无把柄,不得不聊且迁就,定其一人插带。
>
> 后本家出一红单,上写彩缎若干,金花若干,财礼若干,布疋若干;用笔蘸墨,送客点阅。客批财礼及缎匹如其意,则肃客归。归未抵寓,而鼓乐盘担红绿羊酒在其门矣!不一刻而礼币糕果俱齐,鼓乐导之去;去未半里,而花轿花灯擎燎火把乐人傧相纸烛供果牲醴之属,门前环侍。厨子挑一担至,则蔬

果肴馔汤点花棚糖饼桌围坐褥酒壶杯箸龙虎寿星撒帐牵红小唱弦索之类,又毕备矣!不待复命亦不待主人命,而花轿及亲送小伞一齐往迎,鼓乐灯燎,亲送轿与新人轿一时俱到矣!新人拜堂,亲送上席,小唱鼓吹,喧阗热闹。日未午而讨赏遽去;急往他家,又复如是。

张岱真是了不得的人,他这一段不急不离的叙述,又把"瘦马"的生活,描写得如何悲痛!(何以称为"瘦马,"人多不解。宋荦《筠廊二笔》谓本于白乐天《有感》诗;其诗云:"莫养瘦马驹,莫教小妓女,后事在目前,不信君看取。马肥快行走,妓长能歌舞,三年五岁间,已闻换一主。借问新旧主,谁乐谁辛苦。请君大带上,把笔书此语"。)经济压迫下的女子,是这样不值钱的,是这样随人看的,随人讨的!这事竟然成为一种风俗,冤死在这下面的,又该有多少!他这叙述,还没有完哩,这一班凑热闹的人,讨赏去后,剩下这一个女子,她的生活是辛是苦,张岱并没有说,那只好任读者想象了!

七 皇帝之蹂躏女子

从隋炀帝以后,后妃嫔御之多,前已一一言及。明太祖初有天下,割除弊习,于洪武三年(民国前五四二)命工部造牌镌戒谕后宫之词悬宫中,规制天子及亲王后妃宫人等,必须选择良家之女聘娶,不拘处所,勿受大臣送;后宫之盛稍杀。但宫人仍是很多。炀帝于后妃嫔御一百二十四员以外,原订有尚宫局、尚仪局、尚服局、尚食局、尚寝局、尚工局等六局，管二十四司，除司乐司膳员各四人外，其余各司均只两人皆系女官；明代此制仍存，人数且增多。尚宫局领四司，司记、司言、司簿、司闱。尚仪局领四司，司籍、司乐、司宾、司赞；外彤史二人掌宴见进御之序，凡后妃群妾进御于君所者，彤史谨书其日月。尚服局领四司，司宝、司衣、司饰、司仗。尚食局领四司，司膳、司酝、司药、司饎。尚寝局领四司，司设、司舆、司苑、司灯。尚功局领四司，司制、司珍、司灯、司计。六局二十四司。每司多则二十二人，——以司闱为最多，——少亦八人。外有宫正司七人，掌纠察宫闱戒令谪罚之事，大事则奏闻；又女史四人记功过。后妃群妾之数虽不可知，即此女官之数，已不下三百人了，其他宫婢彩女还不在内哩！（详黄百家《明内廷规制考》。）不过此制实行不到四五十年，永乐以后，职移宦官，只存尚宝数司；但宫女之数，仍不见少。

宫女的生活是值得一说的。六局女官的规定，凡服劳多者，或五载六载得归于父母，听其婚嫁；年高者许归，愿留者听；但多数的宫婢，一入深宫，何尝易出，又谁注意到她们？集多数怨女于一堂，情绪之排遣，实是问题。这当然也不是明代一朝的事了。汉时宫人有相与配为夫妇的，同寝同食，习为固然。陈皇后无子，使宫人衣帝之衣冠与共寝处，遂为武帝所废，责其为"女而男淫"。宫人不得已而为同性恋爱，于此可见。据黄百家《明内廷规制考》云，后世宫女与太监为匹偶，亲昵且甚于夫妇哩！（《明内廷规制考》，有吴炳《借月山房汇钞》本，惟未著编辑姓名。宣统间上海国学扶轮社编印"香艳丛书"，内有黄百家《明制女官考》，实即《规制考》中之一节，因疑《规制考》即黄作。）

宫人死于宫中，如果不是有名的，例不赐墓，而行火葬。——火葬盛行于宋,见顾氏《日知录》。——明代宫人火葬,(元代或已然。)率在阜城门外五里许之静乐堂。堂前有砖甃二井屋,其形如塔,塔南辟方尺之门,平时谨闭。井前结洞,四方通风。宫人之无资格得墓地者,悉以此为火葬之所。嘉靖中有贵嫔捐赀买民地数亩,其焚烬不愿入井者,则纳地中。

民间妇向不能入禁中,惟三婆可入,就是奶婆、医婆和稳婆。选养奶婆一件事,也是很值叙述的。东安门外稍北有礼仪房,中选养奶口以候内廷宣召之所,俗名奶子府(今作乃兹府),有提督司礼监太监管其事。每季选奶口四十名,蓄养于内谓之坐季奶口;别选八十名,仅注其籍,仍令其住于己家,谓之点卯奶口。倘坐季者有故,即传点卯者替补。选奶口之先,宛平大兴两县(北京域内的两县)及各衙门,博求军民家有夫之妇,年十五以上二十以下,夫男俱全形容端正,第三胎生男女仅三月者,杂选着来。仍命稳婆验无隐疾,具结起送,候司礼监请旨,差内官出,合各衙门所送奶口会选之,然后决定。选定之后,每口每日给米八合,肉四两,光禄寺寺领每年更番什物;每季煤炭杂器,两县召商办送。每遇宫中宣取,则就中选取一人,易高髻,新衣,宫妆以进。奶口一留用,则终其身事,无有出理。

就上述看来,做一个皇帝,就要多少妇女,离其父母,弃其夫子,牺牲其终身,来相供奉,其蹂躏女性,可谓极致了;这还是通常的情形哩!若遇着特别荒淫的君主,女性之遭殃,更令千载之下,为之发指!

明代诸帝,武宗最为荒淫。武宗是孝宗的嫡子,生于弘治四年(民国前四一二)。做皇帝时,才十五岁,废彤史记幸御事,以便遍游宫中;第二年又作豹房,以资游处。色目人于永善阴道秘术,召入豹房,与语大悦。永言回回女皙润瑳粲,大胜中土;时都督吕佐亦色目人,永矫旨索佐家回女善西域舞者十二人以进,歌舞达昼夜。然犹不足,诸侯伯家有回回籍的妇女,均召入内,驾言教舞,而择其美者留之,不令出。后来又要于永的女儿,于永饰邻人白回子之女充名以进,然虑事发,佯为风痹,固死乞去。算是去了一个坏人。

但宦官江彬又继于永而起。他说右都督马昂的妹妹美艳,便使召来,时已嫁毕指挥,且有孕了,得之大喜。马氏一门,无论大小,皆赐蟒衣,内廷皆呼马昂为舅,声势顿盛。武宗亦常至马昂家饮酒,一日酒酣,要马昂召其妾,昂辞以妾病,触其怒,马氏之宠因衰。

武宗好游幸,所至莫不糜难。在宣府时,每昏夜出游,遇高屋大房,便撞入人家,或者索饮,或者搜其妇女。车驾到的地方,近侍即掠良家女以充幸御,至数十车在道;日有死者,左右亦不敢闻,且令有司饩廪之,远近骚动,故所经多逃亡。将至扬州,先遣太监吴经至扬州,选民居壮丽者改为提督府,以便驻跸。经矫上意,大索处女寡妇,民间汹汹,有女的人家,拉着寡男,便把女儿配给他,一夜的工夫,差不多所有的少女,都变成有夫之妇了,并且乘夜夺门出城逃匿。知府蒋瑶不顾万死,向吴经恳情,才好一点。但吴经记清了寡妇和娼优家之所在,夜半遣数骑促开城,传呼驾至,命通衢燃烛光如昼,经乃率官校径入所知家,捽诸妇出。有匿避的,则破垣毁屋,搜得乃已,寡妇无一幸免,哭声震动远近。后又把诸妇分寄尼寺,有愤恚不食死者,亦遂置之;蒋瑶因觅其家人,阴使收殓去。到一处时,如有人说那里的官于事先曾教人尽嫁其女或藏匿妇人的,便把那个官捉来,加以重刑。依历史言,明武宗的荒淫,实在比隋炀帝还要甚些,隋炀帝对于女性的蹂躏,究竟还有个限制,他简直没有限制了。

八 处女的检查与"阵毯"

男性对于处女的嗜好,自从在宋代发现后,日日增盛,是无疑的。社会上的风俗,一经倡行,便不容破灭;有时虽然表面为新风俗所替代,而旧风俗的意趣,往往还存在人们心里作祟,社会家称此种情形为"遗蜕"(Survival),何况对于处女的嗜好,只是一种心理,一种意趣呢?自宋以来,又有谁会出来而革命?到了明代,遂发现对于处女检查的要求。

《杂事秘辛》这本书,说的是汉桓帝时事,人尽知之;但究竟是什么人所伪作?沈德孚《敝帚斋余谈》说是杨慎所戏作,托言王充得之于土酋家者,是根据《杂事秘辛》后面杨慎的跋语说的;姚际恒《古今伪书考》则谓为王世贞所伪撰,当然另有所见,但我们看不出来:不过不论杨作王作,时代相差都不远,都在明代中叶(正德、嘉靖间),王世贞授进士时,杨慎或还在作经筵讲官,我们即决定《杂事秘辛》是明代作品,当不为过。《杂事秘辛》里面所讲的,是梁莹选后以前,被吴姁裸体检查的事,身体的各部分,都有极适当的形容词,明代社会纵然没有使处女裸体受检查的背景,(不能断定其绝对没有,)至少男子的心理有这种裸体美的概念与标准,而于生殖器的一点,尤其是特别注意,这在《杂事秘辛》里是表现得极明白的!我们从"此守礼谨严处女也"一句话上,也就可以推知对于处女的要求了。

后又有一本《张皇后外传》,题为东晋时人作,中间亦曾讲到裸体检查的事,但他显然是学《杂事秘辛》的,文字远不及《杂事秘辛》的婉丽,是明末抑是清初的作品,更不必追问了。

我举出上面两种书,是要说明男性对于处女要求底加重的,至于后代妇女之裸体受检查,原不算一回事,官家的稳婆,就是专门干这件事的。当时叙述妇女没有缺点的,总爱用"不痔不疡"四字。检查妇女裸体是常事,又何尝不可检查处女的裸体呢?

不过这所谓检查,和近代受医生之检查,意义是迥不相同的,这所谓检查,不在其生理之是否合于常度,而只在其是不是处女。中国人对于处女的要求,自宋以后,实在是日甚一日,因为男性对于这事看得太重的原故,女性亦认此事为当然,甚至把全个贞节问题都放在这一点上了。清代就有结婚后新郎谓新妇不是处女而毁婚的。北方最显,南方虽然没有这种风俗,但丈夫在结婚时若觉新妇的处女膜已破,(唯一的标准)便要说她不贞,至少在心理上会发生莫大的隔膜;这样的怪癖,是一直到现在都存在的——一直到现在都存在的!俞樾《右台仙馆笔记》有一条"永平敝俗"云:

> 直隶永平府某县,其地闺范极严。凡女子初嫁,母家必使侦探。成婚之次日,夫家鼓乐喧阗,贺客杂沓,则大喜。若是日阒然,则女家为之丧气,女之留否,惟夫家为政,不敢与争矣。积习相传如此,虽其意固善,然亦敝俗也。有王姓,嫁女于李氏,却扇之夕,李以新妇貌陋嫌之,次日托言非处子,不举乐,仍呼媒妁送归母家。女幼失母,随其嫂以居,嫂知小姑无他,乃问昨夜洞房事,则固未合欢也;嫂曰:"然则安知其不贞

软?"力言于翁使翁讼于官。官命验之,果守礼谨严之处子也!乃判李姓仍以鼓乐迎归。

"处女"的观念极普遍的深印在中国人的脑筋里,处女之难嫁,新妇之不得于夫,都是由于他的作祟,由宋而明,而清,而今日,盖已有六七百年的根基了!元时周达观,元贞中(民国前六一六前后)随人出使真腊(今之柬埔寨),他看见真腊有于女子少时割去处女膜的风俗,很以为怪,在他所著《真腊风土记》里,把此事叙的极详。他不说什么处女膜不处女膜,只说"去其童身"。他这《真腊风土记》很引中国读书人的注意,丛书中很多收有此书的,实与不实,虽不可必,然于此可见元代人对于此事的态度;关于"阵毯"的事,他说:

>……富室之女,自七岁至九岁;至贫之家则止于十一岁;必命僧道去其童身,名曰"阵毯"。盖官司每岁于中国四月内,择一日颁行本国,应有养女当"阵毯"之家,先行申报官司,官司先给巨烛一条,烛间刻画一处,约是夜遇昏点烛,至刻画处,则为"阵毯"时候矣。先期一月或半月或十日,父母必择一僧或一道,——随其何处寺观,往往亦自有主顾;向上好僧,皆为官户富室所先,贫者亦不暇择也。官富之家,馈以酒米布帛槟榔银器之类,至有一百担者,值中国白金二三百两之物;少者或三四十担,或一二十担,随家丰俭。所以贫人家至于十一岁而始行事者,为难办此物耳。亦有舍钱为贫女"阵毯"者,谓之做好事,盖一岁中一僧只可御一女;僧既允受,更不他许。
>
>是夜大设饮食,鼓乐,会亲邻,门外缚一高棚,装塑泥人泥

第七章 元明的妇女生活

兽之属于其上,或十余或止三四数,贫家则无之。各按故事,凡七日而始撤。既昏,以轿伞鼓乐迎此僧而归,以彩帛结二亭子,一则坐女于其中,一则僧坐其中。不晓其口说何语,鼓乐之声喧阗,是夜不犯禁夜。闻至期与女俱入房,亲以手去其童,纳之酒中;——或谓父母亲邻各点于额上,——或谓俱尝以口,——或谓僧与女交媒之事,——或谓无此。俱不容唐人见之,所以莫知其的。至天将明时,则又以轿伞鼓乐迎送僧去。后当以布帛之类,与僧赎身,否则此女终为此僧所有,不可得而他适也。

余所见者大德丁酉(民国前六一五)之四月初六夜也。前此父母必与女同寝,此后则斥于房外,任其所之,无复拘束堤防之矣。——至若嫁娶,则虽有纳币之礼,不过苟简从事,多有先奸而后娶者,其风俗既不以为耻,亦不以为怪也。

中国人那样宝重童身,真腊人这样"去其童身",也许是气候不同,使生理的构造不一样,才有这样绝相反的风俗么?但中国也常有什么"石女",为什么中国就绝不容有"阵毯"?为什么要把处女膜看得那样宝贵?为什么男性的这一种嗜好——怪癖不能打破?以科学方法说,女子在结婚以前,一律应受医生的检视,不是注重其贞不贞,也不是一定要割去其处女膜,(应割者割,)而必得其生理健全之证据时,方可结婚,这或是民国纪元后的人应有的思想罢?

第八章 清代的妇女生活

——民国纪元前二六八年——一五年

一 概论

梁任公说清代二百余年的学术,是"取前此二千余年之学术倒卷而缫演之,如剥春笋,愈剥而愈近里;如啖甘蔗,愈啖而愈有味",——清代二百余年的妇女生活,也是这样,取前此二千余年的妇女生活,倒卷而缫演之,如登刀山,愈登而刀愈尖;如扫落叶,愈扫而堆愈厚;中国妇女的非人生活,到了清代,算是"登峰造极"了!"蔑以加矣"了!不能不回头了!戊戌维新,思想改变,对于妇女的观念也变了,戊戌算是新时代的开始,所以让到下一章去讲。

二 男子眼中的女性美

女性美的标准,很不易说,向来所谓为美的,大都是男子眼中的美,——男子所要求的美。男子所要求的美,固然也有真美的成分,却也难免使女性自行雕斲以应男子的要求,真正的美,便难说了。我现在所说的女性美,都是在男子摧残之下的,人格的美,在清代还说不到。明代人有句话道:"穷措大抱床头黄面婆子,自云好色,岂不羞死";可见当时人的心理,老婆是不必好看的,讲风流的,总要另去找人,而美人是五官四体皆为人设的。(李渔语。)如此说来,妇女无论美丑,都是为男子所有;懂得这个意思,便可以懂得从前男子眼中的女性美了。

裸体美向来是不甚讲究的,大多数只重一个"白",别的没有什么。一定要找讲裸体美最详细的,还要算明代的《杂事秘辛》。《杂事秘辛》说梁莹的裸体美道:

> 芳气喷袭,肌理腻洁,拊不留手。规前方后,筑脂刻玉。胸乳菽发。……血足荣肤,肤足饰肉,肉足冒骨。长短合度,自颠至底长七尺一寸,肩广一尺六寸,臀视肩广减三寸。自肩至指,长各二尺七寸。指去掌四寸,肖十竹萌削也。髀至足长三尺二寸。足长八寸,踵跗丰妍,底平指敛。……不痔不疡,无黑子疮陷及口鼻腋私足诸过。

《杂事秘辛》是明人伪作的书,前已说过,其所言虽非汉朝事实,却可代表明人的观念,所以拿来说明裸体美的标准是可以的。不过其中说尺寸的数目,因为汉尺小的原故,便不可靠了。但前人女性的着眼点,决不在乎裸体,而讲女性美最好的,应推清初的李笠翁(渔)可以拿他作代表的。现在依《笠翁偶集》的顺序,说一说他对女性美的观念。

笠翁对于妇女的姿容,第一注重肌肤之白,他说:

妇女妩媚多端,毕竟以色为主。《诗》不云乎,"素以为绚兮",素者白也。妇人本质,惟白最难。常有眉目口齿般般入画,而缺陷独在肌肤者。

但不白是可以人工使之变白的,他说:

面黑于身者易白,身黑于面者难白;肌肤之黑而嫩者易白,黑而粗老者难白;皮肉之黑而宽者易白,黑而紧且实者难白。

肌肤是应当白了,黑而易白的也好,那黑而难白的怎样呢?他说得好:

……相肌肤之法,备乎此矣。若是则白者、嫩者、宽者为人争取,其黑而粗、紧而实者。遂成弃物乎?曰不然,薄命尽出红颜,厚福偏归陋质,此等非他,皆素封伉俪之材,诰命夫人之料也。

原来丑女子都是作"素封伉俪"、"诰命夫人"的,那美丽的便应为男子的玩物了,这就是男子对于女性美的根本态度!肌肤而外,便注重在目,他说:

目细而长者,秉性必柔;目粗而大者,居心必悍;目善动而黑白分明者,必多聪慧,目常定而白多黑少,或白少黑多者,必近愚蒙。

眉之秀与不秀,亦复关系性情,故当与眼目同视,他说:

> 眉眼二物,其势往往相因。眼细者眉必长,眉粗者眼必巨,此大较也。然亦有不尽相合者,如长短粗细之间,未能一一尽善,则当取长恕短,要当视其可施人力与否。张京兆工画眉,则其夫人之双黛,必非浓淡得宜,无可润泽者。短者可长,则妙在用增;粗者可细,则妙在用减。但有必不可少之一字而人多忽视之者,其名曰曲。……

其次便讲到手,他说:

> 两手十指,为一生巧拙之关,百岁荣枯所系。……且无论手嫩者必聪,指尖者必慧,臂丰而腕厚者必享珠围翠绕之荣,即以现在所需而论之:手以挥弦,使其指节累累,几类弯弓之决拾,手以品箫,如其臂形攘攘,几同伐竹之斧斤;抱枕携衾,观之兴索;捧卮进酒,受者眉攒;——亦大失开门见山之初着矣。

其次便注重脚,——清代正是小脚狂的时代,不用说是以小脚为美了,但小脚也有个讲究;他说:

> 选足一事,如但求窄小,则可一目了然,倘然由粗以及精,尽美而思善,使脚小而不受脚小之累,兼收脚小之用,则又比手更难,皆不可求而可遇者也。其累维何?因脚小而难行,动必扶墙靠壁,此累之在己者也;因脚小而致秽,令人掩鼻攒眉,此累之在人者也。其用维何?瘦欲无形,越看越生怜惜,此用之在日者也;柔若无骨,愈亲愈耐抚摩,此用之在夜者也。

笠翁对于女性美的观念,处处都居在玩视女性一方面的,就拿他对于小脚的见解说,小脚的最高目的,只是要得人"怜惜",耐人"抚摩"的,女子拿她的肢体来牺牲了,还不知能否即达到这个目的。当时人忍心,笠翁也就更忍心了!不知他是未见过天足之美真美呢,还是只觉小脚是美?不过有些地方,笠翁的见解很是独到的,例如他说"态度":

> 古云"尤物足以移人",尤物维何,媚态是已。世人不知,以为美色,乌知颜色虽美,是一物也,乌足移人?加之以态,则物而尤矣。如云美色即是尤物,即可移人,则今时绢做之美女,画上之娇娥,其颜色较之生人,岂止十倍,何以不见移人而使之害相思成郁病耶?是知媚态二字,必不可少。……态之为物,不特能使美者愈美,艳者愈艳,且能使老者少而媸者妍,无情之事变为有情,使人暗受笼络而不觉者。女子一有媚态,三四分姿色,便可抵过六七分。试以六七分姿色而无媚态之妇人,与三四分姿色而有媚态之妇人同立一处,则人止爱三四分而不爱六七分,是态度之于颜色,犹不止于一倍当两倍也。……今之女子,每有状貌姿容一无可取,而能令人思之不倦,甚至舍命相从者,皆态之一字之为崇也。……态自天生,非可强造,强造之态,不能饰美,止能愈增其陋。同一颦也,出于西施则可爱,出于东施则可憎者,天生强造之别也。

态度的美,才是真美,这是近代讲女性美所通认的,笠翁于此,已有深见了。不过近代所谓态度的美,是可以表示出这人的精神、意志、人格的,笠翁所说,却只有一个媚态;媚态是被玩视者表示柔弱可怜的一种态度,是人格卑弱的态度,我们不要因为他的见解不错,就把他那玩视女性的态度忘记了啊。他说媚态是说不出的,但他曾举了两个具体的例子,其一云:

> 向在维扬代一贵人相妾,靓妆而至者不一其人。始皆俯首而立,即命之抬头,一人不作羞容而竟抬;一人娇羞腼觍,强之数四而后抬;一人初不及抬,及强而后可,先以眼光一瞬,似乎看人而实非看人,瞬毕复定而后抬,俟人看毕,复以眼光一瞬而后俯,——此即态也!

看了这个例子,我们确然断定,旧式女子所以有似羞怯而不羞怯,伸伸头而又缩缩头的态度,原来都是表示其媚态的,都是男子所要求以表示其媚态的!他又说媚态要养:

> 当其养态之时,先有一种娇羞无那之致,现于身外,令人生爱生怜,不俟娉婷大露而后觉也。

中国人以娇羞为美,恐怕由来很早,经笠翁一说,这才"大白于天下"。

生来的美固然重要,修饰也很要紧,笠翁于此到有很深到的见解;他说:

> 妇人惟仙姿国色,无俟修容,稍去天工者即不能免于人力矣。然予谓修饰二字,无论妍媸美恶,均不可少。俗云,三分人材,七分妆饰,此为中人以下者言也;然则有七分人材者,可少三分妆饰乎?即有十分人材者,岂一分妆饰皆可不用乎?

曰,不能也！若是则修容之道,不可不急讲矣。

不过妇女底妆饰,每每趋于过度,过度是极不好的;他说:

> 今世之讲修容者,非止穷工极巧,几能变鬼为神。我即欲勉竭心神,创为新说,其如人心至巧,我法难工,非但小巫见大巫,且如小巫之往往教大巫之师,其不遭喷饭而唾面者鲜矣。然一时风气所趋,往往失之过当,非始初立法之不佳,一人求胜于一人,一日务新于一日,趋而过之,致失其真之弊也。楚王好细腰,宫中皆饿死;楚王好高髻,宫中皆一尺;楚王好大袖,宫中皆全帛。细腰非不可爱,高髻大袖非不美观,然至饿死,则人而鬼矣。髻至一尺,袖至全帛,非但不美观,直与魑魅魍魉无别矣。此非好细腰好高髻大袖者之过,乃自为饿死,自为一尺,自为全帛者之过,无一人痛惩其失。著为章程谓止当如此,不可太过,不可不及,使有遵守者之过也。吾观今日之修容,大类楚宫之末俗,著为章程,非草野得为之事,但不经人提破,使知不可爱而可憎,听其日趋日甚,则在生而为魑魅魍魉者已去死人不远,矧腰成一缕,有饿而必死之势哉！

修饰爱趋于过度,这在近代,更易看出,现在若有李笠翁,不知应怎样攻击了。他的攻击,很有理由;他说:

> 衣衫之附于人身,亦犹人身之附于其地。人与地习久时相安。以极奢极美之服,而骤加俭朴之躯,则衣衫亦类生人,

常有不服水土之患。……沐猴而冠为人指笑者,非沐猴不可着冠,以其着之不惯,头与冠不相称也。

所以他对于衣衫的主张,说:

> 妇人之衣,不贵精而贵洁,不贵丽而贵雅,不贵与家相称而贵与貌相宜,

又说:

> 人有生成之面,面有相配之衣,衣有相配之色,皆一定而不可移者。今试取鲜衣一袭,命少数妇人,先后服之,定有一二中看,一二不中看者,以其面色与衣色有相称不相称之别,非衣有公私向背于其间也。使贵人之妇之面色,不宜文采而宜缟素,必欲去缟素而就文采,不几与面为雠乎?

他这主张,很有见地,即现在谈女性美的,也不能否认。一般妇女,志在于羡,志在恍人,往往抹杀了天然的美,如何可惜。他对于首饰,也不主张多用的,他说:

> 使肌白发黑之佳人,满头翡翠,环鬓金珠,但见金而不见人,犹之花藏叶底,人在云中,是尽可出头露面之人,而故作藏头衣面之事,巨眼者见之,犹能略迹求真,谓其美丽当不止此。使去粉饰而全露天真,还不知如何妩媚。使遇皮相之流,止谈妆饰之离奇,不及姿容之窈窕,是以人饰珠翠宝玉,非以珠翠宝玉饰人也。

脂粉也如衣饰,随人而施,他说:脂粉——

> 二物颇带世情,大有趋炎附热之态,美者用之愈增其美,陋者加之更益其陋。使以绝代佳人而微施粉泽,略染腥红,有不增娇益媚者乎?使以嫫颜陋妇而丹铅其面,粉藻其姿,有不惊人骇众者乎?询其所以然之故。则以白者可使再白,黑者难使遽白,黑上加之以白,是欲故显其黑,而以白物相形之也。……此言粉之不可混施也,脂则不然。面白者可用,面黑者亦可用。但脂粉二物,其势相依,面上有粉而唇上涂脂,则其色灿然可爱,倘面无粉泽而止丹其唇,非但红色不显,且能使面上之黑色变而为紫。以紫之为色,非系天生,乃红黑二色合而成之者也。黑一见红,若逢故物,不求合而自合,精光相射,不觉紫气东来,使乘老子青牛,竟有五色灿然之瑞矣。

从上面说的看,有一点很是妇女的不幸,便是她们不惜于过事雕刻,以骛时髦,不但失了真美,即男子所要求的美,也超过了;硬要把自己妆成如花似玉,到头来却也许是魑魅魍魉,这是多么冤枉!不过这是二百多年以前的事,在那时代,寄生于男子的女性,或者不能不硬把自己摧残了以取悦男子罢?女子之过事刻画,过事修饰,实在是女性的不幸,《厚甫诗语》载有《梳头篇》一首,极能把女子为人而梳妆的心理描出;诗道:

> 绿云蓬松罗帏开,呵欠不胜春梦回。丫鬟十二捧盘立,洗妆拭面迟未毕。薄敷宫粉轻点脂,巧持玉箆梳云丝。回环临镜秋波转,宝钗试上盘龙软;手提侧照双引光,斜窥不觉眉频

展。铜盘易水盥纤手,缠臂硁声止犹有。银泥着体试弓鞋,半日无言自怜久。却临书案重添香,小步仍归坐象床。芙蓉褥上一尘绝,眼看绣枕横鸳鸯。

梳洗的那样好,妆饰的那样好,所为的不过是鸳鸯底梦!从前的女子,是多么可怜!

三　崇拜小脚之怪癖

自从李后主倡导缠足以来,宋朝美人脚的纤妙,就应从"掌上看"了,元代就有拿妓鞋行酒的,明代亦然,继踵前武,有进无退。清代以满人入主中夏,满洲女人向来是不裹脚的,所以康熙元年(民国前二五)诏禁女子缠足,违者罪其父母家长。《菽园赘谈》说,是时某大员上疏,有"奏为臣妻先放大脚事",一时闻者传为笑柄。然可见专制皇帝底一纸上谕,确有效力。缠足既然犯罪,那有仇隙的,便藉以告讦,风俗不易一时挽回,人心总爱缠足,架诬纷起,事情很不易办,康熙七年,王熙奏免其禁,于是民间又可公然缠足了。入关的旗女,渐也从事效颦,乾隆皇帝屡次降旨严责,不许旗女裹脚,旗人不得不保存其天然双趺,而汉人裹脚自若,且养成了"拜脚狂"的风气。

李笠翁说小脚的用处,是叫人昼里"怜惜",夜里"抚摩"的,话是很对,可是他于小脚,究竟还欠研究;研究小脚最到家的,要算方绚了。(绚字陶采,又号荔裳,不是宋朝那方绚。)他仿张功父《梅品》体裁,作《香莲品藻》,先论小脚(以下概称香莲)之"宜称"、"荣宠"、"憎疾"、"屈辱",得五十八条,末复云香莲有五式:(一)莲瓣,(二)新月,(三)和弓,(四)竹萌,(五)菱角。又说香莲有三贵,一曰肥,二曰软,三曰秀。怎样解说呢?他说:

　　瘦则寒,强哉矫。俗遂无药可医矣!故肥乃腴润,软斯柔媚,秀方都雅。然肥不在肉,软不在缠,秀不在履。且肥软或可以形求,秀但当以神遇。

香莲的最高标准固然是肥与软秀,样式也只有那五种,可是由那五种基本样式,发生变化,大同小异,于是也就有十八种不同的名称,那十八种呢?

　　四照莲　端端正正,窄窄弓弓,在四寸三寸之间者。
　　锦边莲　四寸以上至五寸,虽缠束端正,而非劲履,不见菱角者。
　　钗头莲　瘦而过长,所谓竹萌式也。
　　单叶莲　窄底平跗,所谓和弓底也。
　　佛头莲　丰跗隆然,如佛头挽髻,所谓菱角式,江南之鹅头脚也。
　　穿心莲　著里高底者。
　　碧台莲　著外高底者。
　　并头莲　将指钩援,俗谓之里八字。
　　并蒂莲　锐指外扬,俗谓之外八字。
　　同心莲　侧胼让指,俗谓之里拐。
　　分香莲　敛指让胼,俗谓之外拐。

合影莲　如侑坐欹器,俗称一顺拐。

缠枝莲　全体纡回者。

倒垂莲　决踵蹑底,俗谓坐跟。

朝日莲　翘指上向,全以踵行。

千叶莲　五寸以上,虽略缠粗缚,而翘之可堪供把者。

玉井莲　锐是鞋尖,非关缠束,昌黎诗所谓"花开十丈藕如船"是也。

西番莲　半路出家,解缠谢缚者,较之玉井莲,反似有娉婷之致焉。

这香莲十八种,好的坏的都有了,可惜当日照像术未发明,否则若都留有图影,便更令这本《妇女生活史》生色了。十八莲中,著里高底者为"穿心莲",著外高底者为"碧台莲",这高底与小脚最有关系,有之则大者亦小,无之则小者亦大。李笠翁曾说:"尝有三寸无底之足,与四五寸有底之鞋,同立一处,反觉四五寸之小而三寸之大者,以有底则指尖向下而秃者疑尖,无底则玉笋朝天而尖者似秃故也。"如此说来,穿高底的目的,固不在行路时之袅袅婷婷了。不过大脚穿高底,是有考究的,笠翁说:"足之大者,利于厚而不利于薄,薄则本体现矣;利于大而不利于小,小则痛而不能行矣。"他又说:"世岂有高底如钱不扭捏而能行之大脚乎?"——近代的妇女,都不裹脚了,但高底还是盛行,说是仿效西洋,其底有小到不可名言者,穿这种底的人,总以为行时袅娜,其实不过是"扭捏"罢了,都是不懂高底鞋历史的人之自作自受。

香莲的好丑,方绚又曾细分之为九品,从这九品看来,才愈觉小脚被尊之甚,那九品是:

神品上上　秾纤得中,修短合度,如捧心西子,颦笑天然,不可无上,不能有二。

　　妙品上中　弱不胜羞,瘦堪入画,如倚风垂柳,娇欲人扶;虽尺璧粟瑕,寸珠尘颣,然希世宝也。

　　仙品上下　骨直以立,忿执以奔,如深山学道人餐松茹柏,虽不免郊寒岛瘦,而已无烟火气。

　　珍品中上　纤体放尾,微本浓末,如屏开孔雀,非不绚烂炫目,然终觉尾后拖沓。

　　清品中中　专而长,皙而瘠,如飞凫延颈,鹤唳引吭,非不厌其太长,差觉瘦能免俗。

　　艳品中下　丰肉而短,宽缓以荼,如玉环霓裳一曲,足掩前古;而临风独立,终不免"尔则任吹多少"之诮。

　　逸品下上　窄亦棱棱,纤非甚锐,如米家研山,虽一拳石,而有崩云坠崖之势。

　　凡品下中　纤似有尖,肥而近俗,如秋水红菱,春山遥翠,颇觉戚施蒙璆,置之鸡群,居然鹤立。

　　赝品下下　尖非瘦影,踵则猱升,如羊欣书所谓"大家婢学夫人",虽处其位,而举止羞涩,终不似真。

九品中,赝品最坏,其余评语都好,而于艳品,谓不免尔则任吹多少之诮,如此说来,小脚妇是要风吹得倒才佳了;有脚却不要他能站住,真是奇怪!

　　上面都是就小脚本身说的,究竟小脚有什么好处呢?晓得小脚的好处,然后才晓得崇拜小脚底怪癖之所由起。据方绚说,香莲在九种地方最好,便是所谓"香莲三上三中三下";哪三上呢?

掌上　　肩上　　千秋板上

哪三中呢？

　　被中　　灯中　　雪中

哪三下呢？

　　帘下　　屏下　　篱下

笠翁所谓"怜惜"与"抚摩"，在这九种地方，便格外显其效用了。不过香莲有四忌：（一）行忌翘指，（二）立忌企踵，（三）坐忌荡裙，（四）卧忌颤足。当代的妇女，如果听人背地评说自己脚大，便异常的羞耻。新婚的晚上，如果新郎赞新妇"好大脚"，便要丑得不好露面，所以做新人总是要妆小脚的。在大脚妇面前骂自己女婢不长进，不肯裹脚，这便是不达时宜。母亲越爱女儿，越为女儿死缠，幼女无知，病痛呻吟，虽然令人不忍闻，可也教人劝不得。这都是崇拜小脚之结果。妓鞋行酒的怪俗，元时已有，但其法不详，清时复盛行。方绚作《贯月查》，专讲此事。取小脚的鞋，仿投壶仪节，令客掷果其中，名曰"摘星贯月"。视其贯否，即以载酒行觞。弓鞋纤妍如贯月，投以之果，如星之贯，以之行酒，周流座客，又似浮查，故曰"贯月查"。行此法时，以一人为录事，教他从陪宴妓女的脚上，脱下她那一双鞋。以一只鞋内放一杯酒，另一只放在盘子里，录事拿着盘子，走到客前，离一尺五寸，客以筊实投之，——莲子最好，红豆次之，榛松之类又次之，——投时以大食中三指撮掌而上，手与鞋之高下应相准，而平掷之；共投五粒，视其未中之多寡而罚酒，即用那一只鞋里的杯子。这种癖趣，蔑视女性到怎样的程度是不用说了。

　　还有一种妓鞋行酒的法子，是把妓鞋在座上传递，传递时数着初一初二以至于三十的日子，而擎执妓鞋的姿式，随时不同，或者口向下,或者口向上,或持其尖,或执其底,或者平举,或者高举,或者放到桌面下不给别人看见:这法子很繁复,然可括为一歌,歌云:

> 双日高声只日默,初三擎尖似新月。底翻初八报上弦,望日举杯向外侧;平举鞋杯二十三,三十覆杯照初一。报差时日又重行,罚乃参差与横执。

至其详细情形,载在《贯月查》一文,此地不多说了。方绚还有《采莲船》一文,也说的妓鞋行酒,其开篇云:

> 春秋佳日,花月良宵,有倒屣之主人,延曳裾之上客。绮筵肆设,绣幕低垂;绿蚁频量,红裙隅坐。绝缨而履舄交错,飞觞则芗泽微闻。

原来妓鞋行酒,还是志在闻香的。

在元时,只有钱人家的女子裹脚,伊世珍《琅嬛记》即曾说过:

> 本寿问于母曰:"富贵家女子必缠足何也?"其母曰:"吾闻之圣人重女而使之不轻举也,是以裹其足,故所居不过闺阁之中,欲出则有帷车之载,是无事于足也。"

但后来不论贫富,都裹脚了,并且这种防闲的意思,是比因为好看、因为闻香、发生的效力更大些,《女儿经》上说:

> 为甚事,裹了足? 不因好看如弓曲;恐他轻走出房门,千

缠万裹来拘束。

就是这个意思了。反对缠足的,乾嘉时很有一些人,俞正燮和李汝珍两个人,当在本章第七节里去说,除他二人外,袁枚也反对缠足,他在《牍外余言》中云：

> 习俗移人,始于熏染,久之遂根于天性,甚至饮食男女,亦雷同附和,而胸无独得之见,深可怪也。……女子足小有何佳处,而举世趋之若狂。吾以为戕贼儿女之手足以取妍媚,犹之火化父母之骸骨以求福利;悲夫!

他的话很沉痛,可是那时正是崇拜小脚最狂的时候,宜乎没有什么影响。

四　贞节观念之宗教化

贞节观念经明代一度轰烈的提倡,变得非常狭义,差不多成了宗教,非但夫死守节,认为当然;未嫁夫死,也要尽节;偶为男子调戏,也要寻死;妇女的生命,变得毫不值钱。元末潘元绍出征时,疑自己死后,七妾不能守节,那七人便一齐自杀,其不人道,已详前章;清初时也有这类事,或者比潘心更忍哩。明末马士英奉福王于南京,南京破后,削发而逃,令赵体乾筑石于四明山中,欲往逃匿,自坐一楼下,促其夫人高氏死。高于楼上掩门抱幼子泣,士英命婢仆促之再三,高终饮泪不一言。士英怒,拂袖入山;他的夫人,踉跄追之,哭号于路,为大兵所执,使导之入山,士英乃被擒就戮。(载《五石瓠》。)自己要逃命,为什么就要夫人死?逃命时固然怕别人累赘,但妇人的命难道就不要逃?明末张献忠、李自成之乱,及清兵入关之屠杀,像这样冤死的妇女,还多着哩。这不外乎一个原因,就是把贞节看得比妇女的生命更重,妇女的生命,只不过第二生命,贞节却是她第一生命;如此而已。

中国向来是只有贞节问题,没有贞操问题的,一个妇人嫁过了几个人,但因她保全了前夫的子嗣,或对前夫尽了别的义务,仍不失其为节妇,《宋史》"淮阴节妇"就是这样的。那故事说某甲妇美,其同里某乙觊觎之,后同出经商时,乙溺甲于水,归而殷勤养事甲之母,甲母感之,因嫁以媳;后乙以伉俪已笃,不觉将前事泄露,妇遂杀乙,说是为甲复仇,复恸哭曰:"以我之死,而杀二夫,亦何以生为,"遂赴淮而死,人称节妇,这种节烈,是男子极端称道的,因为太有利于男子了。但这还不足以极言只有贞节之甚,俞樾《右台仙馆笔记》载一条云:

> 松江邹生,娶妻乔氏,生一子名阿九,甫周岁而邹死,乔守志抚孤;家尚小康,颇足自存。而是时粤贼已据苏杭,松江亦陷于贼,乔虑不免,思一死以自全;而顾此呱呱者,又非母不活,意未能决。其夜忽梦夫谓之曰:"吾家三世单传,今止此一块肉,吾已请于先亡诸尊长矣;汝宁失节,毋弃孤儿。"乔寤而思之,夫言虽有理,然妇人以节为重,终不可失;意仍未决。其夜又梦夫偕二老人至,一翁一媪,曰:"吾乃汝舅姑也。汝意大佳,然为汝一身计,则以守节为重,为吾一家计,则以存孤为重;愿汝为吾一家计,勿徒为一身计。"妇寤,乃设祭拜

其舅姑与夫曰:"吾闻命矣。"——后母子皆为贼所得,从贼至苏州。

乔有绝色,为贼所嬖,而乔抱阿九,无一日离。语贼曰,"若爱妾者,愿兼爱儿,此儿死妾亦死矣。"贼恋其色,竟不夺阿九。久之,以乔为贞人,以阿九为公子,——贞人者,贼妇中之有名号者也。

方是时贼踞苏杭久,城外村聚,焚掠殆尽,鸡豚之类,亦皆断种,贼中日用所需,无不以重价买之江北。于是江北诸贫民,率以小舟载杂货渡江,私售于贼。有张秃子者,夫妇二人操是业最久,贼尤信之,予以小旗,凡贼境内,无不可至。乔闻之,乃使人传贞人命,召张妻入内与语,使买江北诸物。往来既稔,乃密以情告之,谋与俱亡。乘贼魁赴湖州,伪言己生日,醉诸侍者以酒,而夜抱阿九登张秃子舟以遁。

舟有贼旗,无谁何者,安稳达江北。而张夫妇意乔居贼中久,必有所赍,侦之无有,颇失望;乃载之扬州,鬻乔于娼家,乔不知也。

娼家率多人篡之去,乔仍抱阿九不释,语娼家曰:"汝家买我者,以我为钱树子耳,此儿死,我亦死,汝家人财两失矣。若听我抚养此儿,则我故失行之妇,岂当复论名节。"娼家然之。乔居娼家数年,阿九亦长成,乔自以缠头资为束修,俾阿九从塾师读。

俄而贼平,乔自蓄钱偿娼家赎身,挈阿九归松江,从其兄弟以居。阿九长,为娶妇;乃复设祭拜舅姑与夫曰:"曩奉命存孤,幸不辱命。然妇人究以节为重,我一妇人,始为贼贞人,继为娼,尚何面目复生人世乎?"继而死。

>俞曲园曰:"此妇人以不死存孤,而仍以一死明节,不失为完人。程子云,饿死事小,失节事大,然饿死失节,皆以一身言耳。若所失者,一身之名节,而所存者,祖父之血食,则又似祖父之血食重而一身之名节轻矣!"

以新道德讲,不得已而受强暴奸污的,不算不贞,但就旧式贞节观念讲,强暴奸污而不死,也就算是失节了。所以像乔氏这样,茹苦含辛的把阿九抚养大了,必仍一死以明节,方不失为完人,这是旧的贞节观念与新道德不同之点。死了就足以明节,不死就不足明节,是仍把空洞的节的教义,看得太重;太不顾到事实了。贞节观念变为宗教化的意思,是对于贞节观念只有迷信,不顾事实,不讲理性之谓。乾隆时,山西有一人名叫李岠碉,他是个"隐宫"者——生理不全的人,取妻陈氏,不安于室,常常逃回娘家。这一天,她的父亲陈维善,亲自把她送到婿家,然后回去,谁知走到半路,女儿又跑来了。陈维善气的了不得,便活活把女儿缢死,自己也就缢死了。(事详钱大昕《潜研堂集·山西分守冀宁道沈公墓志铭》。)这就是不讲理性的贞节观念的结毒!为什么一个女子应该死守着一个生理不全的男子?为什么陈维善忍心把女儿缢死?为什么她就不能离婚?还有那自己生理已经有病,没有性欲和其可能的人,每因家庭须人的关系,也要娶妻,娶来时让她做一生有夫的寡妇,而未演陈维善杀女自裁这种故事的,在清代还多的很哩!

　　寡妇多难再嫁,第一自然是因为她没有处女的童贞之故,其次便是说她命中犯了披麻星,加上这种迷信。贞节观念宗教化底最无理的表现,莫甚于未嫁尽节和室女守志了。"闽风生女半不举,长大期之作烈女",志乘所褒,口碑所颂,竟毫不以为奇怪。还有那女子见了男子生殖器,便认为玷污贞节,除非嫁他,便要羞愤自杀的,那更是无理的迷信了。不幸中国男子,向例随处可以方便,所以在清代竟然有因此冤死妇女的,薛福成《庸庵笔记》"谳狱引律同而不同"条,即曾说有此事。总之,贞节观念到了清代,总算到了绝顶,上无可上了!传说有老寡妇将死,圜集家人告以己身守节数十年之苦痛,中间几至失节者数次,因训子孙曰:"世世毋劝人守节。"(吾友郭君,谓此故事曾见于《谐铎》。)这很可猛省。贞节观念的基础,固然建在宗法的组织之上,但使其为宗教化的原故,宋明以来对于女子性器官之特别重视,实有莫大的关系。因此可以说,贞节观念之成为迷信,成宗教化,都是由于男子的嗜好,男子的利己要求啊!

五　两个女性同情论者——李、俞

清代对于女性之摧残,已经到了极度了,但也竟出了几个同情女性的人。康熙五十年辛卯(民国前二〇一),毛奇龄作一篇《禁室女守志殉死文》,根据旧道德,说未嫁不成为妇,应(一)不守志(二)不殉死(三)不合葬的,同明代归有光《贞女论》的说法差不多,当时不无有些影响。但同情女性最大,主张最透辟的,要算后来的李汝珍和俞正燮,他两人与毛奇龄,已相去一百零几年了。

李汝珍是乾隆二十几年生的,于音韵学很有研究,曾著一部《李氏音鉴》;晚年不得志时,费十数年之力,著了一部小说《镜花缘》,在这小说里,极力发挥其对于女性同情的意见。据胡适之所考,《镜花缘》成书约在道光五年(民国前八七。)俞正燮比李汝珍小十几岁,生在乾隆四十年,他对于女性同情的议论,载在他的《癸巳类稿》和《存稿》里,这两书都是道光癸巳年(民国前七九)集成的,他的书成时,《镜花缘》早已刻成几年了。不过他稿中的文章,断不能都是癸巳年做的,而自其同情女性的几篇看,他简直未受着《镜花缘》的影响,也许他竟未见此书。他对缠足、多妻、强迫妇人守节、室女守贞等事,都极反对。反对多妻,见于他的《妒非妇人恶德论》,他的意思,以为男子既要多妻,怎怪妇人不妒?所以明代律例庶民四十以上无子者,方听娶妾,他认为是最善的礼法。他的《妒非妇人恶德论》断不是为妒妇同情,求天下男子都能俯首帖耳以听她们去妒的,此论的主要意思,是鼓吹严格的一夫一妻制度;他说:

夫妇之道,言致一也。……天地絪缊,万物化醇;男女构精,万物化生。《易》曰:"三人行则损一人,一人行则得其友",言致一也;是夫妇之道也。

这是他中心的主张。那个时候,大家都看女子作玩品,你若端端正正的劝人不纳妾,谁还听你那一套?所以他藉着妇人之妒来立说,始则曰,"妒者妇人常情",再则曰,"夫买妾而妻不妒,则是恝也,恝则家道坏矣";你们要娶妾的人,就得容忍你夫人的妒,你夫人若不妒,家道就要坏了。他这种逻辑的根据,正如本书前几章曾经说过的,认妒为不得已的反抗,拿妒来反抗男子娶妾的。

俞正燮在他的《节妇说》里,主张"再嫁者不当非之;不再嫁者,敬礼之斯可矣"。他反对那自己存心再娶而不许女子再嫁的男子,

他说"妇无二适之文固也,男亦无再娶之仪";又说:

> 古言终身不改,身则男女同也;——七事出妻,乃七改矣;妻死再娶,乃八改矣;男子礼义无涯涘,而深文以罔妇人,是无耻之论也!

这真是他。大胆的议论。从前程伊川也晓得说:"凡人为夫妇时,岂有一人先死一人再嫁之约?只约终身夫妇也。但……"程伊川后面这一个"但"字便转到偏袒男子的方面,说"但自大夫以下有不得已再娶者……",而于妇人则说"失节事大":这正是俞正燮所指的"无耻之论!"

俞正燮的《贞女说》,先据古"礼"反驳,这一层是很要紧的。贞节疯狂的社会,若不引出礼教来反驳,那是振撼不动别人的。古礼是一礼不备,不成夫妇的,用以防嫌男女;故虽已合卺,未庙见而死,尚不得谓为成妇;后世竟有贞女,因此他说:

> 未同衾而同穴,谓之无害,则又何必亲迎、何必庙见、何必为酒食以召乡党僚友?世又何必有男女之分乎?——此盖贤者未思之过。

他于指出贞女非礼之后,便直捷攻击男子教女儿殉节以求荣之卑劣心理,他说:

> 尝见一诗云:"闽风生女半不举,长大期之作烈女。婿死无端女亦亡,鸩酒在尊绳在梁。女儿贪生奈逼迫,断肠幽怨填

胸臆;族人欢笑女儿死,请旌藉以传姓氏。三丈华表朝树门,夜闻新鬼求返魂。"——呜呼!男儿以忠义自责可耳;妇女贞烈,岂是男子之荣也!

自明初以除免本家差役作贞节之褒奖后,以贞节为本族光荣的心理,普遍化了。男子无由表显自己,便藉妇女的节烈,抬高门第。因为有烈女的人家,官员绅正是要来拜的,马上便可把自己身价抬到上等人之列。自己格外装出一种谦执儒懦的样子,表示自己是礼教中人。君主时代,阶级较严,也难怪一般男子存此作伪取荣的侥幸愿望;不过只苦煞女子了。

俞正燮反对缠足的意见有两层:一层说缠足把女子弄弱了,失了古时丁女的风格,"阴弱则两仪不完",是男子也要受累的。第二层他说弓鞋是从前舞者的贱服,女子穿贱服,女子贱了,男子也是贱的。他这种堂堂正正的议论,自然不容易挽回一世人的怪癖,怕摇动也未曾摇动哩。反对缠足最透辟的,还是李汝珍。

李汝珍在他的小说《镜花缘》里提出的意见,归纳起来,共有后列几层:一、反对修容。二、反对穿耳。三、反对缠足。四、反对算命合婚。五、反对讨妾。六、承认男女智慧平等。七、主张女子参政。他见解最精采地方,是认定女子本来是好好的人,同男子一样,而男子却偏使之"矫揉造作"。使她们成了"异样",后来也就习惯成自然了。他要给人晓得这种意思,而使人能同情于妇女。知道素来对于妇女的态度都是错误时,他就用一个"反诸其身"的法子。借了林之洋被女儿国选作王妃的事情,使他身受种种女子所受的痛苦,"矫揉造作",血泪模糊,教人看到这里,不由得想到自己幸得未做林之洋第二。未做女子,一面不能不同情于妇女的不

幸,一面就觉得素来习俗未免有点无理了。这是他反对修容、穿耳和缠足最得力的办法。第三十三回林之洋被封为妃后:

> 早有宫娥预备香汤,替他洗浴,换了袄裤,穿了衫裙,把那一双大金莲暂且穿了绫袜,头上梳了鬏儿,搽了许多头油,戴了凤钗,搽了一脸香粉,又把嘴唇染的通红,手上戴了戒指,腕上戴了金镯。

我们看林之洋被宫娥这样一摆布,活活像一个怪物;但是妇女向来都是这样妆扮的,我们为什么不疑她是怪物?我们为什么要使做妇女的像这样"矫揉造作"的妆饰?林之洋被妆饰后,又被穿耳:

> ……那白须宫娥上前,先把右耳用指将那穿针之处碾了几碾,登时一针穿过!林之洋大叫一声:"痛杀俺了!"望后一仰,幸亏宫娥扶住。又把左耳用手碾了几碾,也是一针直过!林之洋只痛的喊叫连声。两耳穿过,用些铅粉涂上,揉了几揉,戴了一副八宝金环。

林之洋穿耳时痛的喊叫,我们想是必然的,但女子穿耳时的痛喊,我们向来为什么听不着?接着写缠足的痛苦,更是惨无人道:

> 那黑须宫娥取了一个矮凳,坐在下面,将白绫从中撕开,先把林之洋右足放在自己膝盖上,用些白矾洒在脚缝内,将五个脚指、紧紧靠在一处,又将脚面用力曲作弯弓一般,即用白

绫缠裹。才缠了两层,就有宫娥孥着针线上来密密缝口,一面狠缠,一面密缝,林之洋身旁既有四个宫娥紧紧靠定,又被两个宫娥把脚扶住,丝毫不能转动。及至缠完,只觉脚上如炭火烧的一般,阵阵疼痛,不觉一阵心酸,放声大哭道:"坑死俺了!"两足缠过,众宫娥草草做了一双软底大红鞋替他穿上。林之洋哭了多时。

缠足时的苦痛,是从前个个女孩子都经历的,男子则只图好看,不管这些。如此写来,多少总引起一些同情。林之洋双足被缠之后,同一切女儿一样,起初也想反抗,就把裹脚解放了,爽快了一夜。但解放裹脚是要受母亲责罚的,所以第二天林之洋受了"打肉"的刑罚。"打肉"之后:

>　　林之洋两只金莲被众宫人今日也缠,明日也缠,并用药水熏洗,未及半月,已将脚面弯曲,折作凹段,十指俱已腐烂,日日鲜血淋漓。

缠足的最后目的,是要双脚变成残废的,林之洋几次反抗不成,求生不得,求死不能,后来:

>　　不知不觉那足上腐烂的血肉都已变成脓水,业已流尽,只剩几根枯骨,两足甚觉瘦小。

好好的一双脚,为什么要他只剩枯骨?这里不必明说反对缠足,你却不能不对缠足怀疑了。在第十二回里,他曾借吴之和的口气,明白主张道：

> 吾闻尊处向有妇女缠足之说，始缠之时，其女百般痛苦，抚足哀号，甚至皮腐肉败，鲜血淋漓，当此之际，夜不成寐，食不下咽，种种疾病，由此而生。小子以为此女或有不肖，其母不忍置之于死，故以此法治之；谁知系为美观而设，若不如此，即不为美。试问鼻大者削之使小，额高者削之使平，人必谓为残废之人，何以两足残缺，步履艰难，却又为美？即如西子王嫱皆绝世佳人，彼时又何尝将其两足削去一半？况细推其由，与造淫具何异？此圣人之所必诛，贤者之所不取。惟世之君子，尽绝其习，此风自可渐息。

他认为这是习俗移人，认为固然，而希望人来革除。他反对算命合婚，仍借吴之和的口气道：

> ……婚姻一事，关系男女终身，理宜慎重，岂可草草？既要联姻，如果品行纯正，年貌相当，门第相对，即属绝好良姻，何须再去推算？……尤可笑的，俗传女命，北以属羊为劣，南以属虎为凶，其说不知何意，至今相沿，殊不可解。人值未年而生，何至此之于羊？寅年而生，又何至竟变为虎？且世间惧内之人，未必皆有属虎之妇。况鼠好偷窃，蛇最阴毒，那属鼠属蛇的，岂皆偷窃阴毒之辈？牛为负重之兽，自然莫苦于此；岂丑年所生都是苦命？此皆愚民无知，造此谬论。往往读书人亦染此风，殊为可笑。

这已将算命合婚之谬,剥肤指出,然后再陈述其婚姻的主张,应完全以品行年貌门第为重,道:

> 为人父母的,倘能洞察合婚之谬,惟以品行年貌门第为重,至于富贵寿考亦惟听之天命,即日后别有不虞,此心亦可对住儿女,儿女似亦无怨了。

于此不独看见他对于婚姻的主张,并且可以看见当时的风俗。

他反对讨妾,也是用那使男子"反求诸己"的方法。《镜花缘》第五十一回里,那两面国的强盗想收唐闺臣等作妾,因此触动了他的押寨夫人的大怒,这位夫人把她的丈夫打了四十大板,还数他的罪状道:

> ……既如此,为何一心只想讨妾?假如我要讨个男妾,日日把你冷淡,你可欢喜?你们作男子的,在贫贱时原也讲些伦常之道,一经转到富贵场中,就生出许多炎凉样子,把本来面目都忘了。不独疏亲慢友,种种骄傲,并将糟糠之情也置度外。——这是强盗行为,已该碎尸万段;你还只想置妾,那里有个忠恕之道?我不打你别的,我只打你"只知有己,不知有人";把你打的骄傲全无,心里冒出一个忠恕来,我才甘心。今日打过,嗣后我也不来管你。总而言之,你不讨妾则已,若要讨妾,必须替我先讨男妾,我才依哩。我这男妾,古人叫作"面首"。面哩,取其貌美;首哩,取其发美。这个故典,并非是我杜撰,自古就有了。

他的意思,要男子心里冒出一点忠恕来,反躬自问,"如果女人要娶男妾,我心里能否情愿?我既不情愿女人娶男妾,我就应当娶女妾么?"男子向来都不肯这样想的,所以"那里有个忠恕之道",所以"该碎尸万段"。

李汝珍破坏方面的主张,并不能超过在他六百年以前的袁采和与他同时的俞正燮。袁采曾注意到女子生活更深的苦痛,如后母再醮等事,俞正燮也曾主张"再嫁不应非之",但李汝珍在《镜花缘》第四十回里,写武则天皇帝那十二条恩旨,辟头就是旌表贤孝的妇女,旌表"悌"的妇女,旌表贞节,……这是从汉代来一向施行的事,是妇女所以不能出头的根本原因;何劳他来出气?李汝珍不是见不到寡妇的苦处,所以他要设"养媪院";但打破贞节的观念,好像他还不敢。他于后母,也只有攻击,没有原谅,不能辨明后母所以难处的原因。不过他比袁、俞,也有特到的地方,便是他承认男女智慧平等和女子参政的主张,这才是他积极的贡献。他这一部《镜花缘》,原就是专为发挥女子才能而写的,中间一百位女才子,"莫非琼林琪树,合璧骈珠",他在武则天的谕旨里,首即云"天地英华,原不择人而畀";再则曰"况今日灵秀不钟于男子":明明承认男女智慧底平等,所以女子应当同男子一样的读书,一样的开科考。而书中的一百位才女,后来都名列高科,做官的做官,封王的封王。他不但把贱视女子的心理完全打破,并且还把女子的地位提高和男子一样,这真是他的大胆!不愧在中国女权史上占光荣的位置;因为在他以前;的确没有一个人曾有过这样大胆的主张啊!——虽然有人知道男女智慧是平等的。

不过,这也不是偶然的,李汝珍所以能承认男女智慧平等而有这样大胆的主张,是受了当时社会底暗示,因为在他当时和稍前曾出了许多女诗人,清代妇女才学底发达,是二千余年来所未有的。

六　妇女文学之盛

清代学术之盛,为前此所未有,妇女也得沾余泽,文学之盛,为前此所未有。明末时本即有很多能诗词的妇女,陈维崧所撰《妇人集》,凡九十七条,记的都是明末清初妇女能诗词者的轶事。后来冒丹书又有《妇人集补》,补记十条。嘉庆初,许夔臣选辑《香咳集》,录各家妇女诗,少则一首,多则三五首,前缀小传,计凡三百七十五家(据《香艳丛书》本),前有嘉庆九年(民国前一〇八)许之自序中有云:

>……自昔多才,于今为盛。发英华于画阁,字写乌丝;摅丽彩于香闺,文缥黄绢。芙蓉秋水,笔花与脸际争妍;杨柳春山,烟黛并眉间俱妩。擅清风于林下,抒柔思于花前。韵剪瑶华,词霏云雾。终年洗砚,清流即濯锦之池;尽日含华,彩颖探画眉之笔。拈毫分韵,居然脂粉山人;绣虎雕龙,不让风流名士。……

可见他推算之至。过了四十年,道光甲辰(民国前六八),蔡殿齐编《国朝闺阁诗钞》十卷,合有百家,不似《香咳集》之滥收,各家诗,少亦在十首以上,多有至百余首者。此一百家颇多见于《香咳集》,

亦有《香咳集》以后的人，在现在看，直可代表道光以前底清朝一代的女诗人了；录之如下：

姓　名	别号	籍贯	诗　集	备　考
朱中楣	远山	庐陵	《镜阁新集》	李振裕母
吴　绡	冰仙	长洲	《啸雪庵诗钞》	许瑶妻
顾若璞	和知	仁和	《卧月轩诗稿》	黄茂梧妻早寡
徐昭华	伊璧	上虞	《徐都讲诗》	骆家采妻
吴　山	岩子	当涂	《青山集》	卞琳妻
陈皖永	伦光	海宁	《素赏楼诗稿》	杨中默妻
王　慧	兰韫	镇洋	《凝翠楼诗集》	朱方来妻
柴静仪	季娴	钱塘	《凝香室诗钞》	沈汉嘉妻
张学象	凌仙	太原	《砚隐集》	沈载公妻
葛　宜	南有	海宁	《玉窗遗稿》	朱尔迈妻
蔡　琬	季玉	辽阳	《蕴真轩小草》	高其倬妻
李国梅	芬子	兴化	《林下风凊集》	解举鼎妻
冯　娴	又令	钱塘	《湘灵集》	钱廷枚妻
钱凤纶	云仪	钱塘	《古香楼诗集》	黄式序妻
贺　桂	秋安	莲厅	《竹隐楼诗草》	龙有珠妻
林以宁	亚清	钱塘	《凤箫楼诗集》	钱肇修妻
纪　琼	蕴玉	汉阳	《绣余小稿》	陈淞妻
张令仪	柔嘉	桐城	《蠹窗诗集》	沈湘门妻
何玉瑛	梅邻	侯官	《疏影轩诗稿》	何鹏程母
马士琪	韫雪	西充	《片石斋烬余草》	张应坦妻
张　藻	于湘	长洲	《培远堂诗集》	毕沅母
吴若冰	莹仙	南城	《悟雪堂诗钞》	苏鲲母
徐德音	淑则	钱塘	《绿静轩诗钞》	许佩璜母
钟令嘉	守箴	余干	《柴车倦游集》	蒋士铨母
陈淑秀	昭阳	贵筑	《玉芳亭诗集》	周承元妻
倪瑞璿	玉英	宿迁	《静香阁诗草》	徐起泰继室
姚德耀	景孟	桐城	《清香阁诗钞》	姚萧姑母
李毓清	秀英	阳山	《一桂轩诗钞》	王安福母
杨凤姝	苹香	吴县	《鸿宝楼诗钞》	李心耕妻
苏世璋	文圭	漳浦	《瑞圃诗钞》	黄立斋妻

许 权	宜瑛	德化	《问花楼诗集》	崔庆椿母
方芳佩	芷斋	钱塘	《在璞堂吟稿》	汪勤僖继室
钱孟钿	冠之	武进	《浣青诗草》	崔龙见妻
杭 澄	筠圃	仁和	《卧雪轩吟草》	杭世骏妹
李葇素	素琼	广丰	《绣余草》	蒋谦妻
张佛绣	抱珠	青浦	《职思居诗钞》	姚惟迈妻
沈蕙玉	畹亭	震泽	《聊一轩诗稿》	倪雪涵妻
张 因	淑华	江夏	《绿秋书屋诗集》	黄文旸妻
汪韫玉	兰雪	休宁	《听月楼遗草》	金潮妻
高景芳	远芬	汉军	《红雪轩诗稿》	张宗仁妻
李含章	兰贞	晋宁	《繁香诗草》	叶佩荪继室
王采薇	玉瑛	武进	《长离阁诗集》	孙星衍妻
胡慎仪	采齐	大兴	《石兰诗钞》	骆烜妻
袁 棠	秋卿	钱塘	《盈书阁遗稿》	汪孟翊妻
席蕙文	耘芝	吴县	《采香楼诗草》	戴安妻
杨惺惺	柳枝	德化	《吟香摘蕊集》	李成蹊妻
许燕珍	俨琼	合肥	《鹤语轩诗集》	汪镇妻
张 芬	紫蘩	吴县	《两面楼诗稿》	夏清和妻
胡佩芳	秀亭	星子	《兰圃遗草》	燕位特妻
江 姝	碧岑	甘泉	《青藜阁诗集》	江藩妹
闵肃英	端淑	奉新	《瑶草轩诗钞》	宋鸣珂妻
潘素心	虚白	会稽	《不栉吟》	汪润之妻
朱 镇	静媛	临桂	《澹如轩吟草》	况祥麟妻
鲍之兰	畹芳	丹徒	《超云阁诗钞》	朱澧妻
朱宗淑	翠娟	长洲	《修竹庐吟稿》	朱雪骧妻
金若兰	者香	歙县	《花语轩诗钞》	朱翀女早寡
顾 慈	昭德	金匮	《韵松楼诗集》	张熙宇妻
宋鸣琼	婉仙	奉新	《味雪楼诗稿》	宋鸣珂妹
郭 芬	芝田	全椒	《望雪阁诗集》	汪履基妻
鲍之蕙	茝香	丹徒	《清娱阁吟稿》	张舟玄妻
孔璐华	经楼	曲阜	《唐宋旧经楼稿》	阮元继室
杨 舫	小桥	湖口	《白凤楼诗钞》	汪陶镕妻
席佩兰*	韵芬	昭文	《长真阁诗稿》	孙原湘继室
孙云凤*	碧梧	仁和	《玉箫楼诗集》	孙嘉乐女

金 逸*	纤纤	长洲	《瘦吟楼诗草》	陈基妻早卒
帅翰阶	兰娟	奉新	《绿阴红雨轩诗钞》	裘第元妻
骆绮兰*	佩香	句容	《听秋轩诗稿》	龚世治妻
王 倩*	梅卿	山阴	《寄梅馆诗钞》	陈基继室
廖云锦*	蕊珠	青浦	《织云楼诗稿》	马姬木妻早寡
孙荪意	苕玉	仁和	《贻砚斋诗稿》	高第妻
陈长生*	嫦笙	钱塘	《绘声阁诗稿》	叶绍楏妻
蒋 徽	锦秋	东乡	《琴香阁诗笺》	吴嵩梁继室
尤澹仙	寄湘	长洲	《晓春阁诗集》	年十八名列 吴中十子
郭佩兰	芳谷	湘潭	《贮月轩诗稿》	王德立妻
沈 纕	蕙孙	长洲	《翡翠楔诗集》	林衍潮妻
归懋仪	佩珊	常熟	《绣余小草》	李学璜妻
汪芦英*	雪娥	奉新	《吟香馆详草》	廖积性妻
沈 绮	素君	常熟	《环碧轩诗集》	殷塼室
何佩玉	琬碧	歙县	《藕香馆诗钞》	祝麟妻
严蕊珠*	绿华	元和	《露香阁诗草》	严家绥女
席慧文	怡珊	渑池	《瑶草珠华阁诗钞》	石峻华母
张縚英	孟缇	阳湖	《澹菊轩诗稿》	吴赞妻
夏伊兰	佩仙	钱塘	《吟红阁诗钞》	夏之盛女年甫笄已 吟咏成集卒才十五
王素雯	云仙	孝感	《绿窗吟稿》	萧道藩妻
高 箇	湘筠	元和	《绣箧小集》	朱绶妻
吴芸华	小茶	东乡	《养花轩诗钞》	陈世庆妻
郭润玉	笙愉	湘潭	《簪花阁诗钞》	李星沅妻
汪 端	小韫	钱塘	《自然好学斋诗集》	陈裴妻
谭紫璎	凰芝	德化	《绣吟楼诗钞》	蔡泽春妻
傅紫璘	云裳	黄梅	《鹄吟楼诗钞》	萧道瀍妻
王 璕	湘梅	湘潭	《印月楼诗集》	夏恒妻
陆韵梅	琇卿	吴县	《小鸥波馆诗钞》	潘曾莹妻
张 襄	云裳	蒙城	《锦槎轩诗稿》	汤云林妻
朱景素	菊如	上元	《絮雪吟》	单洪浩继室
王继藻	浣香	湘潭	《敏求斋诗集》	刘曾鳌妻
甘启华	韵仙	崇仁	《焚余小草》	谢兰馥妻

章孝贞	味琴	江宁	《镜倚楼小稿》		周观模妻
范　涟	清宜	德化	《佩湘诗稿》		陈荫园妻
蔡紫琼	绣卿	德化	《花凤楼吟稿》		蔡殿齐姊
万梦丹	篆卿	德化	《韵香书室吟稿》		蔡殿齐妻

以上凡一百家。名字下记以＊号的，都是随园老人袁枚的弟子。随园女弟子，除上面已录九人外，据《随园女弟子诗选》，尚有十九人，即：

张玉珍　字清河，松江华亭人，嫁太仓金瑚秀才；早寡。

孙云鹤　字兰友，令宜廉使之次女，嫁金氏。

钱　琳　字昆如，杭州人，钱琦女，嫁同里汪梅树秀才。

王玉如　云南人，令宜廉使簉室。

陈淑兰　字蕙卿，庠生邓宗洛妻，邓溺死，淑兰自缢。

王碧珠　字绀仙，苏州人，汪心农（谷）簉室。

朱意珠　字宝才，苏州人，汪心农（谷）簉室。

鲍之蕙　字仲姒，号茝香，鲍海门次女，适张舸斋。

张绚霄

毕智珠　毕秋帆女，镇洋人。

卢元素　字净香，侯官人，钱玉鱼（东）之簉室。

戴兰英　字瑶珍，嘉兴人，适随园侄，早寡，著有《瑶珍吟草》。

屈秉筠　字婉江，常熟人，适赵子梁，有《蕴玉楼诗稿》。

许德馨　字如兰，江都人。

吴琼仙　号珊珊，平望人，嫁徐达源，有《写韵楼诗草》。

袁椒芳

王蕙卿

汪玉轸　别号宜秋小院主人，吴江人。

鲍尊古

《随园女弟子诗选》刻于嘉庆元年丙辰(民国前一一六),更在《香咳集》前,第二年袁枚就死了,他活在时,盛名藉藉,到处受人拥戴,尤乐于收女弟子。汪心农(谷)序《诗选》云:

> 随园先生,风雅所宗。年登大耋,行将重宴琼林矣。四方女士之闻其名者,皆钦为汉之伏生夏侯胜一流,故所到处皆敛衽扱地,以弟子礼见;先生有教无类。

这是当时的实在情形,因此就恼了章实斋,他看《诗选》出版了,就说:

> 近有无耻妄人,以风流自命,蛊惑士女;大率以优伶杂剧所演才子佳人惑人。大江以南,名门大家闺阁多为所诱。征刻诗稿,标榜声名,无复男女之嫌,殆忘其身之雌矣。此等闺娃,妇学不修,岂有真才可取?——而为邪人播弄,浸成风俗。人心世道,大可忧也。(《丁巳劄记》)

胡适之说:

> 袁枚论诗专主性情风趣,立论并不错,但不能中"卫道"先生们的意旨,故时遭他们的攻击。(《章实斋年谱》,页九七。)

这话很对。此时章实斋又为此做了一篇《妇学》,专是攻击袁枚的,其中主要意思,只是说妇言妇德妇容妇功是妇人的正学,做诗作文,在妓女到还可以,若"良家闺阁,内言且不可闻阃外,唱酬此言,何为而至耶?"《妇学篇》出后,不久即翻刻许多板,流传极广,但是女子仍是继踵争先的作诗刻集,随园以后仍是女诗人辈出,《妇学篇》并没有限制住女子才能的发挥,也是清代特别现象之一。

这些女诗人的诗,也都以性情为主的,她们不能跳出"吟风弄月,春思秋怨"的范围。从这些诗里,很可以看出女性柔美的表现。金若兰早寡,《囊琴》一首云:

竟作囊中物,空山月满林;无弦亦如此,应为少知音。

完全寡妇的口吻。《四时闺怨》中《春怨》有云:

不见海棠花,斜阳照芳草。

《冬怨》有云:

绣被冷如冰,昨夜三更雪。

绮丽极,伤心极,不是寡妇,说不出来。随园弟子张玉珍亦早寡,她《春日课儿感悼外子》一篇调寄《满江红》词云:

双燕穿帘,浑不解,倚楼人独。才瞥眼,春光已尽,满前新绿。旧梦竟随流水去,遗书苦唤娇儿读。叹辛勤,窗底母兼师,愁盈掬。　思往事,眉常蹙;怜别绪,情难续。愿相期一笑,同登仙箓。识字由来忧患始,有才偏使年华促! 剩中心,抱恨最难平,抛棋局。

写寡妇的伤痛,更是显然,当时女子,夫亡早寡,就是不殉节,寡妇的日子也就难过了。"识字由来忧患始"一句,也是"无才便是德"的按语。做人后妻,也是很难堪的,想到女子这样不能自主,夫亡时妻应守节,妻死时夫却再娶,自己填了前人的房,安见得自己的房不又为后人所填,有了这种感想,就不由得不伤心了。朱景素是单洪诰的继室,她有《外子前室缪儒人忌辰感怀》一首云:

> 唱随侬是后来人,代备椒浆倍惨神。今世英皇无此福,他生叔季可相亲。自惭织素输前辈,恰喜添丁步后尘。刻下试为身后想,替侬奠酒是何人。

女子对于丈夫的意思,大多总是缠绵胚厚的,金逸《送竹士赴试》一首云:

> 郎行兮妾喜,郎行兮妾悲;妾喜郎成名,妾悲郎别离。晴风丛桂发秋香,一棹孤舟江水长,妾心远近能随郎!

王采薇《望夫石》一首云:

> 妾颜初如花,妾心已如石,定情双妍姿,不忍君归见衰色。妾颜将凋心不移,妾身亦化君始知。冰为肌,草为鬟,山头无人寄君信。妾意浅,君心深,恐君复化填海禽。海禽来衔石方动,不作巫云入君梦!

王素雯《寄外》一首云：

> 曾修尺素寄相思,别泪千行一首诗;料得远人知妾意,不因金少滞归期。

当时社会,逼着女子专一于丈夫,所以那有情感的女子,不由的对丈夫特别爱好了。大抵识字的女子,情窦易开,能诗的女子,情感自然更甚的。所以闺房中"唱和之乐"与"勃谿之声"总是不能并存。由此可知,即以婚姻底幸福起见,也应以女子读书为佳了,对于"女子无才便是德"这话,女诗人是反对的,夏伊兰《偶成》云：

> 人生德与才,兼备方为善；独至评闺材,持论恒相反。有德才可贬,有才德反损,无非亦无仪,动援古训典。我意颇不然,此论殊褊浅。不见《三百篇》,妇作传匪鲜。《葛覃》念父母,旋归忘路远；《柏舟》矢靡他,之死心不转；自来篇什中,何非节孝选？妇言与妇功,德亦藉此阐；勿谓好名心,名媛亦不免。

不过女子有才,亦受拘束,终归无用。王璊《读史》一首,即表此意：但她谓即使有才无用,不妨著书自乐；原诗道：

> 足不踰闺闱,身未历尘俗,茫茫大块中,见闻苦拘束。少小依膝下,识字无专督,信口诵诗书,义解不求足。但当趋庭时,谈古意相属。世宙亦云遥,往事难更仆。十二万年中,是非分两局,某者流清芬,某者贻羞辱。南董笔一枝,千秋有定狱。风雨恣搜罗,得意必抄录,自笑女子身,乃如书生笃。学

问百无能,探讨性所欲;岂但填枵腹,或可企芳躅。遥遥一寸心,前修自勉勖。

从前女子的学问,都是"识字无专督,信口诵诗书"得来的;而"风雨恣搜罗,得意必抄录"时,又不免于自笑。如此说来,清代女子于文学上有这样的成绩,实在是不容易了。

《国朝闺阁诗钞》以外,又有人刻《百家闺秀词》。宣统元年(民国前三年)又刻有《闺秀词钞》十六卷,说是补前汇刻百家词所未及,中录有五百二十一家,词一千五百九十一首:足见清代女子作词的亦极多。

道光以后女诗人所刻集,在京师图书馆查得的有:

钱惠尊　《五真阁吟稿》

范　淑　《忆秋轩诗钞》　光绪十七年刻本

吴　苣　《佩秋阁诗稿》　光绪元年刻本

汪　清　《求福居诗钞》　光绪二十九年刻本

钱淑生　《桂室吟》

李端临　《红余籀室吟草》

傅范淑　《小红余籀室吟草》

七　集大成的女教

清初女教之盛。亦集二千余年来的大成。最早出的一部女教的书,是蓝鼎元的《女学》。蓝鼎元别号鹿洲,父卒甚早,母教之读,长工诗古文,通治体。著书甚多,《女学》一书是他离学生时代未久做的,成于康熙五十一年壬辰(民国前二〇〇)。是书开篇为"女学总要",只寥寥数语;后列"妇德"、"妇言"、"妇容"、"妇功"四篇,于四篇中分章别类杂引诸书故事传记以实之,间加按语,自云:

> 妇以德为主,故述妇德犹详。先之以"事夫"、"事舅姑",继以"和叔妹"、"睦娣姒",在家则有"事父母"、"事兄嫂",为嫡则有"去妒",处约则有"安贫",富贵则有"恭俭",可常可俭则有若"敬身"、若"重义"、若"守节"、若"复仇",为人母则有"教子",为人继母则有"慈爱前子",为人上则有"待下",巫祝尼媪之宜绝则有若"修正辟邪",而以其余者为"通论":此则"妇德"一篇之大概也。
>
> 妇言不贵多,要于当,则有若"勖夫",若"训子",若"几谏",若"守礼",若"贤智",若"免祸"。
>
> 妇容贵端庄敬一,婉娩因时,则有若"事亲之容","敬夫之容","起居"、"妊子"、"居丧"、"避乱"之容。
>
> 妇功先"蚕绩",次"中馈",为"奉养",为"祭祀",各执其劳而终之以"学问。"——各以其余者为"通论",此则"妇言"、"妇容"、"妇功"三篇之大概也。(《自序》)

他全书的编制,在这一段里,说得很明白。这是一部六卷的大书,专讲女教的书,应以此为第一部宏大的著作。他作这书的意思,一面自然是把他的学问作一种系统的整理,一面实有这一种意思;他说:

> 夫女子之学与丈夫不同。丈夫一生皆为学之日,故能出

> 入经史,淹贯百家;女子入学,不过十年,则将任人家事,百务交责,非得专经,未易殚究。学不博则罔有获,泛滥失归,取裁为难,《女学》一书,恶可少哉?——百家众技,各有专书,当若何训迪防范;乃既不幸不经圣人之述作以附四子六艺之末,又不幸不得程朱诸儒讲明采辑,汇诸家之长而进退之,与《近思小学》流布人间,徒使深闺令淑若瞽之无相,怅怅其何之,此亦古今一大缺憾也。(《自序》)

足见他目的在阐扬女教,希望这书与《近思录》、《小学》并驾的。然反观其全书编制和取材,就晓得他是采辑前人,汇诸家学说,不过替三从四德的道理推演一番罢了。(《近思录》原也是这样一类体裁,取法乎中,自然只得乎下。)过了十几年,陈弘谋作《教女遗规》,同他的意见差不多;陈弘谋说:

> 天下无不可教之人,亦无可以不教之人,而岂独遗于女子也?当其甫离襁褓,养护深闺,非若男子出就外傅,有师友之切磋,诗书之浸灌也。父母虽甚爱之,亦不过于起居服食之间加意体恤;及其长也,为之教针黹备妆奁而已。至于性情嗜好之偏正,言动之合古谊与否,则鲜有及矣。是视女子为不必教,皆若有固然者。

足见清初女子,大都是不读书的。但是,——

> 幸而爱敬之良,性所同具,犹不尽至于背理而伤道,且有克敦大义,足以扶植伦纪者。

女子虽不读书,多数却很驯善,他说这便是女子的天性。(家鸡不飞,吾家弘谋亦将以为是鸡之天性否?)

倘平时更以格言至论可法可戒之事日陈于前,使之观感而效法,其为德性之助,岂浅鲜哉?余故于《养正遗规》之后,复采古今教女之书,及凡有关于女德者,裒集成编,事取其平易近人,理取其浅而易显,盖欲世人有以教其子而更有以教其女也。

这是他作书的原意。陈弘谋有《五种遗规》,《教女遗规》为其中之一。与他同时的有位任启运作有《经传通纂》,据说其中有《女教经传通纂》一书,编制想也和《女学》、《教女遗规》等差不多。

康熙乾隆间虽然出了这几位女教大家,做了这三部大书,可是流传并不甚广。当时社会上流传最广的女教书,仍然是《女诫》、《列女传》、《女孝经》、《女论语》及《女训》、《女史》、《闺范》、《女范》诸书,乾隆十六年辛未(民国前一六一),广州顺德有一位李晚芳女士编了一部《女学言行录》,比较蓝鼎元的《女学》,编得好些。李晚芳字菉猗,嫁梁远略,生二女一子。作此书时,菉猗已六十岁了,是编此以教家人的。她是乾隆三十二年丁亥(民国前一四五)死的,死后十九年,他的儿子始把藏稿付印。菉猗对于女教的意见,说:

平治之道基于齐家,齐家之道责成夫妇;男治乎外,女治乎内,厥职维均,皆不可不学。然男子终身皆学之日,女子自成童以后,所学不过十年,即于归而任人家政。事舅姑、奉宗庙、相夫子、训子女、和娣姒伯叔诸姑,齐家之务毕集,皆取给于十年之学,故学于女子为尤亟。近世所传,虽有班氏《女诫》,刘向《列女传》,郑氏《女孝经》,若华《女论语》,以及《女训》、《女史》、《闺范》、《女范》诸书,类皆择焉弗精,语焉弗详。即经有宋周程朱张诸大儒,皆以风俗人心为己任者,间亦议论及此,而卒未有全书,是亦闺教一缺憾事也。

至于编制的方法,她说:

谨纂周汉以来名儒淑媛之嘉言善行,可以补《周官》《戴记》之阙而有裨于齐家之助者,采辑成书,间附以己意。

用的也是旧方法,不过她自己发挥的地方,比较多些。"总论"说:

女学之要有四:曰去私,曰敦礼,曰读书,曰治事。

盖妇德莫病于私,故以去私为首。私念净尽,则天理流行;天理者,礼也,故以敦礼次之。敦礼则耳目手足,起居动作,皆有规矩可循而不容越;然节目度数,亲疏隆杀,具载于书。故以读书次之。读书则见礼明透,知伦常日用之事,责备无穷,自当着力事事而不敢急惰,故以治事终焉。——四者皆所以检束身心,而立齐家之本,其叙有如此者。

又说:

女学之道亦有四:曰事父母之道,曰事舅姑之道,曰事夫子之道,曰教子女之道。四者自少至老,一生之事尽矣。而为教为学皆当谨于童年,以端其始。……孟子曰:"人少则慕父母"。故以事父母之道为首。就其天性未漓之时,引诱其易入之良心,各缀以古人贤孝之事迹;令读之观感兴起,以从善而戒不善。事父母之道能尽,则在家为孝顺之女,他日于归,孝便可移于事舅姑而无过;顺亦可移于事夫子而无违;事舅姑事夫子之道皆尽,则教子女亦不事外求矣。……而家焉有不齐者乎?随行各有工夫,随地皆有效验,四者皆齐家之道,所以验修身之功。

此书的内容,这也可以看见一斑了。书的后面,有分论妇德、妇言、妇容、妇功的,她把妇德分为:一、敬身之德;二、事亲之德;三、事夫之德;四、训子之德;五、宜家之德;六、去妒之德;七、仁厚之德;八、勤俭之德;九、后母之德;十、辟邪之德。把妇言分为:一、谏亲之言;二、勖夫之言;三、训子之言;四、执礼之言;五、守义之言;六、排解之言;七、知几之言。各有解说,甚是详赡,可惜妇容、妇功两项,原书阙去,不能让我们知道了。她这部书,大概流传也不甚广,并且也很有儒学的气味。那流传最广害人最深,酸而且俗的,要算王相母亲的《女范捷录》。王相字晋升,江西临川人,曾订正过许多启蒙的书,如《千家诗》、《三字经》之类,刻版流播;又把他母亲这一部《女范捷录》,和《女诫》、《女论语》、《内训》三书合订一起,名之为《女四书》,流毒所及,一直到近代,几乎每一个读书的女子,启蒙时都曾读过。

《女范捷录》共十一篇:《统论》、《后德》、《母仪》、《孝行》、《贞烈》、《忠义》、《慈爱》、《秉礼》、《智慧》、《勤俭》、《才德》。前人流传的思想,社会顽固的观念,此书俱一一保存。《统论》篇开首即曰：

> 乾象乎阳，坤象乎阴，日月普两照之仪；男正乎外，女正乎内，夫妇造万化之端。

《母仪》篇说：

> 父天母地，天施地生；骨相像父，性气像母。

迷信和腐败，都如此类。《贞烈》篇更说：

> 忠臣不事两国，烈女不更二夫，故一与之醮，终身不移，男可从婚，女无再适。

所谓贞节的宗教化，这书也很有关系。

清代虽盛传"女子无才便是德"，但读书的女子还是很多的。《训学良规》有一段讲到女子入塾读书的教学方法，云：

> 有女弟子从学者，识字、读《弟子规》。与男子同。更读《小学》一部，《女四书》一部，看《吕氏闺范》一部，勤与讲说，使明大义，只须文理略通，字迹清楚，能作家书足矣。诗文均不必学，词赋尤不可学。

又说：

> 塾中有女弟子，男子有过，概不责臀；虽幼童不得与之嬉

戏。如女已十岁,外师未过五十者,不宜教之。

从前防闲之甚,虽书塾尚且如此,很值得今人推想的。

八　好媳妇的标准

做媳妇的规矩,清代人也是最讲究,陆圻的《新妇谱》很可以做代表。陆圻字景轩,钱塘人,少负诗名,为西泠十子之冠,顺治时贡生。顺治十三年丙申(民国前二五六)将嫁其女,作《新妇谱》以训之,自序曰:

> 今丙申七月,仓卒遣女,萧然无办,因作《新妇谱》赠之;以视世之珠玉锦绣炫燿于路者,虽所赠不同,未为无所赠也。

又云:

> 然恐余女材浅智下,不能读父书,并以遗世之上流妇人,循诵习传,为当世劝戒,至文不雅训,欲使群婢通知;大雅君子,幸毋加姗笑也。

可见其作书之意。此书也无非阐发三从之道,其妙在把怎样做人,怎样孝顺,说得十分详尽,不妨择其最要的,抄下数段,庶不汩没本书的精神了。

本书第一条"做得起",也就是本书的根本意见,一言蔽之,要

新妇柔顺而已。原文云:

> 近俗不知道理,闺女出嫁必要伊做得起。至问其所谓做得起者,要使公姑奉承,丈夫畏惧,家人不敢违忤。果尔,必是一极无礼之妇人,公姑必怒,丈夫必恨,群小皆怨,且乘间构是非;亲戚内外,视为怪物,何人作敬?宗族乡党闻之,皆举以为戒,则世之所谓做得起者,正做不起也。吾今有做得起之法,先须要做不起,事公姑不敢伸眉,待丈夫不敢使气,遇下人不敢呵骂,一味小心谨慎,则公姑丈夫皆喜,有言必听,婢仆皆爱而敬之,凡有使令,莫不悦从,而宗族乡党,动皆称举以为法。——则吾之所谓做不起,乃真做得起也。

做得起是概论新妇作人的标准,至于对待公姑丈夫呢,则要得欢心:

> 新妇之倚以为天者,公姑丈夫三人而已,故待三人,必须曲得其欢心,不可纤毫触恼。若公姑不喜,丈夫不悦,则乡党谓之不贤,而奴婢皆得而欺凌我矣;从此说话没人听矣。故妇之善事公姑丈夫也,非止为贤与孝也,以远辱也。

服伺公姑,第一不能贪懒,"早起"条云:

> 新妇于公姑未起前,先须早起梳洗,要快捷不可迟钝,俟公姑一起身即往问安万福。至三餐须自手整理,不可高坐听众婢为之。至临食时,则须早立在傍,侍坐同吃,万不可要人呼唤,阿姑等待不来,胸中必不快意也。就有小恙,还须勉强

走起,若高卧不起,阿姑令人搬汤运食,又费一番心血矣。晚上如翁在家,即请早退归房,静静做女工,不宜睡太早。如翁不在家,直候姑睡后,安置归房。

新妇说话声音是有讲究的,他说:

妇人贤不贤,全在声音高低语言多寡中分:声低即是贤,高即不贤;言寡即是贤,多即不贤,就令训责己身婢仆,响尚不雅;说得有道理话,多亦取厌,况其他耶?

颜色也很要紧:

愉色婉容是事亲最要紧处,男子且然,况妇人乎?但事公姑丈夫之色,微有不同,事姑事夫和而敬,事翁肃而敬,待男客亲戚庄而敬,待群仆纯以庄。

对于丈夫,应当敬重,是谈不上平等的;他说:

夫者天也,一生须守一敬字。新毕姻时,一见丈夫,远远便须立起,若晏然坐大,此骄倨无礼之妇也。稍缓通语言后,则须尊称之,如相公官人之类,不可云尔汝也。如尔汝忘形,则夫妇之伦狎矣。凡授食奉茗,必双手恭擎,有举案齐眉之风。未寒进衣,未饥进食,有书藏室中者,必时检视,勿为尘封。亲友书札,必谨藏而进阅之。每晨必相礼;夫自远出归,由隔宿以上皆双礼,——皆妇先之。

丈夫做什么事，无论是玩，是闹，都有丈夫的道理，你不懂，你管不着，只须一味顺从：

> 凡少年善读书者，必有奇情豪气非儿女子所知；或登山临水，凭事赋诗；或典衣沽酒，剪烛论文；或纵论聚友；或坐挟妓女；——皆是才情所寄，一须顺适，不得违拗。但数种中或有不善卫生处，则宜婉规；亦不得聒聒多口耳。

丈夫在外读书，不应常给他信，扰乱他心：

> 丈夫在馆不归，此是攻苦读书处，不可常寄信问候，以乱其心。或身有小恙，亦不可令知，只云安好，所以勉其成学也。彼或数归，即荒思废业矣。若母家及亲戚有馈送时，亦须全送阿姑处，待姑云挈几许至馆中，方如数送去。

丈夫教训自己时，应当一味听从，不能与辩：

> 丈夫有说妻不是处，毕竟读书人明理，毕竟是夫之爱妻，难得难得。凡为妇人，岂可不虚心受教耶？须婉言谢之，速即改之。以后见丈夫，辄云"我有失否，千万教我"，彼自然尽言，德必日进。若强肆折辩及高声争斗，则恶名归于妇人矣，于丈夫何损？

丈夫穷困，应当加意劝慰，更不可怨他：

> 丈夫或一时未达，此不得意之以岁计者也；或一事小拂，

> 此不得意之以日计者也；为妻者宜为好语劝谕之，勿增慨叹以助郁抑，勿加诮让以致愤激。但当愉愉煦煦云："吾夫自有好日，自有人谅"，方为贤妻，如对良友也。其或一时阙之，竭力典质措办，勿待其言，毋令其知。

这一条很有深意，我亦不禁为之拍案，古语云："人生不如意事，什常八九。"夫妻间再得不着慰解，便会使人走投无路了。《新妇谱》中的主张，不是皆无道理，只他把根本观念放在"三从"上面，做妻的应一味顺从，便不尽是。夫妻伉俪，不是妻要制于夫，但也断不是要夫制于妻，应当是平等的、调协的、互助的、了解的、两个人人格底结合的。《新妇谱》中还有一个主张，真足以代表当时的情形，而不是新时代所允许的；如云：

> 风雅之人，又加血气未定，往往游意倡楼，置买婢妾，只要他会读书会做文章，便是才子举动，不足为累也。妇人所以妒者，恐有此辈便伉俪不笃，不知能容婢妾宽待青楼，居家得纵意自如，出外不被人耻笑，丈夫感恩无地矣。其为胶漆，不又多乎？

《新妇谱》流传很广，因为文章做的好，内容又有精意的原故；陈确、查琪先后作《新妇谱补》，这在清初，已俨然是名著了。

九　遭人厌恶的悍妇

明谢肇淛《文海披沙》"妒妇"条曾云：

人有妒妇,直是前世宿冤,卒难解脱。非比顽嚚父母,犹可逃避;不肖弟兄,仅只分析;暴君虐政,可以远遁;狂友恶宾,可以绝交也。朝夕与处,跬步受制。子女僮仆,威福之柄,悉为所持。田舍产业衣食之需,悉皆仰给。衔恨忍耻,没世吞声,人生不幸,莫此为大。

他这所说,不一定仅限于妒,实有悍的意思。娶妻而不讲理,也真是没有办法。张锻亭是康熙己丑进士,官乐亭县知县,曾蓄一妾,而夫人悍妒,于其夫远宦时,将妾遣去,锻亭深以为恨,因作《借米谣》三首云:

我无奈,向君哭,恳君借我米一斛。愿来生君作主人我作仆,凭君时时呼唤,我只小心伏侍直到苍头秃。
君不肯,我再求,恳君借我米一斗。愿来生君作富翁我作狗,凭君时时呼喝,我只摆尾摇头常守家门口。
君不肯,我再歌,愿君借我米一箩。愿来生君作顽妻我作夫,凭君时时吵闹,我只装聋做哑半死半糊涂。

如此说来,情愿作狗,也比作顽妻之夫幸福多了。对于悍妇的厌恶,一至于此。后来张锻亭竟以是自杀于舆中,事见吴翼凤《东斋脞语》。Keble 有诗云:

A continual dropping in a very rainy day, and a contentions woman are alike.
"一个好吵闹的妇人,有如连阴天的淅沥。"

又英国人有谚云：

> It is better to dwell in a corner of the house-top, than with a brawling woman in a wide house.
>
> "住在湫隘的屋顶的一隅，尚优于同一个长舌妇住在高堂大厦。"

这与中国人厌恶悍妇的心理完全一致；而中国当时离婚不容易，又有娶妾的风俗，悍妒的妇人，不免更多些。冯小青是怎样一位多才多艺的女子，竟不容于大妇，郁郁而死。死时留《绝命诗》若干首，其一云：

> 雪意阁云云不流，旧云正压新云头。米颠颠笔落窗外，松岚秀处当我楼。垂帘只愁好景少，卷帘又怕风缭绕。帘卷帘垂底事难，不情不绪谁能晓！

一种怨而不艾的神情，是很令人同情的。邵飞飞这个人，又与她不同了。陈鼎有《邵飞飞传》，说飞飞三山西河人，为关南总督之幕员罗密以千金娶去为侧室，带至京师，不容于大妇，欲以赐阉者，不从，遂作《薄命诗》二十绝句、《燕台词》十绝句寄母而死。《薄命词》有曰：

> 隔断江山几万重，粉脂云落为谁容。如何嫡嫡亲生母，只爱金钱不爱侬！

> 狮子容他吼独尊，却将侬去配司阍。儿郎薄幸真堪恨，不记天香枕畔温。

忆昔双双倚画阑,名花相对并头看。何期弃置同秋叶,忍使琵琶别调弹!

淡淡春衫袅袅腰,菱花自对亦魂消;如何刚狠河东性,相见虽怜总不饶。

挑灯含泪叠云笺,万里缄封报可怜;为报生身亲血母,卖儿还剩几多钱?

无端昔日慕金夫,也是贪痴女子愚;寄语故园诸姊妹,荆钗裙布自堪娱。

自悔当初博望高,今成明月水中捞。风筝本是随风信,莫怪丝丝线不牢。

读了这几首诗,不但令人厌恶那"相见虽怜总不饶"的妒妇,并可看出多少问题:婚姻重金钱不重爱情是第一个错误;女子惟慕金夫,是第二个错误;女子不能独立,倚人生活,只能作风筝,随风信,更是根本的错误:这正是历史的黑暗啊!

十 妓的增盛

妓的状况,乾隆以后,日见增盛。珠泉居士于乾隆四十九年(民国前一二八)作《续板桥杂记》,捧花生于嘉庆二十二年(民国前九五）作《秦淮画舫录》，次年又作《余谭》均述南京妓女的情形。那时南京妓女之盛，和明末仿佛。真所谓"自古靡丽之乡，山温水软，美著东南，耽繁华之积习，沿淫冶之遗风，盖犹有南朝金粉之流芬余韵"。同治十一年（民国前四十年），又有许豫作《白门新柳记》、《衰柳记》。《新柳记》记红羊劫后所起诸妓，《衰柳记》记劫前诸妓。洪秀全据南京时，曾禁妓妾，不过他未入南京时，稍体面的妓女，都早跑了。过了十二年，他死在南京，那时"秦淮河房旧址，荆榛塞道，瓦砾堆阶；清溪遗迹，徒剩磷照狐鸣"。但不数年，"稍复旧观；游船往来，踏波乘浪，才妓名媛，大都至自吴中，来从邗上，而土著中人，亦复不少。两岸笙歌，一堤烟月，承平故态，父老犹有见之流涕者"。淞北玉鱿生曰，"此《白门新柳记》之所由作也"（见原跋。）至红羊以前的妓女，有避难回宁，仍操旧业的，大都徐娘半老，愈感身世，故又作《白门衰柳记》。《藤香馆诗稿》有题妓女汤小聪画兰云：

劫后秦淮水不温，美人名士各消魂。可怜金粉飘零尽，剩馥残膏带泪痕。

很可表现《衰柳记》的含意。此书出后，多为人所艳称，遂招当道之禁，书中所记之人，尽遭疵诟，妓女多无以为生，亦有逃往上海者。上海至今为容纳娼妓最大的都会，其盛实始于红羊劫后。

珠泉居士于乾隆五十二年（民国前一二五）又作《雪鸿小记》，记扬州的妓女。扬州的盐业，虽不及从前，妓女情况，清时仍盛。其后有芬利它行者编《竹西花事小录》，比《雪鸿小记》，繁的多了。据说扬州那地方，"猎粉渔脂，寝成风气。闾阎老妪，畜养女娃，教以筝琵,加之梳裹,粗解呕唱,即令倚门"。说者又谓扬州是"人人尽玉,树树皆花"的。扬妓之盛,可想见了。

苏州妓女,历史上也是著名的,李白诗"落花踏尽游何处,笑入吴姬酒肆中",自唐以来,已为人所艳称。嘉庆八年(民国前一〇八,)西溪山人作《吴门画舫录》,自云:

> 吴门为东南一大都会,俗尚豪华,宾游络绎。宴客者多买棹虎邱,画舫笙歌,四时不绝,垂杨曲巷,绮阁深藏;银烛留髡,金觞劝客,遂得经过赵李,省识春风。或赏其色艺,或记彼新闻,或伤翠黛之漂沦,或作浪游之冰鉴:得小传一卷。

嘉庆十八年(民国前九九),箇中生又作《续录》一卷,自序有云:

> ……录中诸人,迄今不及十载,存者已仅止二三;而群芳之争向春风,其秀出一时者,又踵相接也。……

苏州妓女之盛,也可想见了。

上海未盛以前,宁波最是繁华都会,妓亦甚盛,大都来自苏杭。道光二十一年(民国前七一),二石生作《十洲春语》记其事,有云:

> 甬江乃商渔通薮,日之出纳,以累万计。伧父大贾,多借坊曲为宴会交易之所。驰车朝往,挈灯夜游;恃侠负财,供其饕餮。以故风流旗帜,遍树阛阓,无怵而偃者。

守官屡事禁止,衙役先行通报,妓家便都键门躲避。官知其故,易

装改服,密自访稽,幸获其一,亦无补于政,反增弊端。妓院之盛,因以不蔽。妓院规矩,据云:

> 客初至院,则密室供坐,假妪伺客,细荴沦香,款语留盼,谓之茶围。沸酒炙肉,醉重气微,烛光滟淫,巾钗影乱,谓之酒局,猱童传筒,花舆过街,珠锵玉摇,侍座佐饮,谓之出局。霜柝三报,兰汤再巡,月沉灯炖,燕昵达旦,谓之留厢。

这些名称,各地引用至今,都未改变,足见甬俗之盛。

北京的妓况,有蜀西樵也作的《燕台花事录》。

广东的妓况,广州最盛,缪艮曾作《珠江名花小传》。赵翼《簷曝杂记》说珠江的蜑船,当时有七八千,皆以脂粉为生。蜑户本是海边捕鱼为业的一种人,例不陆处,自成一族。以脂粉为生者,亦是以船为家,故冒其名,实则并非蜑户。《簷曝杂记》云:

> 珠江甚阔,蜑船所聚,长七八里,列十余层。皆植木以架船,虽大风浪不动。中空水街,小船数百,往来其间,客之上蜑船者,皆由小船渡。蜑女率老妓买为己女,年十三四,即令待客。

这一般妓女的颜色,赵翼云:

> 实罕有佳者。晨起面多黄色,傅粉后,饮卯酒,作微红。

又云:

> 余守广州时,制府尝命余禁之,余谓此风由来已久,每船

十余人恃以衣食,一旦绝其生计,令此七八万人,何处得食?且缠头皆出富人,亦哀多益寡之一道也;事遂已。

于此可见经济问题不解决,妓女是无法禁绝的。其后张心泰作《粤游小志》,云妓艇多自沙面迁于谷埠,他叙艇的状况道:

> 艇有两层,谓之横楼,下层窗嵌玻璃,舱中陈设洋灯洋镜,入夜张灯,遥望如万点明星,照耀江面。纨袴子弟,选色征歌,不啻身到广寒,无复知有人间事。上层为妓卧所,如鸽窝,苦不可状。

潮州原有"六蓬船",至是早废。俞蛟《潮嘉风月记》述"六蓬船"道:

> "六蓬船"形势,昂首巨腹而缩尾,首长约身之半,前后五舱。首舱,泊则设法屏几席之属,行则并蓬去之,以施篙楫。中舱为款客之所,两旁垂以湘帘,虽宽不能旋马,而明敞若轩庭。前为燕寝之所,几榻衾枕奁具熏笼红闺雅器,无不俱备。卷幔初入,竟锦绣夺目,芬芳袭人,不类尘寰。然此犹丽景之常耳。顷年更有解事者,屏除罗绮,卧处横施竹榻,布帷角枕,极其朴素。榻左右各立高几,悬名人书画,几上位置胆瓶彝鼎,闲倚蓬窗,焚香插花,居然有名士风味,……

当日盛况,可见一斑。"六蓬船"废后,妓女多居赌馆,俗称之曰"囮场"。俞蛟又曰:

> 潮嘉曲部中,半皆蜑户女郎,而蜑户惟麦濮苏吴何顾曾七

姓,以舟为家,互相配偶,人皆贱之。生男专事蓬篙,只在青溪潮阳五百里内,往来载运物货以受值。生女则视其姿貌之妍媸,或留抚畜,或卖邻舟。父母兄弟仍时相顾问。稍长,辄勾眉敷粉,抚管调丝,盖其相沿之习,有不能不为娼者。

福州也有"蜑船",同广州一样,《闽都别记》云:"……福州之渔船,即是秦楼楚馆,勾引人家之子女落局,会合此间,品貌不凡,必坠其局。……"至今且然。

淞北玉鲼生咸丰十年(民国前五二,)作《海陬冶游录》述上海妓况,其后数年又作"附录",云:

> 沪上一隅之地,靡丽纷华,甲于天下。寰中十有八省,海外一十七国,悉辐辏于此。虽十年之间,两阅兴衰,(鸦片之战,及太平天国之乱。)而踵事增华,日见其盛。花为世界,月作楼台;香车宝马,门外尘生,脆管繁弦,座中春满。征歌斗酒,自夜向晨。由城内而达城外,勾栏益众,易山邱为华屋,平田陇作市廛;斗柄潜移,沧桑屡变,而世道人心,其趋愈下,观空者正不免感慨系之耳。

又云:

> 癸丑(咸丰三年)以前,勾栏俱在城中,癸丑以后,渐移至城外。环马场既建,阛阓日盛,层楼复阁,金碧巍焕,又得名花以点缀其间,于是趋之者如鹜。庚辛之交,江浙沦陷,士女自四方至者,云臻雾沛,遂为北里巨观。

如此说来，上海繁华之增盛，完全是五口通商后事。那时妓女，多移至租界，如兆富里、兆贵里、兆荣里、兆华里、东昼锦里、西昼锦里，教坊最多；此外如日新、久安、同庆、尚仁、百花、桂馨各里，亦系上等勾栏所居。下等妓女，多在大马路一带，北门外新街，及荡沟桥左右。更有台基，其初城内外皆有，后经严禁，多存洋泾浜之西。妓以苏杭人为多，其次为粤妓，为江北妓。妓院规例，据"附录"云：

> 青楼中以长三为上等，人众者为堂名，人寡者谓住家；侑酒留宿，率以佛饼三枚。既订香盟，谓之加茶碗，以别于众客。其次等为么二，自称私局；客来缔好，则陈瓜果四碟，谓之装干湿，破费客囊银钱一饼而已；至取夜合资，则二元也。亦有以么二排场而收长三身价者，谓之二三。

至现今妓院沿用之名称，当时已有，如"相帮"、"娘姨"、"大姐"、"攀相好"、"叫局"、"出局"、"先生"、"下脚"、"摆台面"等等。淞北玉鱿生光绪四年（民国前三四）又作《花国剧谈》记诸妓事，自序中有云：

> 世并愁城，地多苦海，此花国中悲玉容之无主，恨绮约之难完者当不知凡几；今所记，特须弥界中一粒芥子耳。

盖上海妓女之盛，至今已四十五年了。妓女的生活最苦，迎新送旧，心不欢必强笑，酒不胜必强饮，身不快必强陪，喉不爽必强歌。遇性情乖张的客人，稍不合意，即掷酒翻案，大声辱骂，假母不察,反言接待不周。或有恶客,彻夜蹂躏,不堪其扰。总之,非人的生活罢了。

十一　几处特殊风俗

(一)广州女子之同性恋

张心泰《粤游小志》云:"广州女子多以拜盟结姊妹名金兰会。女出嫁后。归宁恒不返夫家,至有未成夫妇礼,必俟同盟姊妹嫁毕,然后返夫家。若促之过甚,则众姊妹相约自禁。"又云:"近十余年,风气又复一变,则竟以姊妹花为连理枝矣。且二女同居,必有一女,俨若藁砧者。然此风起自顺德村落,后传染至番禺、沙茭一带,效之更甚,即省会中亦不能免。又谓之拜相知,凡妇女订交后,情好绸缪,逾于琴瑟,竟可终身不嫁。"因同性恋而不嫁,实违背于天然,很害女子健康,可是生计情形改变后,女子过时未嫁而陷于同性恋的,更普遍了,真是一个大问题。

(二)北方之妇长夫幼

中国北部,媳之年纪,每长于子,此最不好。俞樾《右台仙馆笔记》载一怪案云:

> 河南有一县,谈者忘其名,其俗喜为少子娶长妇,欲以操井臼持门户也。有农家子,甫十三四,而所娶妇,年长以倍矣。新婚之次日,贺者毕集,而寝门未辟。日且旰矣,舅姑呼于门外,闻其子应声而不见其出,穴窗视,则縻缚于床足!惊而问故,其子曰:"昨暮人定后,有男子自床下出,缚我于此;而拥新

妇睡。"问何故不言？曰："言则杀我，……"语未竟，男女二人，皆启帐出。男子抗声曰："吾与尔新妇自幼有交；昨乘人乱，入此室处，当容我尽欢而去，如敢破扉而入者。"袖中出白刃指其子曰："吾剚刃而子之腹矣！"举家惊异，罔知所措。

而男子在室中索酒肉、索饭、索汤饼，曰："不与我者杀而子，与我而不丰美，亦杀而子。"其家不得已，一一与之。男子使自窗中置案上，而以长绳系其子，使就窗间取之。先命其子品尝食，然后食，以其余食其子。食毕，置虚命撤。于是观者云集，皆恐伤其子，计无所出。相持三日，闻之于官，官亦骇异，亲诣视之，信，官问新妇有父母乎？曰，"有。"乃逮之至，使呼其女，女不应，官命隶笞其父臀，批其母颊，父母呼暴哀号甚惨；复使呼其女，仍不应；如是者三。母颊批至百，父臀批至二百，流血漉漉。父母跪窗外，哀其女使开门，若罔闻知，官无如何，命人逻守之，縶其父母去。

是时狱中有一贼，善穴人壁，官命之至其家，先伏人于门外，而使此贼伺男女皆睡熟，从屋后穴而进，潜以刀断其子之绳，曳之走。门外伏者，破扉突入，男女皆就缚。……

这件案子，总算是妇长夫幼之最坏的结果了。妇长夫幼，固不必都演出这种怪事，然生理不能调协，于男女幸福很有损失，不幸中国北部知识顽陋的农民，到现在仍未革此习。

(三)宁古塔的风俗

宁古塔即今吉林宁安县治，旧说为满洲最初祖所在地。其地一夫多妻，男子受女子之供养；现在或已改变。康熙壬寅(民国前二五〇)，方拱乾作《宁古塔志》，有云：

八旗非尽满人,率各因其类以为风俗;华人则十三省无省无人,亦各因其地以为风俗矣;故曰无所谓风俗也,姑亦就满汉沿习之久而言。

妇女多颜色,即贵人亦焉而步于衢。一男子率数妇,多则以十计;生子或立或不立,惟其意也。惮其妇甚者倍于恒情,有弃妇者亦倍于恒情。结发老矣,曾无他嫌,男子偶悦东家女,女父母曰,"必逐而妇",归遂不动色而逐之;即儿娶妻,女嫁婿,亦不敢牵衣而留。新妇入,儿女遂以其事母者事之。弃妇他日适后夫,犹过故夫庐而问新妇,相见无怍容,无怼言也。概古无闲人,而女子为最。如糊窗而槌布以代纸,烧灯则削麻肤糖以代膏,皆女子手。不碾而舂,舂无昼夜;一女子舂,不能供两男子食。稗之精者,至五六舂。近有碾,间橐粟以就碾。舂余即汲,霜雪并溜如山,赤脚单衣悲号于肩担者不可纪,皆中华富贵家裔也。男子死,必有一妾殉。当殉者即于主前定之,不容辞,不容僭也。当殉不哭,艳妆而坐于炕上。主妇率皆下拜而享之。及时,以弓弦扣环而殒之。倘不肯殉,则群起而搯之死矣!

(四)柳条边的婚俗
柳条边离宁古塔不远,据《辞源》:

〔柳条边〕地名,在奉天吉林境,即所谓边墙也。南起凤凰城,北至开原折而西,至山海关接边城,周一千九百五十余里。又自开原威远堡而东,历吉林北界至发特哈,长六百九十余里。清初屡有蒙古寇警,插柳结绳,以定内外,故谓之柳条边。

（辰一二一页）。

杨宾父戍宁古塔，往寻之，相遇于柳条边，寓此有日，因作《柳边纪略》。其地结婚甚早，婚俗亦较内地简略，据云：

> 婚姻择门第相当者，先求年老为媒，将允，则男之母径至女家视其女，与之簪珥布帛。女家（若）无他辞，男之父乃率其子至女之姻戚家叩头。姻家（若）亦无他辞，乃率其子侄群至女家叩头。《金志》所谓男下女，礼也，女家受而不辞；辞，则犹未允也。既允之后，然后下茶请筵席，此男家事也；女家亦赔送耳。

> 结婚多在十岁内，过期则以为晚。人家往来无内外，妻妾不相避，年长者之妻呼为"嫂"，少呼为"婶子"若"弟妇"。

（五）甘肃之一妻多夫

赵翼之《簷曝杂记》有"甘省陋俗"一条云：

> 甘省多男少女，故男女之事颇阔略，兄死妻嫂，弟死妻媳，比比皆是。同姓惟同祖以下不婚，过此则不论也。有兄弟数人合娶一妻者，或轮夕而宿；或白昼有事，辄悬一裙于房门，即知回避。生子则长者与兄，以次及诸弟云。其有不能娶而望子者，则僦他人妻，立券书期限，或二年或三年，或以得子为限，过期则原夫促回，不能一日留也客。游其地者亦，僦以消旅况，立券书限。即宿其夫之家，限内客至，其夫辄避去。限外无论夫不许，即夫素与客最笃者，亦坚拒不纳。欲续好，则

更出僦价乃可。租妻之俗，不独甘肃，他处亦有。又这所谓一妻多夫，女子仍居被动地位，仍是男子中心，不过女子少，不得已的办法。然近代不知仍否如此。

（六）金川的婚俗

金川在四川西北边郡，风俗多同于西藏。李心衡《金川琐记》谓其婚姻：

> 无纳采问名礼，男女率先私合，然后婚配。男家倩喇嘛拣择吉日，通知女家。至期，两家各延喇嘛诵经礼忏。亲戚邻里，咸集女家，餍饫猪膘，吸杂酒。男家倩一人前往，如媒妁礼，女家亦请一人壶浆以迎。酌之酒，男家人长跪而后饮之，女家者端坐不动也。饮毕，群拥新妇至男家，笑言谑浪！相率跳锅装。跳毕，各侈饮啖，既醉既饱，忽如鸟兽散，而新妇亦飘然逝矣。自此往来不常，食宿无定所，迨生有子女，然后依栖夫家。

西藏的风俗，据吴麟《江源记》云，"女多男少，女之无夫者多，有夫者少，夫死后无再嫁者。"故有人谓西藏率多妻。

（七）广西土民的风俗

赵翼《簷曝杂记》云：

> 粤西土民及滇、黔、苗、猓，风俗大概皆淳朴；惟男女之事，不甚有别。春月趁墟唱歌，男女各坐一边，其歌皆男女相悦之词；其不合者，亦有歌拒之，如"你爱我我不爱你"之类。若两

相悦,则歌毕辄携手就酒棚并坐而饮,彼此各购物以定情,订期相会,——甚有酒后即潜入山洞中相昵者。其视野田草露之事,不过如内地人看戏赌钱之类,非异事也。

当墟场唱歌时,诸妇女杂坐,凡游客素不相识者,皆可与之嘲弄;甚而相偎抱,亦所不禁。并有夫妻同在墟场,夫见妻为人所调笑,不嗔而反喜者,谓妻美能使人悦也;否则或归而相诟焉。

凡男女私相结谓之拜同年,又谓之做后生,多在未嫁娶以前。谓嫁娶生子,则须作苦成家,不复可作游戏。是以其俗成婚虽早,然初婚时夫妻例不同宿。婚夕,女即拜一邻妪为干娘,与之同寝;三日内为翁姑挑水数担,即归母家。其后虽亦时至夫家,亦不同寝,恐生子则不能做后生也。

男亦出拜女同年;至念四五以后,则嬉游之性已退,愿成家室,于是夫妻始同处。以故偶多不笃,偶因反目,辄至离异。

拜同年到很像恋爱,所不好者,夫妻另有结合,同年另是同年,恋爱而不结婚,就是易于反目的原因了。赵翼自云,在镇安时,曾下令,"凡婚者不许异寝",镇民闻之皆笑,惟近城之民,有遵行者。粤俗好歌,又不独广西,李调元曾有一书专论粤歌,他的《南越笔记》也说了一些,"娶妇亲迎,婿必求数人与己年貌相若而才思敏捷者,使为伴郎,女家索拦门歌,婿或捉笔为之,或使伴郎代草,或文或不文,总以信口而成才表华美者为贵"。广东如此,不过西粤土司中尤盛耳。

(八)两粤之瑶俗

湘、粤、桂三省交界,崇山叠嶂,延亘千里,瑶种居其中,汉人莫

得入。魏祝亭《两粤瑶记》,更谓"两粤之地瑶居半",大概人数不甚少。瑶之婚俗,据《瑶俗记》云:

冬仲既望,群集狗头王庙,报赛宴会。男女杂遝,凡一切金帛珠玉,悉佩诸左右,竞相夸耀;其不尽者,贯以彩绳,而悬诸身之前后。宴毕,瑶目踞厅旁,命男女年十七八以上者分左右席地坐,竟夕唱和,歌声彻旦,率以狎媟语相赠答。男意惬,惟睨其女而歌,挑以求凰意;女悦男,则就男坐所促膝而坐;坐既并,执柯者将男若女襟带,絮其短长如相若,俾男挟女去。

三越日,女之父母,操豚蹄一簋,清酎一瓢,往婿家,使之共牢合卺。否则互易其鬐,各系其腰以归,以为聘字征。踰一再岁,衣之短长同,则敦媒以导。凡女已受聘,戴方版于顶,以发平绕其上,左右覆绣帕一,及肩,胶以黄腊膏,缀以琉璃五采珠无算。见男子不语不歌,谓其已有家也;群以板瑶目之。未字,带箭竿一,分其发盘结之,披堆花迭草巾于箭尾;途遇姣好男,歌遂作,有室者弗之和,否则赓和之。辞半以淫,两相悦,各易其衫带以归;此则箭瑶也。

瑶俗至今均无甚改变,今年(民国十五年)春,有张景良《八排探瑶记》一文,(见北京大学《国学周刊》二卷十七期,)云瑶俗:——

男女婚配,必在每年四月八日。情窦初开之男女,集于神庙前之池旁,男左女右,各不相混。王与庙祝南向立而监之,令彼男女,此歌彼答,词极秽亵。洎乎情投意合,或驰逐于山坡,或凫泅于水际,双双勾挽,胶乳胥融;入庙拜神,配偶定矣。

于是观场亲友，群为彼夫妇结茅于崖巅，使之栖宿；从此亲子异处，各自为生。不幸而别鹄离鸾，亦可续胶再醮；惟年逾耳顺，终守鳏寡，公众养之。瑶有伉俪而无家庭，故其居罕二室骈连者。

（九）荆南之苗俗

湖南贵州交界处，崇冈万叠，绵亘二百余里，中悉苗族所居。苗人的婚俗，重在"跳月"，魏祝亭《荆南苗俗记》云：

> 俗以三月三放野，又名跳月，未婚者悉盛服往野外，环山箕踞坐，男女各成列，更番歌，截竹为筒吹以和，音动山谷。女先唱以诱马郎，——马郎，苗未婚号也，——歌毕，男以次赓和，词极谑，殊有音节，听之亦冯冯移人。女心许者，会马郎歌中意以赓之。讴未毕，男遂歌，且行以就女，相距二尺许即止。女曰："歹阿里人？"男以其姓氏里居告。——苗称人及己，皆曰"歹阿里"，汉言何处也。——女起曳其臂，促膝坐。顷之歌又作，迭相唱和，极往复循环之妙，大抵道异日彼此不相弃意也。抵暮，男负女去，诘旦偕妻诣丈家，其聘赀以妍媸为赢缩，凡三等，均有定额，贫亦必取盈焉。

> 汉人贸易至其家，妇女均不避，若与其女谈，虽狎媟亦悦之，谓艳其美也；与其妻若妾交一语，则艴然怒，——盖苗性最猜忌，虑汉人诱之逸，故如此；甚则缚呈诸茫，茫，苗称尊长也。

> 处女耳饰银环，富者间以珠玉，嫁则否。夫死妻立嫁，以娶者为丧主，否则不葬。其妻死则移第至厕傍，以为旷难与人居，经续始移归故寝。

陆次云曾专有一篇《跳月记》，述苗之婚礼，曰：

　　苗人之婚礼曰跳月，——跳月者，及春月而跳舞求偶也。载阳展候，杏花柳梼，庶蛰蠕蠕，箐处穴居者，蒸然蠢动；其父母各率子女，择佳地而为跳月之会。父母群处于平原之上，子与子左，女与女右，分列于广隰之下，原之上，相谯乐。烧生兽而啖焉，——操匕，不以箸也。漉呾酒而饮焉，——吸管，不以杯也。原之下，男则椎髻当前，缠以苗帨；袄不迨腰，裤不迨膝；裤袄之际，锦带束焉。植鸡尾于髻巅，飘飘然当风而颤。执芦笙，笙六管，长二尺，盖有六律无六同者焉。女亦植鸡羽于髻如男，尺簪寸环，衫襟领袖，悉锦为缘。其锦藻绘逊中国，而古纹异致，无近态焉。联珠以为缨，珠累累扰两鬓；缀贝以为络，贝翩翩摇两肩。裙细褶如蝶版，男裤不裙，女反裙不裤，裙衫之际，亦锦带束焉。执绣笼，编竹为之，饰以绘，即彩球焉。——是妍与媸杂然于其中矣。

　　女并执笼，未歌也；原上者与之歌，而无不歌。男并执笙，未吹也；原上者与以吹，而无不吹。其歌哀艳，每尽一韵之叠，曼音以缭绕之，而笙节参差，与为缥缈而相赴。吹且歌，手则翔矣；足则扬矣；睐转肢回，首旋神荡矣！初则欲接还离，少且酣飞畅舞，交驰迅逐矣！是时也，有男近女而女去之者，有女近男而男去之者，有数女争近一男而男不知所择者，有数男竞近一女而女不知所避者，有相近复相舍相舍仍相盼者：——心许目成，笼来笙往，忽然挽结！于是妍者负妍者；媸者负媸者；媸与媸不为人负，不得已而后相负者；媸复见媸，终无所负，涕演以归，羞愧于得负者。彼负而去矣，渡涧越溪，选幽而合，解锦带而互系焉;相携以还于跳月之所。各随父母以还,而后议聘。聘以牛,牛必双;以羊,羊必偶。……

这篇文把苗人天真之恋爱,描写得真妙极了。野蛮人的婚姻,都是注重恋爱的,家庭则是一夫一妻的,和西洋人一样,这一层很可令我们反省。

(十)琼岛之黎俗

广东琼岛山中,为黎族聚居之所,张庆长《黎岐纪闻》云其风俗:

屋止一间,男女不异处,昼同饮食,夜并寝宿。黎妇多在外耕作,男夫看婴儿养牲畜而已。遇有事,妇人主之,男不敢预也。

女将嫁,面上刺花纹,涅以靛。其花或直或曲,各随其俗。盖夫家以花样与之,照样刺面上以为记,所以示有配而不二也。

男女未婚者每于春夏之交,齐集旷野间,男弹嘴琴,女弄鼻箫,交唱黎歌。有情意投合者,男女各渐进凑一处,即订耦配。——其不合者,不敢强也。——相订后各回家告知父母,男家始倩媒议婚,用牛为聘,或数头或数十头,随贫富议之。

吉日,男家送绣花桶为礼,女家亲戚凡年幼未婚者竞送钗带等物,亲送女至夫家。夫家幼女小儿,伴新妇眠二十余日,俟造屋毕,斯成亲同居焉。

女嫁之日,亲属送至外,痛哭而别,女亦痛哭如亲属,——盖海南俗类然,黎亦尚焉。黎女多外出野合,其父母亦不禁,至刺面为妇,则终身无二。尝问之黎人,其俗以既婚即不容有私,有则黎群立杀之,故无敢犯者。

妇丧夫,黎人谓之鬼婆,无复敢娶。凡外间人入娶黎婆者,皆此类也。

　　黎俗鸷悍,一语言不合,辄持弓矢标枪相向,势不可当,有妇人从中间之,即立解。

* * * *

　　中国之大,风俗不一,所以把边境及苗瑶的事,汇述于此,读者当亦以为是《妇女生活史》中所不可少的材料罢?

第九章　维新时代的妇女生活

——民国纪元前一七年到民国四年

一　概论

世人皆知近几年中国妇女的生活,比较从前,迥不相同了;不知新妇女的运动,在中国已有三十余年的历史。不过这三十余年,应当分为三个时代,由渐由渐,才有现在的状况。欧美的熏风,虽然在鸦片战后(民国前七〇年,公元一八四二),已随着《白门条约》吹进了中国,但真正维新的开始,实在在甲午战后。光绪二十年(民国前一八年,公元一八九四),中国因为朝鲜的原故,和日本打仗,中国的海陆军,给日本打得一败涂地。次年三月,李鸿章含恨忍辱,到日本订了《马关条约》二十一款,中国在国际上的地位,便一下崩陷了。这才引起国人的注意,发愤图强的声浪,弥漫了全国;这才有人想到西洋文化也有他的好处;妇女生活也才随着有改变的倾向。从这时起到辛亥革命以前,我称他为"新潮之结胎时代"。

辛亥革命以前,革命运动,进行甚烈,妇女从事运动的,到处都有。辛亥以后,民国元二年时,妇女从军的踊跃和参政运动之激烈,表面看去,似乎是女权运动光荣的一页,实际说来,当时对于新潮,尚没有深切的了解,不过静久思动,一种时势使然,所以我称他为"新潮之蠢动时代"。

自从民国五年一月,陈独秀在《新青年》杂志上,发表了一篇《一九一六年》,他正式主张青年女子要从被征服的地位起来居于征服地位,他正式倡言儒者三纲说之当打破,真正女性革命的燎原运动,这才有了星星之火。后来《新青年》上,接二连三地讨论女子问题,火势越烧越烈,等到民国八年,五四运动,好像开花弹一样,砰的一声,炸遍全国,妇女解放运动,也就在这当儿,传遍了中国。从那时起,经了多少研究,多少实验,中国妇女生活,才有现在这个样子。回想陈独秀做那篇《一九一六年》时,到现在已有十年了。这十年中,我称他为"新潮之诞生时代"。

我把"结胎"和"蠢动"两个时代,总起来称"维新时代",便是这一章所要说的。"新潮之诞生时代",别目之为"近代的妇女生活",是下一章说的。

二 新潮之结胎时代

A 第一期——戊戌以前

甲午以后,戊戌以前,关于妇女生活,有两个运动:一是不缠足的运动,一是兴女学的运动。这两事在从前不是没有的,不过这时才成一种运动,才惹起多数人的注意。原来在道光二十二年(民国前九

○)订下《白门条约》,开了五口、通商以后,外国人在中国传教办学,便甚积极,那时已有教会办的女塾,对于缠足,也已有所讥诮了。

(一)不缠足的运动

光绪八年(民国前三○),康有为在广东谋创不缠足会,未成,后其弟广仁——戊戌六君子之一,——卒为成之。上海之有不缠足会,还是甲午以后的事。光绪二十三年丁酉(民国前一五),梁启超《变法通论》"论女学"章末有云:

> ……不宁惟是,彼方毁人肢体,溃人血肉,一以人为废疾,一以人为刑僇,以快其一己之耳目玩好,而安知有学?而安能使人从事于学?是故缠足一日不变,则女学一日不立。嗟夫!国家定鼎之始,下令薙发,率土底定。顺治末叶,悬禁缠足,而积习未久,积习依然。一王之力,不改群盲之心;强男之头,不如弱女之足。遂留此谬种,孳乳流衍,日盛一日,内违圣明之制,外遗异族之笑;显罹楚毒之苦,阴贻种族之伤。呜呼!岂苍苍者天,故厄我四万万生灵,而留此孽业以为之窒欤?抑亦治天下者未或厝意于是也?

那时提倡不缠足,真是一件难事,因为习惯成自然,那时大脚姑娘之嫁不掉,就同现在缠足女子底没人娶一样。所以不得没有不缠足的同盟。同年,梁启超拟一《试办不缠足会简明章程》,第一条立会大意即云:

> 此会之设,原为缠足之风,本非人情所乐,徒以习俗既久,苟不如此,即难以择婚,故特创此会,使会中同志,可以互通婚

姻,无所顾虑,庶几流风渐广,革此浇风。

入会有五条重要的规订:

  一、凡入会人所生女子,不得缠足。

  二、凡入会人所生男子,不得娶缠足之女。(此指入会后所生男而言。若会前年已长大,无不缠足之女可娶,或入会人尚少,择配不易相当,则不在此例。)

  三、凡入会人所生女子,其已经缠足者,如在八岁以下,须一律放解,如在九岁以上不能放解者,须于会籍报明,方准其与会中人婚娶。

  四、凡入会者书其姓名年岁籍贯居寓仕履,及妻之姓,子女之名,(凡未定婚者皆报名,已定婚者无容报名。)以备刊登会籍之用。

  五、凡入会后所生子女,当随时陆续报名,以备续刊会籍。

当时虽有人深知缠足的不好,但顾忌出嫁的困难而不得不缠足的情形,于此可见。既有了不缠足会,就比较好些了。是年在上海设不缠足总会,借《时务报》馆开办,入会报名后,即由该馆赠《劝女学歌》一本,便是入会的凭据。不缠足运动不过是维新运动的前驱,维新运动的最后目的,实在是兴女学。

(二)兴女学的运动

在说中国人自己底兴女学运动以先,应说一说西洋人在中国办女学的情形。虽然道光二十二年以后,中国就有了西洋人办的女塾,但规模都不甚大。据考查所得,长江一带,最早的女塾,应推

第九章　维新时代的妇女生活

光绪十年（民国前二八，公元一八八四）美以美会在镇江宝盖山上办的那一座了。

西洋人到中国来办学，实在只抱个传教目的，文化的提倡，是谈不到的。所以他们的办法，总迎合中国人的心理，明明他们是讲究自由的，但中国风俗不重自由，他们办的女塾，也就压制起来了；宁可他们讥诮缠足之丑陋，但是等到中国人自己倡导天足的时候，他才来帮忙不缠足运动。我们看一看镇江女塾的章程，便知道当时西洋人的办学，是怎样迎合中国人的心理了。章程是：

一、本塾专教女生，无论年齿大小，只须愿守塾规，皆可来学；但幼学之功最切，年小较宜。

一、女生来塾肄业，皆须觅有妥保，填写关书作押为据。

一、住塾女生就近有无亲友照料，父母外，指定何人来领，皆须填明关书。如非指定来领之人，只可入塾探望，不得擅将该生领出。

一、本塾每日八点钟进塾，十一点半钟放饭；一点钟进塾，四点钟放学；暇时备有玩具，俾各散心，惟不准出大门以及门前观望等情。每礼拜六日放学，做一切杂事，以及学习针黹。每礼拜日进堂听道，读圣日课。每年散学二次，一为歇暑，约两月；一为年底，约半月；可将学生领归，开学时再行到塾。

一、塾中各项课程，由教习随时酌派班次，每日按定时刻学习。

一、平时不宜轻易作辍，如家中果有正事，须由该生父母，或曾经指定来领之人领去，并订定假期，不得踰限；寻常小事，概不给假。

一、住馆学生每日一粥两饭,每饭一荤一素,衣服自洗。

一、西书纸簿笔墨水等物,均由塾代买,收回价值。

一、学生衣衫,皆当洁净;褂裤略须多备,以备勤于更换;白手巾至少三条。塾中所用衣物,皆须各做记认,以免彼此淆乱;惟家伙木器,不可携来。

一、西国通例,塾中功课皆分年派定,读全考全,给以文凭。

一、西学课程,按照十二年之期分列于下,学生果具兼人之量,由教习核定,并读两班,或升班时越过一班。其质故不佳,考课时分数在六分以下者,不得随班上升,仍随后班从头读起。

这个章程,看来多么守旧,但当时中国人自己还未办女学,连这个还没有哩。光绪十八年(民国前二〇),上海方设有中西女塾,塾址在英租界三马路泥浜城慕尔堂西首,创办者为海哥女士(Miss Laura Haygood),办法和镇江女塾仿佛。甲午战后,西洋人办的女塾自然更多了。(参观林乐知著、任保罗译《五大洲女俗通考》第十集,一九〇三年广学会出版。)这时才有许多中国人高呼"兴女学"。

光绪二十三年梁启超《变法通议》"兴论女学"章有云:

> 居今日之中国,而与人言妇学,闻者必曰:"天下之事其更急于是者不知凡几;百举未兴而汲汲论此,非知本之言也。"——然吾推极天下积弱之本,则必自妇人不学始!请备陈其义以告天下:

他下面一共有四层理由。第一义论分利之害。有云:

第九章 维新时代的妇女生活

> ……中国即以男子而论,分利之人,将及生利之半,自公理家视之,已不可为国矣。况女子二万万全属分利,而无一生利者。惟其不能自养而待养于他人也,故男子以犬马奴隶畜之,于是妇人极苦;惟妇人待养,而男子不能不养之也,故终岁勤动之所入,不足以赡其妻孥,于是男子亦极苦。……等是人也,何以或有业或无业,盖凡天下任取一业,则必有此业中所以然之理,及其所当行之事,非经学问不能达也。……故曰国何以强?民富斯国强矣。民何以富?使人人足以自养而不必以一人养数人,斯民富矣。

这是当时一个最强有力的见解。这个见解,即是要以女子教育作女子经济独立的手段;而女子之经济独立,目的又在富国富民。——比较后来人所谈女子经济独立,意义较狭。第二义论无才之累,有云:

> 人有恒言曰,"妇人无才即是德",此夐言也。世之瞀儒执此言也,务欲令天下女子,不识一字,不读一书,然后为贤淑之正宗,此实祸天下之道也。……夫妇人岂性恶耶?群块然未经教化之躯壳若干具,而键之于一室,欲其能相处焉,不可得也。彼妇人之累男子也,其不能自养,而仰人之给其求也,是犹累其形骸也;若夫家庭之间,终日不安,入室则愀,静居斯叹,此其损人灵魂,短人志气,有非可以常率推者。故虽有豪杰俶傥之士,若终日引而置之床笫筐箧之侧,更历数岁,则必志量局琐,才气消磨。若是乎妇人之果为鸩而不可近也!夫与其饮鸩而甘之,则盍于疗鸩之术,少留意矣!

这一个意见,是要以女学造就良妻的。中国良妻贤母的妇人观,老实说,到这时才有哩!从前只有"慈母",哪有"贤母"?有一二贤母,如欧母陶母之类,那也是入圣超凡,非一般妇女所可望其项背;试问不学无识的女子,怎么能画荻,怎么能和丸?从前"良妻"的含义,哪有后世"良妻"含义的丰富?中国从前妇女的标准,只要她做一个驯服的好媳妇,并不想要她做一个知情识义的贤妻!梁启超兴女学的第三义,痛论母教,便是以兴女学为造就良母底目的了。他说:

> 西人分教学童之事为百课,而由母教者,居七十焉。孩提之童,母亲于父,其性情嗜好,惟妇人能因势而利导之;以故母教善者,其子之成立也易,不善者其子之成立也难。……故治天下之大本二,曰正人心,广人才;而二者之本,必自蒙养始;蒙养之本,必自母教始;母教之本,必自妇学始:——故妇学实天下存亡强弱之大原也。

兴女学的第四义,便是胎教,也是贤母条件之一,有云:

> ……今之前识之士忧天下者,则有三大事,曰保国,曰保种,曰保教。国乌乎保?必使其国强,而后能保也。种乌乎保?必使其种进,而后能保也。进诈而为忠,进私而为公,进涣而为群,进愚而为智,进野而为文,此其道也。教男子居其半,教妇人居其半,而男子之半,其导原亦出于妇人,故妇学为保种之权舆也。……

就此四义说来,梁启超兴女学底最后目的,不外乎强国保种,达到

此目的底要求,便是女子之经济独立,与其能为良妻贤母。综其意见,又见于同年所作《倡设女学堂启》:

> 上可相夫,下可教子,近可宜家,远可善种;妇道既昌,千室良善,岂不然哉,岂不然哉!是以三百五篇之训,懃懃于母仪;七十后学之记,腾腾于胎教。宫中宗室,古经厘其规网;德言容功,昏义程其课目。必待傅姆阳秋之贤,伯姬言告师氏,《周南》之歌淑女,圣人之教男女,平等施教,劝学匪有歧矣。去圣弥远,古义浸坠,勿道学问,惟议酒食。等此同类之体,智男而愚妇;犹是天伦之爱,戚子而膜女。悠悠千年,芸芸亿室,曾不一事生人之乐,一被古圣之教。宁惟不业不教而已,且又戕其支体,蔀其耳目,黜其聪慧,绝其学业。闺闼禁锢,例俗束缚;惰若游民,顽若土番。呜呼!聚二万万之游民土番,国几何而不蔽也。
>
> 泰西女学,骈阗都鄙;业医课蒙,专于女师。虽在绝域之俗,邈若先王之遗;女学之功,盛于时矣。彼士来游,悯吾窘溺,倡建义学,求我童蒙。教会所至,女塾接轨。夫他人方拯我之窘溺,而吾人乃自加其桎压,譬犹有子弗鞠,乃仰哺于邻室;有田弗芸,乃假手于比耦;匪惟先民之恫,抑亦中国之羞也。
>
> 甲午受创,渐知兴学,学校之仪,腾于朝庑,学堂之址,踵于都会。然中朝大议,不及庶媛;衿缨良规,靡逮巾帼。非日力有不逮,未遑暇此琐屑之事耶?无亦守扶阳抑阴之旧习,昧育才善种之远图耶?
>
> 同志之士,悼心斯弊,纠众程课,共襄美举,建堂海上,为

天下倡。区区一学,万不禅一,独掌堙河,吾亦知其难矣。然振二千年之颓风,拯二兆人之吁命,力虽孤微,乌可以已。

夫男女平权,美国斯盛,女学布濩,日本以强,兴国智民,靡不始此。三代女学之盛,宁必逊于美日哉?遗制绵绵,流风未沫;复前代之遗规,采泰西之美制,仪先圣之明训,急保种之远谋。海内魁桀,岂无恫游民土番之害者欤?傀傀窶溺,宁忍张目坐视而不一援手欤?仁而种族,私而孙子,其亦仁人之所乐为有事者也。天下兴亡,匹夫有责,昌而明之,推而广之,鸣呼,是在吾党也已。

"复前代之遗规,采泰西之美制,仪先圣之明训",可以看出当时女学的办法;"急保种之远谋",可以看出他的宗旨。在这启里并可看出当时的情形。"建堂海上,为天下倡",中国自办女学,最早便在上海了,那是光绪二十三年丁酉,是戊戌的前一年。戊戌六君子中,康广仁创办女学堂,谭复生之妻李闰,曾为中国女学会倡办董事。这都是戊戌以前轰轰烈烈倡导的事。那时兴女学与不缠足,原是相提并论的,各地闻风响应的很不少。林纾在福建,作有《闽中新乐府》,中有《兴女学》一首赞此事道:

兴女学,兴女学,群贤海上真先觉。华人轻女患识字,家常但责油盐事。夹幕重帘院落深,长年禁锢昏神智。神智昏来足又缠,生男却望全先天。父气母气本齐一,母苟蠢顽灵气失。胎教之言人不知,儿成无怪为书痴。陶母欧母世何有,千秋一二挂人口。果立女学相观摩,中西文字同切磋;学成即勿与外事,相夫教子得已多。西官以才领右职,典签多出夫人力？不似吾华爱牝鸡，内人牵掣成贪墨。华人数金便从师，师困常无在馆时；丈夫岂能课幼子，母心静细疏条理，父母恩齐教亦齐，成材容易骎骎起。母明大义念国仇，朝暮语儿怀心头。儿成便蓄报国志，四万万人同作气。女学之兴系匪轻，兴亚之事当其成。兴女学，兴女学，群贤海上真先觉。

"学成即勿与外事，相夫教子得已多"，他也认女子教育应以良妻贤母为目的；这时的一般潮流，就是这样罢。戊戌以前对于妇女的维新运动，虽然还嫌浅薄，但轰轰烈烈，也竟把受了三千年高压的妇女生活，撼动一些了。可惜不久维新失败，新妇女的萌芽，只埋在地下，等到八国联军攻破了北京，西后蒙尘受辱之后，新芽又才慢慢地茁起。

B 第二期——戊戌以后

用历史的眼光论过去的史实，本不应说幸或不幸。所以戊戌前维新之不得成功，只可溯源当时社会没有使维新成功的环境。然自另一方面言，戊戌前维新失败，不但中国政治上国体上受了莫大损失，妇女生活之转变，也实在蒙了许大的打击。戊戌前的维新运动，昙花般的消逝了！不缠足并未实行，女学也没有办成！可以代表无识女子之累的慈禧太后，又招引了拳匪之乱。光绪二十六年（民国前一二），联军占据北京，西后挟光绪以逃，一直等到次年七月，和约始成；联军又迟迟撤去。光绪二十八年十月，车驾才敢从西安迁回。那班大臣之皇皇无君，已两年多了。

西后虽心同豺虎，不念国家，经此次打击之后，内受天良之谴责，外有诸臣之奏请,表面不能不稍图改革。而民间的革命思想,纷纷四起,也是促政府革新的一个强有力的原因。革命党的小册子出的很多,关于妇女革新运动,有一本很激烈的书,便是光绪二十九年(民国前九年,公元一九〇三,)"爱自由者金一"著的《女界钟》。

(一)倡导女权的《女界钟》

《女界钟》是一本鼓吹妇女从事革命的书,可是对于男女平权的主张,具有极深到的见解;要求女子脱离奴隶的地位,去做她自己的人,这本书已有此意了。在第二节里,著者明白指出女性所以畸形之故,都是不使有才,不使读书,不使有社交,不使有正当消遣,拘束太甚的原故;他说:

> 道德智识,乃天赋此身以俱来,无男女一也。灵台之光线,无日不婉转却曲以求伸,不伸于此,必伸于彼,——是故求读书而不得,则闲情之诗,徘优之作,盲词开篇之类至矣。求入学而不得,则斋醮之事,寺观之游,布金施燔之徒众矣。求交友而不得,则相狎之伴,知情之婢,三姑六婆之交密矣。求游历而不得,则戏园之座,踏青之行,天竺落伽,借花供佛,借佛游春之思想发矣。其或拘挛成习,窒僿无知,则又徘徊灶觚,幽囚妆阁。琐琐筐篚,断断锱铢,夫家盛之以为奇节,戚族艳之以为美谈;——呜呼!吾中国女子品性如此,其亦可以见矣。(页六)

凡此种种,我们所认为女子之恶德的,都是不使她们道德智识正当发展之故。职此之由,女子遂为男子莫大的赘疣。他说:

> 中国女子习闻三从七出之谚,竞业自持,跬步不敢放纵。生平束身圭璧,别无希望,惟此却扇之夕,如登科及第,三跪九叩,望阙谢恩。以为供职录用,生平之大事毕矣。而为男子者,桑弧蓬矢,天地四方,曩者仗剑出门,曾无内顾之虑;今兹缠绵床笫,歌泣帷房,消耗国是之心,摧挫风云之气,吾读闺中少妇之诗,未尝不掩卷而三叹息也。——虽然,此其优者耳。至于劣者,贫穷起交谪,妇姑生勃谿。更其卑者,不为鲽鹣容,而作牛马走。凡此种种夫妇之恶现象劣根性,吾口不忍言而笔不忍述也。(页七)

女子一生的大事,便是出嫁,出嫁之后,"大事毕矣",却与男子以无穷之累,这是他最不赞成的。中国女子之绝大障害,他在原书第三节里略举了四种。第一是缠足,第二是装饰,第三是迷信,第四是拘束。说到缠足,他有一段极沈痛的话道:

> 从古灭种亡国,皆由于自造,而非人所能为。今吾中国吸烟缠足,男女分途,当日趋于禽门鬼道,自速其丧魄亡魂而斩绝宗嗣也!

缠足之害,在二十五年后之今日,是没有了;可是装饰迷信和拘束之害,现在尚不能免,那便是《女界钟》著者的意见,到现在都有价值。他的文章真好,议论真好,我无论怎样想替《妇女生活史》宝重篇幅,也不忍不抄他几段。他说装饰之害道:

> 骤而语中国女子服饰之当毁裂,吾言其不近人情乎?夫

欧洲女子之蜂其腰而鼓其乳,花枝缤纷于其冠,吾不知于卫生有何益,而于文明点缀有何相称也!——夫中国近年来女子衣服,宽窄宜而修短合,一旦遽从西服,吾不赞成。

如此说来,他是不赞成女子学西洋人服饰的,但中国服饰,也自有坏处:

若夫绣领四缘,璎珞垂肩,挖云镂月,花样翻新,虽关于个人经济,然而心力日力,则既耗诸无用之地矣!至于步摇条脱碧霞翡翠珊瑚玛瑙金珠奇异之工,蒸蒸日上,为女子者之宝如彝鼎,珍如球璧,酸焉而骨董,侈焉而博物:皆足以玩物丧志,借琐耗奇,夫安有余暇以攻书史谈天下事也!

而尤有甚者,则脂粉是也。

人之颜色受于天,其妍媸成乎人,不可勉强也。生焉而美耶?宋玉所谓"傅粉则太白,施朱则太赤",赤与白是丧其美者也。其丑耶?苟非如西国所谓画皮之工,中国所谓假面之具,其无以掩之矣!且铅汞之质,易伤血管,一经附着,转致黄瘦。夫不闻克林威尔之诃画工之语乎?曰"勿失吾真相",吾同胞试自问何为而失真相也。又不闻李白与汤临川之诗与曲乎?曰"秋水出芙蓉,天然去雕饰";曰"一生爱好是天然";我同胞其自爱,愿以天然二字与天赋人权同其珍贵也!

抑更有甚者,则穿耳与盘髻是也。

穿耳一事,其害较诸缠足为轻,然而径寸之肤,纤杪之孔,重坠摇曳,亦有苦痛之时。且贯耳之刑,军中之惩罚,此与约指手钏,皆为野蛮时代女子降服男子之一大确证,一大表记也；——而反以为荣耶？至于凤鬟雾鬓，乃女子所恃以为美之具，苟乱头粗服，虽同室之人亦丑之矣。然吾以为女子骄惰腐败之劣根性，皆自缠足与盘髻深造阅历而来。当其春眠不觉之时，仓卒晨兴，盥漱犹所不顾，惟此重重絷缚，精致绵密，先费数十分钟之久，然后对镜从容，颐指气使，务使波媠云委，风吹不乱，钗光鬓影，灼灼鉴人，约费二三小时；全功告竟，而半日之光阴去矣。（原书页十五，六）

他看女子盘髻是与缠足一样为害的，所以进而主张剪发。在中国最早提倡剪发的，便是《女界钟》的著者了；他说：

> 今西方志士，知识进化，截发以求卫生，吾以为女子进化，亦当〔自〕求截发始。（原书页十七）

他论迷信之害，以为迷信特别与女子为缘，因为迷信起于感情希望，而女子为感情希望出产地之故；补救的方法如何？他说：

> 吾今欲破女子之迷信，则欲反其道而因其材，以实行夫爱国与救世之心也。夫日诵哥仑布麦折伦，不如自为哥麦之为愈也；日赞孔子、基督，不如自为孔、基之为愈也；日念普门大士，湄洲圣母，不如自为大士、圣母之为愈也。杨枝甘露，洒遍大千，披发仗剑，逍遥海上；慧眼微观，众生之苦脑如此矣。善女人，善女人，竭诚与否，信道与否，其以吾此言决之。

他要女子以殉教的精神加入革命运动，这是金一著书的本意。爱国与救世,在当时是需要的,在二十五年后之今日是仍然需要的。女子真能以殉教的精神做她愿做的事,那一定有很大的成功;——金一的见解很是。说到拘束之害,金一也有极沈痛的议论;他道:

> 中国女子尊严如帝王,而卑屈不异于囚虏,堂高帘远,居恒不得望见颜色;至于权力圈限,去筐筥数十步即不敢闻问,出门半里了不辨方向,世间普通情事,说之犹多茫昧:此非其生而愚也,金闺深邃,绣阁寂寥,内言不出,外言不入,别嫌明微而智识之隔绝者多矣。……中国女界之隔绝,论者以为关于道德品性,不知道德品性之优者,伏女班昭,授经读史,交换智识,酬应无怍,未见其有害也。以卫夫人之书法,南面而授羲之;以谢道韫之理窟,仅隔青绫步障,辨难宾客为小郎解围:前史引之以为美德。夫重门深锁而足不蹐阈,求凤一曲而零露宵奔,丑行文君,乃代表劣性之一部;其于隔绝又有济乎?且从古不道德不品性之事,岂宜使女子独担恶誉。……吾见世俗女子之禁锢,仅阻遏其讲道论事,束修整带以相见而已;彼佛阁摩肩,戏园鹣坐,伴聋故哑,熟视而不以为诧,抑又何耶?夫不以文明之法待人,人乃自弃于文明之外。今者世界一新,蛮风洗荡,"皇揽揆予初度",二十世纪女权之谓也。享平等之生涯,葆千金之价值,眉英英其露爽,语侃侃而逼人,宝剑蛾眉,神龙活现;系何人?日新中国之女子!(原书页二十一,二)

这于拘束之害,说得透辟极了,所以他主张"以文明之法待人",主张社交。他在第五节又复痛论男女社交之亟应公开道:

> 方今中国女权女学之发达,有重门铁锁最不可打破之一关,则应否交友之大问题也。……吾今得断言之曰:使中国男子而如今日之奴隶鹿豕,蠢蠢无智识,则虽有交通之资格,吾犹将设更严更峻之大防,据名教以叱之。苟不然而有新道德与文明之思想,诚求交换,则吾敢以百身保其无他。彼腐儒者,固不知道德为何物,其胸中直横亘"玩好殖民"四字,欲垄断之而以为利者也。夫男女之间,同此形气,同此智识,从容论道,慷慨抵掌。上下五千年,纵横一万里,奇文共欣赏,疑义相与析;交友之益也。束带矜庄,以礼自卫,何嫌何疑? 又安有所谓隔墙花影临去秋波,不道德不名誉之称谓哉?夫名誉进德之养成,亦惟于教育上加之意而已!(原书页四二)

他极力攻击的,便是从前以女子为"玩好殖民"之对象的思想,所以他认女子为一个与男子同等的人;那末有何不可交友之理?他主张社交公开,但他也预算到初行社交时社会之必然反动,那就要女子自己努力了;他说:

> 虽然,社会之风尚,尝牵回旋转使人不自由而堕落于黑暗世界,苟有表异者则群聚而咻吠之,是故束缚于旧风气者下也;跳出于旧风气者次也;跳出旧风气复能改造新风气者上也。(原书页二十二)

他把女子分为三等,能改造风气的是第一等,只能跳出旧束缚的是第二等,还要为旧风气所束缚的是第三等。他觉得要跳出旧风气而改造新风气,顶好是游学欧美,他对于日本女子之卑弱下人是更不赞成的。

二十世纪的世界,是女权革命的时代,女子应争回她一切的权利,社交公开不过是权利之一。他在第六节说到女子应当恢复的权利,共有六种:

  一、入学之权利
  二、交友之权利
  三、营业之权利
  四、掌握财产之权利
  五、出入自由之权利
  六、婚姻自由之权利

恢复权利,当然要女子之有学识,所以他极不赞成教育之偏枯于男子;他说:

> 教育者造国民之器械也。女子与男子,各居国民之半部分,是教育当普及,吾未闻有偏枯之教育而国不受其病者也。身体亦然,其左部不仁,则右部亦随而废。教育者,又精神之库也,无精神之教育,是禁人之食谷麦而杂堆雀鼠以为粮者也。(原书页三六)

女子是应当教育的;教育女子的宗旨,他举了八条:

  一、教成高尚纯洁,完全天赋之人。
  二、教成摆脱压制,自由自在之人。

三、教成思想发达,具有男性之人。

四、教成改造风气,女界先觉之人。

五、教成体质强壮,诞育健儿之人。

六、教成德性纯粹,模范国民之人。

七、教成热心公德,悲悯众生之人。

八、教成坚贞节烈,提倡革命之人。(原书页四五)

他这教育标准,把女子看作一个有人格有个性的人,并且要她能改造社会,能诞育健儿,这种观念,比较戊戌以前那一班人的观念,锐进多了。即在二十五年后的今日,都有完全引用的价值!但他是不赞成男女同学的,男女同学他只赞成行于小学,他互举外国教育家对于男女同学正反两方的意见,然后下结论道:

> 虽然,吾于共学之问题,有可以一言解释者盖共学与否,以高等小学卒业之年限为断。夫共学之感情,有非寻常所可得而比;且其德性未成,而于学问或有时而阻害,诚不可以不别白也。

他在这一层,似乎见解有所未到;不过在那时候,女子教育还是初萌芽的时,别人对于这层,想都未曾想到,他已有所论列,便已高人一等了。

《女界钟》第七节论女子参与政治,列引西人对此正反意见,而结论曰:"总之,女子议政之问题,在今日世界已不可得而避矣!"但在满清专政之下,男子尚不能干政,何况女子,所以他又回到他作书的本意,愿女子从事革命了。他说:

> 女子亦知中国为专制君主之国乎?夫专制之国无女权,

女子所隐恫也;——然二十世纪无专制国,亦女子所饫闻也。夫议政者,固肩有监督政府与组织政府之两大责任者也。然而希监督政府而不得,则何妨退而为要求;愿组织政府而无才,则不妨先之以破坏要求而绍介,则吾男子应尽之义务也;破坏而建设,乃吾男子与女子共和之义务也。其要求也,绞以脑,卷以舌,达以笔,——脑涸舌敝笔秃而溅以泪,——泪尽而进以血,——血溢而助以剑,——剑穷而持赠以爆烈丸与低列毒炮:则破坏之事也!且吾女子其无惊,此为我同胞争权利夺自由之灵咒也。(原书页六五)

女子参政的主张,实是当时一种紧张的空气,所以后来从事革命的很多,民国成立后,又有要求参政的运动。最后他对于婚姻自由的主张,也足以代表当时思潮的一斑,他指斥旧式婚姻之荒谬道:

中国婚姻一事,吾百思而不得其解:居恒渺不相涉之人,犹可得而平视,或加以品评嘲笑,恬不为怪。(陈案,此系指陌上邂逅而言。)及至红丝一系,隐然薰硝,一旦迎面而来,则狂奔绝叫,如逢怪魔。(陈案,此系指未婚夫妇之相回避。与前相较,愈显婚前男女之毫无关系。)至于男子亲迎之夕,东阶三揖,西阶三让,拜跪起立,如环无端。宾相喃喃,疑诵番咒。一人呆立,万夫挪揄。而为女子者,红巾被面,无颜见人;不病而扶,当笑而哭,闭目入定。如是三日,洗手入厨,而羹汤之大事来矣。(原书页八〇)

以绝无关系的人,这样做作一番,便是终身伴侣,其不合理,更何待

言,他所主张的是:

> 夫婚姻交合,既由两人之契约而成,则契约之中,决不容有第三者插足之地。犹之两国密约,不能受他国之离间也;曾是夫妻之间而可以合纵连横之术处之哉?……我同胞欲实行其社会主义,必以一夫一妻为之基础。红袖添香,乌丝写韵,朝倚公园之树,夕竞自由之车;商量祖国之前途,诞育佳儿其革命。婚姻之好果,孰有逾于此者也!我瞻西方,吾眼将花,吾心醉矣。美人赠我青琅玕,何以报之?——自由平权!(原书八一,二)

社会主义并不是主张一夫一妻的,这都可见那时于各种思想,不一定有深澈的研究,也就可以倡导了。可是《女界钟》对于婚姻自由的主张,价值是不可磨灭的。

(二)女学制度之始立

光绪二十七年——《女界钟》出版之前二年,政府曾下令改书院为学堂。凡书院所在地,于省城改设高等学堂,各府及直隶州改设中学堂,各州县改设小学堂,北京又设京师大学堂;然于女子学堂,未暇顾及。可是那时私人设立的女学堂,到如雨后春笋,所在多有。(上海爱国女学就是光绪二十七年冬蔡孑民等创办的。)京外臣工条请奏办女学的,也是不一其人。光绪三十一年(民国前七,公元一九〇五),政府始设学部,奏定学堂章程,把女学归入家庭教育法。次年明定官制,始将女学列入学部职掌。光绪三十三年一月,学部拟女子师范学堂章程三十六条,女子小学章程二十六条,女子教育,才在教育系统上有了位置。女子师范章程立学总义第一节云:

> 女子师范学堂,以养成女子小学堂教习,并讲习保育幼儿方法,期于裨助家计,有益家庭教育为宗旨。

则是除造就师资外,目的还在其能有益于家庭教育,良妻贤母的教育宗旨,这时也是正式宣布了。女子师范学堂教育总要第一则云:

> 中国女德,历代崇重,凡为女为妇为母之道,征诸经典史册,先儒著述,历历可据。今教女子师范生,首宜注重于此。务时勉以贞静顺良慈淑端俭诸美德,总期不背中国向来之礼教与懿媺之风俗。其一切放纵自由之僻说,(原注:如不谨男女之辨,及自行择配或为政治上之集会演说等事。)务须严切屏除,以维风化。(原注:中国男子间有视女子太卑贱或待之失平允者,此亦一弊风,但须与男子教育中注意矫正改良之,至于女子之对父母夫婿,总以服从为主。)

要注重为女为母为妇之道,推尊三从,可谓极致。"贞静顺良慈淑端俭"八个大字,也可作各个女学的校训。这时的女学,是把二千多年来女教积垒的意见,另用一种形式重演一番,丝毫谈不到新的意义。女子师范学堂教育总要以下数则,都是那些贤母良妻的话,不必征引。而于各学科要旨一节里,指定修身科之教学道:

> 凡教修身之课本,务根据经训,并荟萃《列女传》、《女诫》、《女训》、《女孝经》、《家范》、《内训》、《闺范》、《温氏母训》、《女教经传通纂》、《教女遗规》、《女学》、《妇学》等书,及外国女子修身书之不悖中国风教者,撷其精要,融会编成,且须分

别浅深次序，附图解说，令其易于明晓。

从西汉以来女教的书，一一都要撷精取华荟萃到修身科来，定此章程时，用心亦已良苦。此项章程颁布后，内自京师，外迄各省较大都会，女子师范学堂，纷纷成立了。北京的女子师范学堂，就前门外八角琉璃井之医学馆改设。开办未久，即有一事引起学部干涉，因咨京内外女学一劄云：

> 近闻琉璃窑地方开办女学慈善会，各女学堂学生皆入其中发卖所作手工物品以助拯款，并在彼唱歌舞蹈。昨阅《北京女报》所载该会广告，且有招集马戏之事。查助款拯灾，事关善举，原宜俯顺舆情。其发卖手工物品一节，比之古贤媛典簪珥卖书画以助拯者，义无多让。惟在会唱歌舞蹈，累日经旬，则于中国礼俗，实相违异；且于学堂功课，旷废必多。若更招集马戏混迹其中。尤非本部所欲闻矣。现在女学方在萌芽，热心兴学者自应共体艰难，岂可以贻人口实之事端，致生阻碍。今本部为申明劝诫各学生：陈设手工物品以助赈需，尽可遣人送往，不必亲身到会。至于赴会唱歌舞蹈，于礼俗尤属非宜。招集马戏混迹其中，更非敬重学生之道。京师为首善之区，各女学生，自必服习诗书，饫闻礼义。本部以全国学堂为己任，惟有责成各学堂创办人员，传知各女学生，共喻本部敬重女学生之深意，保全女学堂之苦心。……此劄。

这件事在二十年后之今日，看来多么平淡，那时竟小题大做，至于如此,亦是一件趣事。

(三)女权思想之反动

《女界钟》一类鼓吹女权的思想,在当时蓬蓬勃勃,很惹注意。一班卫道先生,便起而反对,像学部之以贤母良妻为教育宗旨,反不算十分守旧了,方言学堂有伦理讲义一种,从序中看出是陈曾寿所著,他那讲义后面有一节痛骂倡导女权的人,道:

> 有贱丈夫焉,昧乎男子治外之大义,自弃其天职,昌言女权;充其类必使女子治外而后已。举重远之任而付之于虑近恩胜之人;不知其可而为之则不智。以孱弱之族而托之以艰大宏济之事;教猱升木而不顾其后则不仁。自不能尽其保卫生人之义务而反欲求庇于妇人之手则无耻。充斯道也,男子弃其治外之天职,而国事废;女子荒其治内之天职,而家道亦废。刚柔失德而人道乖,内外易位而礼义坏。天地闭塞,纲纪变乱;在坤之初六,履霜坚冰,至上六,实以龙战于野,其血元黄应之。虑深察微,明哲宏远之君子,乌可不战惧哉?

这种思想,不独在那时,现在都还不免,是值得注意的。无论那一个时代,新思潮发生时,总有一派守旧者出而反抗,转是那调和派可以得势。像学部奏定的女学章程,都是调和派的思想结果了。社会上也尽多这样的人。顺德赖振襄光绪三十年时曾刻《劝女学集证》一书,据其自序,光绪二十二年曾倡不缠足会,二十八年又在其乡倡女学会,但这人思想就很腐败,他的书,不过尽录前人之嘉言懿行,与学部女子师范修身课之指定,到能符合。又有他刻的训俗用的《女学四五言合编》,里面都是些崇孝道、敬丈夫、贵内助、尚专一的话,但他口口声声以倡女学为己任,当时还自命是时代人物哩。

宣统二年(民国前二年)时,北京益森公司石印一种《女子家庭模范》,亦是通俗用的,说是镇国公夫人苏完瓜尔佳籛年辑著,那也是重演旧女教的东西,可是还很受欢迎哩。附录有"阃德正轨"一章云:

> 自古纲纪,有室有家。世人求妇,以育子持家为心;女子事夫,亦以育子持家为本。乃近世风俗浇漓,女视出嫁为得荣之所,衣服财力,稍有不足,动起怨心,从无知足之意。一或不遂,涕泣交集,怨态难堪。羡他人之妆奁,恨夫婿之贫困。殊不知人生富贵,由积德累仁而致;古语云:"大富由命,小富由勤。"盍思身既为妇,本宜执箕帚,操井臼,甘苦共之。试观古今王侯将相,尚有盛衰,况尔女子,若不思勤俭积德,岂能长享其福乎?女子出嫁后当尽之职分:
> 一为夫孝父母,分服其劳;
> 二劝夫重手足,以敦友爱;
> 三为夫育子女,接续宗祧;
> 四劝夫修德业,以成贤俊;
> 五为夫训儿女,光荣门户;
> 六相夫成家业,免致困穷。
> 以上六条,乃为妇者立身之要。

不但学部的规定,通俗的教本,都是守旧,看一看那时女子学堂作

文题目,就晓得那时女子教育都一般的守旧了。那时女学作文题目,大多是:(参考宣统二年刻《龙江女学文范》)

"夏后婚周姜后致中兴论"

"伏女传经班昭续史论"

"孟母乐羊妻断机论"

"女娲补天辨"

"必敬戒无违夫子义"

"脱簪珥合设银行策"

"木兰辞书后"

诸如此类,不胜枚举。即不必参观学堂内容,看那时女学楹联,也就知道他教育要义了。如龙江女学的楹联,是:

孔圣孟贤咸资母教　　伏经班史蔚为大家

又:

贤母能为保傅事　　雏娃解唱国民歌

那时的女子教育,都是这一种维新其表,守旧其实的。

(四)教会办的女塾成绩

在学部宣布女学章程之前五年,中国人自办女学,尚不甚多,外人办的女学,却已很有成绩了。美国人林乐知(Young J. Allen)所著《五大洲女俗通考》(一九〇三年译本出版)第十集中有光绪二十八年(民国前十年,公元一九〇二)教会学校女生的统计,据载:

学校等极	学校数目	学生总数	中有女生数
书院	12	1814	96
天道院	66	1315	543
高中等学堂	166	6393	3509
工艺学堂	7	191	96
医学堂及服事病院	30	251	32
小孩察物学堂	6	194	男女各半拟为九七
初等蒙学堂	未详		
总计		10158	4373

除初等蒙学堂不计外，总共有学生一万零一百五十八人，其中有女生四千三百七十三，居全体百分之四十三强，不能不算发达。

三　新潮之蠢动时代

A　第一期——辛亥以前

（一）出洋留学的女子

清廷派遣学生出洋，起源甚早，同治十一年（民国前四十年，公元一八七二）已派遣学生赴美学习；其后陆续有派人留洋的事。光绪二十七年，正式规定了留学政策。至光绪三十三年，江苏考试出洋学生，女子亦得应试，录取女生三人；女子才有官费留洋资格。不过在此以前，女子到外国留学的已大有人。《饮冰室文集》有"记江西康女士"一文，作于光绪二十二年，那时康爱德女士二十五岁，已从美国墨尔斯根大学，卒业归国。据云康女士幼孤，美国女士昊格矩挚之游美，时方九岁，当为光绪六年（民国前三十二，公元一八八〇）康女士在美时与石美玉女士同学，这两人应算留美最早的女学生了。但康有为的女儿同璧，十九岁时，孑身赴印度访其父，自作诗云："若论女士西来者，我是支那第一人，"此当指印度而言。至于到日本去的女子，因为离江浙近的原故，戊戌以后大概去的很不少。从事实际革命的女子，以此类女生为多。

（二）为革命而牺牲的女子

拳乱以后，革命运动，此仆彼继，妇女之从事实际革命者，颇不乏人。徐天啸《神州女子新史》（民二，神州书局出版）载某君笔记一则云：

庚子（光绪二十六年）仲冬，由日本西京，偕日友数人乘玄海丸返国，便途得游朝鲜及关东关外诸地。一日薄暮，将投逆旅，适一女子姿容倩雅，妆服澹素，冷月凝辉，寒山蹙翠，携一姥一仆，匆匆更望北发；余心讶之。入旅店中，见壁间题诗数首，墨痕未干，字体秀逸；其一云：

本是明珠自爱身，金炉香拥翠裘轻；为谁抛却乡关地，白雪苍茫无限程。

其二云：

明镜红颜减旧时，寒风似剪剪冰肌。伤心又是榆关路，处处风翻五色旗。（陈按：当系指外国旗采杂色而言，自非民国后之五色国旗。）

其三云：

无计能醒是国民，丝丝清泪揾红巾；甘心异族欺凌惯，可有男儿惯不平？

尚有一首，字体潦草，不能辨识。噫！此何人耶？问之逆旅主人,茫然不答。

此中所说的女子,果有其人呢?还是只存在当时革命家理想之中?仅仅据此看来,很难断定。不过辛亥以前,为革命而死的女子,的确很多。民国前十二年,拳乱起时,唐才常谋起革命于汉口,事泄被杀,女士周福贞、毛芷香、刘蕙芳亦于是时殉难。这是为革命牺牲最早的女子。民国前五年,徐锡麟在安庆枪击皖抚恩铭,事败后,清廷令各省捕治余党,徐之表姐秋瑾女士,事先与竺绍康、王金发等部署绍兴、嵊县及仙居之会党,事败后存绍兴被捕,被害于轩亭口,颇引起国人的注意。(秋瑾字璿卿,别号竞雄,浙江山阴人,慕荆轲聂政之为人,因号鉴湖女侠。十九岁时,嫁湖南王氏,生一子一女。拳匪乱后,留学日本,组织共爱会,与同志谋革命运动。归国后服务于绍兴明道女校,创设《女报》,力倡男女平权,为中国有女报之始。光绪三十三年秋被捕时,讯官逼令自书供状,秋瑾先写英文数字,讯官不解,令作汉文,乃书一"秋"字。复逼之,又增数字曰:"秋风秋雨愁杀人",后遂被害。)

宣统三年(民国前一年)春,广东起义失败,为督署兵杀者七十二人,事后复穷搜党人,吴炎娘、吴七娘二人被害。

及辛亥革命之前数日,在武昌搜获军械,阴历八月十八日捕杀党人,女党员龙韵兰亦被捕。第二天晌晚武昌便光复了。

(三)为恋爱而牺牲的女子

辛亥革命以前,除女子之从事革命外,还有一事值得叙述的,便是女子对于恋爱的试验。认自由择配为僻说,为不文明,明载于《女学章程总要》,则自由结婚一定是引起当时社会注意的一件大事。中国从前不是没有恋爱故事的,就因为从前——在严峻的堤防下发生的恋爱故事,多半是不自然的幽会式的,存在中国人观念中的,遂把男女相悦这件事,认为秽亵丑怪,无形中有莫大的障害在新式恋爱的途上。你想,中国人观念中所存的男女相悦是些什么事?桑间濮上,邂逅东门,这是最早的故事了,文君的私奔,贾女的赠香,是汉晋发生的事。唐朝又有"待月西厢下"的传说。这些都是脍炙人口的。历史上发生的这类事实,极多极多,不过这几件事特别是人人都有印象的。读者,你说后人以为这类事是好呢?坏呢?"男女相悦,总不免于私通",这便是后人共同的意见了罢!可是,私通如果不道德,这种不道德正是过度的防闲养成的呀!但是十年二十年以前几人想到这一层?妙哉《女界钟》作者之言曰,"灵台之光线,无日不婉转委曲以求伸,不伸于此,必伸于彼";为什么一个感情热烈的女子,要被人成年的关锁起来?求正当社交而不得,一有机会,便易生偷情的事。社会不独不认是自己的过错,反从而讥讪其旁,鞭笞其后,真正太不讲理了。也有那号称风流的名士,对于男女的事,能够原谅,诗歌中所载甚多。乾隆时浙江仁和即有一事:高氏女与其邻何某生了关系,父母不知,后高将嫁他姓,一日诱何某外出而自悬于梁死;何归大恸,即以其绳自缢。两家恶其越礼,不肯收殓;邑宰唐公却捐资买棺而双瘗之,——并令城中士女赋诗咏之。(《随园女弟子诗选》孙云鹤有诗。)这总算能原谅的了,但"男女相悦,总不免于私通"的观念,是一直没有完全从中国人观念中磨灭去的!戊戌以后,女权思想已很发达,像上海一类大都会,女学亦已不少,男女社交已开始了,其中发生恋爱的,自然在所不免。爱国女学即有一位学生名叫吴其德的,和上海公学学生饶辅庭(可权)有了爱情,订为婚姻。孰知将要结婚时,有人谗言吴女士有非行,婚礼遂未举行。吴见饶有贰心,又悔无以自明，遂服毒而死。她总算是为新式恋爱牺牲的第一个女子了。饶辅庭是黄花岗七十二烈士之一，据云所以舍身革命，就是报吴女士于地下的。（见《神州女子新史》续编页六七。）

B 第二期——辛亥以后

数千年专制政体的大建筑，就在宣统三年（公元一九一一）阴历八月十九那天晌晚的大炮声中，开始倾陷了，二千余年被压迫的女子，也想借这机会，翻过身来。可是春雷虽然惊醒了久经蛰伏的蛟龙，他那两眼也许因乍见闪电而迷惘的。所以女权运动，这时候并未成功，不过这一次的试验，很有他历史上的价值。

（一）从军的踊跃

革命军既占了武汉三镇，最缺少的，便是兵力，八月二十三日出示招募革命军，吴淑卿女士上书黎元洪愿投军效力。黎以军中皆男子，难以位置，婉言辞之。淑卿乃力辩男女之不应有别，并证以吾国古来军人之历史，侃侃而谈。勇气百倍。黎乃令别招女军一队，由淑卿任之，文告一布，来者数百人。（《神州女子新史》续编。）一时成立的女子军队甚多，秋瑾的学生尹锐志姊妹组织浙江女子军，率众参加杭州之战，首掷炸弹于巡抚衙门，欲得满人桂福以复师仇。辛素贞等组织女国民军及女子决死队、女子暗杀队等，当武昌城守备之任，并参加攻击南京、汉口之役。沈警音等募集女子军团于上海。此外最著名的尚有女子北伐队，女子军事团，同盟女子经武练习队等。看她们当时的宣言，就晓得她们当时是怎样不甘居男子之后了。如北伐队的宣言说：

窃思中华古国，东亚主人，乾德发扬，奇女辈出；坤灵孕育,杰女代生。是以羲帝开基,赖有妇娲之佐;武王拨乱,实资姜后之贤。此在三代以前,不乏璇闺淑媛;迄至两汉以后,且多巾帼英雄。木兰女替父从军,裙钗气壮;梁夫人助夫破敌,桴鼓声喧。可知东阁有伟人,不似窅娘纤弱;倘非南宋主和议,岂容金寇猖狂。然而古人不作,徒切怀思;时局多艰,安能坐视?溯自唐尧建极,四千年汉裔相延;痛夫满奴入关,二百载胡氛不靖。屠扬州,戮嘉定,万家之余痛未忘;严驻防,苛捐输,九世之深仇何忍。况复奸邪用事,甘取满欢;亲贵争权,丛招汉怨。此即君主立宪,公愤已深;何待商路归官,义师始起也。

故夫鄂军一怒,禹域皆归;胡运将终,袁某何济。

惟是东南半壁,光复已成;须知西北一隅,沈沦可悯。枕戈待旦,健男儿既奏宏猷;市鞍从军,众姊妹宜申义愤。不见夫法兰西牧羊少女,力却英兵;吴宫中学战美人,气吞楚国?从可知奋身不顾,小娘子无让须眉;乘盾为荣,大国民休轻脂粉。于是倾奁倒箧,大集军资。扫穴犁庭,共除虏虐。乃看革命功成,克奏罗兰伟业;待到共和局定,聊慰秋瑾幽魂。斯诚吾汉族之荣光,岂第女同胞之幸福也哉!

这篇宣言,展转抄录,人人传诵;久屈伏于腐败状况下的中国民众,好新奇的心理,使他对于女子从军,作非常热烈的惊羡和赞颂;正是自然的现象。可是一般人的赞颂,于女子本身是无丝毫裨益的。那稍为持重的人,且以为这种事近于游戏,因加以种种讥评。老实说,民国初年女权运动的失败,并非失败在女子军队之未正式成立,也不失败在参政权之没有获得,乃失败在徒惊声势,没有澈底的见解,失败在并没有减轻男子玩视的心理。如当时的女子军队,事实上就有缺点,张竹君女士——新女子的前辈,业医,梁启超在《新民丛报》上替她做过传的,——曾撰论《女子组织军队》一文,有很中肯的意见,道:

> 兵凶战危,自古垂警。……纵今日所编之女子军队,俱能挑选合格,而就生理上切实言之,比较男子,相差终远。……苟必欲勉强从事,当两军交绥之际,吾恐别项军队将不及为杀敌致果之用,且将翼卫我女子军队而不遑矣。

张竹君虽然反对女子组织军队,她却在上海做红十字会的会长。上海南市各医院,于武汉事起后,组织红十字会,即推张竹君为会长,男会员六十九人,女会员五十四人。九月三日,张竹君率第一队赴汉口,九月二十九日又续发第二队至镇江,出发后,沪人复有赤十字会第二团之组织,张善甫夫人、何蕙培夫人、孙蔼仁夫人、苏荔裳夫人、冯仰山夫人、何荣西女士、孔庆玢女士、田思平女士、江桐士女士、瞿志争女士等,又发起赤十字会第二团女子协会以助之。比起女子军队,成绩较好。

(二)参政的运动

女子军队不久即被南京临时政府的陆军部解散,惟愿尽义务的准入卫生队充当看护,并令各省以后不得招集女子新军。女子军队到了这时,如同薄冰一样,在春阳中消逝了;但参政的运动以起。当组织女子军队时,本已有人存着共和告成时进而争政权的企求;当然也有人于军队解散后,才改过方向来从事参政运动的。故如神州女界参政同盟会,便是女子北伐队所改组;女子同盟会,是同盟女子经武练习队所改组。外此还有上海女子参政同志会，女子后援会，女子共和会，男女平权维持会，女国民会等等。

当南京参议院制定《约法》时，唐群英女士等二十人上书请愿，要求在《约法》上规定男女平等的条文，大略说：

> ……兹幸神州光复，专制变为共和。政治革命既举于前，社会革命将起于后。欲弭社会革命之惨剧，必先求社会之平等；欲求社会之平等，必先求男女之平权；欲求男女之平权，非先与女子以参政权不可。……请于宪法正文之内，订明无论男女一律平等，均有选举权及被选举权，或不须订明，即请于本国人民一语，申明包括男女而言，另以正式公文宣布，以为女子有参政权之证据，……

可是元年三月十一日，参议院公布了《临时约法》，其中并没有男女平等的规定。一般女权运动者非常愤怒，十九日，女子参政同盟会唐群英等遂上书于总统孙文，痛诋《约法》上未规定男女平等之非是，要求总统依据《约法》第五十五条提议修正。将第二章"人民"第五条"中华民国人民一律平等"之下"无种族阶级宗教之别"一语删去，或于"种族、阶级、宗教"之间添入"男女"二字。参议院议员为敷衍女子参政权运动者的面子起见，曾于三月十九日讨论女子参政请愿案，决定审查后交正式国会议决；但她们决不肯以此为满足，那天和议员们发生很剧烈的争辩。第二天，她们竟纠集了许多同志，闯入参议院，发生打碎议院玻璃窗、踢倒警卫兵的暴举。这消息传出后，全国都非常震惊，视为从古未有的奇事；便是外国也都很诧异。后来终于经总统调停，允许向参议院提议增修，才得渐渐平静下去。(章撰《中国妇女思想的发达》,见《妇女问题十讲》页二五八,九。)平静下去之后,女子参政运动,就同瀑布流于平地,打了几个漩涡后,再也不掀风鼓浪了。所以这三月二十日的参议院袭击,正暴露了维新十几年来女权运动的短处,——浅薄,无实力,不澈底!但是他的贡献,至少可以使世人知道中国女子不再像从前那样驯伏的了,这在《妇女生活史》上,实在有不可磨灭的价值。

当时又有缓进一派,为女界共和协进会,以伍廷芳夫人、张静江夫人等为领袖,主张首先创办女子法政学校及发刊《女子共和日报》为参政的预备,等到政治知识及资格已经完具之后,再实行参政。主张比较和平些,但也没有什么实力。

(三)民国初年的女子教育

民国成立后,教育宗旨和制度,都有改变,在改变之中,女子教育更新的地方比较算是很少。男女教育仍然是分立的,在国民小学里,女子应比男子多学缝纫;在女子高等小学,便有家事一科了。不过从前是只有女子师范的,现在却又有了女子中学校。女子中学生除应学男子所学各科外,应加课家事、园艺、缝纫;数学可减去三角法;手工以编物、制绣、摘棉、造花等为主;体操免课兵式。女子师范学校以造就小学校教员及蒙养园保姆为目的,其与男子师范功课不同处,与女中和男中之不同仿佛。大学是没有开女禁的,民国成立了六年,也还没有女子高等学堂。——总之,这时的女子教育,仍以贤母良妇为最高极则,不独制度的规定如此,教授的方针和材料,也都向这目标行去的。

但这时女生数目之增加,实在是共和的时势所造了,男子都剪了辫子,女子也都解了缠足,这时多数的父母,已不怕女儿不缠足之不能嫁了;可是心思曲折的母亲,总不免还要在女儿的脚上用功夫,每天早晨还是裹呀裹的,这种人也不少。

单说女生数目的增加,及其和男生的相差,据教育部第一次至第五次的教育统计图表,我们知道:

民国一年　男生 2792257,　女生 141130。

民国二年　男生 3476242,　女生 166964。

民国三年　男生 3898065,　女生 177273。

民国四年　男生 4113302,　女生 180949。

民国五年　男生 3801730,　女生 172724。

前四年男女生数目的进度,都差不多,也是可喜的现象,到了民国五年,忽然降下,那是受了洪宪帝制的影响。

这里可作一个有趣的比较,就是我们根据民国五年的女生数目,看比十五年前的女生,多了多少。十五年前,中国人自办的女学还很少,中国所有女学生,大都是教会办的女塾造就的,那时他们已经有了统计。(见前"教会办的女塾成绩"节。)那个统计,初等蒙学堂的未详,但他把高等小学算在一起,也不过四千三百七十三人,而民国五年时,专计受中国人自办底中等教育的女生,已有八千零五人,那受初等教育的,(合国民高小两等而言,)竟有十六万四千七百十九人,比起十五年前,多至四十倍以上,——这是何等可惊的数目。从这一点,我们可以断言,中华民国的人民,多数已经觉醒女子有读书的必要了。

第十章　近代的妇女生活

——民国五年到现在

新潮的诞生时代

　　新思潮的诞生，必要有他的时势，然后一经倡导，才能不知不觉地惊涛骇浪般的掀起了。那倡导者的才力，也正是时势养成的，时势不过借他的手作揭竿的运动罢了。世界上谈到中国近年新文化的，必归功于"五四"；谈到"五四"的，又必归功于《新青年杂志》；这是显然的事实，也不必——尤其是不能否认的。不过要晓得《新青年杂志》底倡导新文化，也正有他的时势，明白这个道理，便容易明白新潮之所以诞生了。

　　自光绪二十年（民国前十七年）甲午之战以后，中国妇女生活，开始变动了。一直到民国四年，实算起来，足有二十年。这二十年中，由"无才是德"的生活标准，改到"贤母良妻"的生活标准；由闺门之内的生活，改到学校读书的生活：进步不为不快。但妇女有独立人格的生活，实在是在《新青年》倡导之后。而"五四"是一个重大之关键。

A 第一期——"五四"以前（理论时代）

（一）初期的《新青年》

陈独秀开始办《青年杂志》的时候，正是袁世凯想做大皇帝的时候。承认了日本底二十一条，筹安会把君主立宪的锣鼓打得震天价响。中国人一个个给这些事弄得昏头昏脑，更不必说到青年了。陈独秀觉得身肩革新中国底责任的，总还是一般青年，所以要来改造青年的思想。第一卷第一号上，有王庸工给他的一封信，希望他于国体问题著论警告国人，他答复道："按筹安会诸人所持国体变更之理由，……均未能令人满足。……尊欲本志著论非之。则雅非所愿，盖改造青年之思想，辅导青年之修养，为本志之天职；批评时政，非其旨也。"难道他的思想，真与当时的黑暗政治无关系么？不然的。他正是黑暗政治的反动。他说："国人思想倘未有根本之觉悟，直无非难执政之理由。年来政象所趋，无一非遵守中国之法，先王之教；以保存国粹而受非难，难乎其为政府矣。欲以邻国之志警告国民耶？吾国民雅不愿与闻政治。日本之哀的美敦书曾不足以警之，何有于本志之一文？"足见他是痛心于政治，痛心于国民思想，疾首蹙额，无计可施，才转而为青年思想之改造；他之创办《新青年》，能说不是受时势所激励么？

《青年杂志》前四号，对于妇女生活，没有什么新贡献，一卷五号第一篇论文为《一九一六年》，陈独秀才正式主张女子勿自居于被征服地位，勿为他人附属品。这篇论文发表在五年一月，作此文时，正是袁世凯将要做皇帝的时候（袁以四年十二月十二日下令承认为帝），陈独秀恨极了当时的状况，所以希望民国五年时中国有

一个巨大的变化,你看他在《一九一六年》中沉痛的喊道:

> 自吾国言之,吾国人对此一九一六年尤应有特别之感情,绝伦之希望。盖吾人自有史以讫一九一五年,于政治、于社会、于道德、于学术所造之罪孽所蒙之羞辱,虽倾江汉不可浣也。当此除旧布新之际,理应从头忏悔,改过自新。一九一五年与一九一六年间,在历史上划一鸿沟之界。自开辟以讫一九一五年,皆以古代史目之,从前种种事,至一九一六年死,以后种种事,自一九一六年生。吾人首当一新其心血,以新人格、以新国家、以新社会、以新家庭、以新民族,必迫民族更新,吾人之愿始偿,吾人始有与皙族周旋之价值,吾人始有食息此大地一隅之资格。青年必怀此希望,始克称其为青年而非老年;青年而欲达此希望,必扑杀诸老年而自重其青年;——且必自杀其一九一五年之青年而自重其一九一六年之青年。

这是《新青年》作新文化运动的第一篇宣言,也就是中国近世新文化运动底第一篇文字了。你看他对于青年革新的希望是如何的强烈,然而:

1916年之青年,其思想动作果何所适从乎?

他说:

> 第一,自居征服(To Conquer)地位,勿自居被征服(Be Conquered)地位。全体人类中,男子、征服者也,女子、被征服者也;白人、征服者也,非白人、皆被服征者也。……自负为一九一六年之男女青年,势将以铁血一洗此浃髓沦肌之奇

耻大辱。

　　第二，尊重个人独立自主之人格，勿为他人之附属品。……儒者三纲之说，为一切道德政治之大原：君为臣纲，则民于君为附属品而无独立自主之人格矣；父为子纲，则子于父为附属品而无独立自主之人格矣；夫为妻纲，则妻于夫为附属品而无独立自主之人格矣。率天下之男女为臣为子为妇而不见有一独立自主之人者，三纲之说为之也。缘此而生金科玉律之道德名词，曰忠、曰孝、曰节，皆非推己及人之主人道德，而为以己属人之奴隶道德也。人间百行，皆以自我为中心，此而丧失，他何足言。奴隶道德者，即丧失此中心，一切操行皆非义由己起，附属他人以为功过者也。——自负为一九一六年之男女青年，其各奋斗以脱离此附属品之地位，以恢复独立自主之人格！

这是新文化运动的第一颗炸弹，要炸毁奴隶道德以建设新国家、新社会、新家庭、新民族。新妇女的诞生，也是这篇论文作始的。且不独妇女生活史，即在中国文化史上，这篇文也有极深的意义与价值。

　　可是民国五年，终是中国倒运的一年，帝制的风涛才息，尊孔的云雾又起。国会议宪，欲尊孔子之道为国教，这种开倒车的思想，引起全国的纠纷，陈独秀在五年十一月出版的《新青年》二卷三号上著《宪法与孔教》一篇诋斥此事。下一号上又载《孔子之道与现代生活》一篇。三纲五常的学说，虽然不是孔子发明的，但孔子之被人利用，实由于此，所以要铲除奴隶道德，非打破孔子的偶像不可，怎么还能以孔教为国教？在《孔子之道与现代生活》中，他痛斥孔子之道不宜于现代生活，其与妇女生活有关的几处道：

第十章 近代的妇女生活

现代立宪国家,无论君主共和,皆有政党。其投身政党生活者,莫不发挥个人独立信仰之精神,各行其是。子不必同于父,妻不必同于夫。律以儒家教孝教从之义,父死三年,尚不改其道;妇人从父与夫,并从其子;岂能自择其党以为左右袒耶?

妇人参政运动,亦现代文明生活之一端。律以孔教"妇人者伏于人者也","内言不出于阃","女不言外"之义,妇人参政,岂非奇谈?

西人孀居生活,或以笃念旧好,或尚独身清洁之生涯,无所谓守节也;妇人再醮,决不为社会所轻。中国礼教有"夫死不嫁"之义,男子之事二主,女子之事二夫,遂共目为失节,为奇辱。礼又于寡妇夜哭有戒,友寡妇之子有戒,国人遂以家庭名誉之故,强制其子媳孀居。——不自由之名节,至凄惨之生涯,年年岁岁,使许多年富有为之妇女,身体精神俱呈异态者,乃孔子礼教之赐也。

今日文明社会,男女交际,率以为常;论者犹以为女性温和,有以制男性粗暴,而为公私宴聚所必需;即素不相知之男女,一经主人介绍,接席并舞,不以为非。孔子之道则曰:"男女不杂座。"曰:"叔嫂不通问。"曰:"已嫁而反,兄弟弗与同席而坐,弗与同器而食。"曰:"男女非有行媒,不相知名,非受币,不交不亲。"曰:"女子出门必拥蔽其面。"——是等礼法,非独与西洋社会生活状态绝殊,又焉能行于今日之中国?

西洋妇女独立自营之生活,自律师医生以至店员女工,无不有之。而孔子之道则曰:"男女授受不亲。""男不言内,女不言外。非祭非丧,不相授器。""妇人从人者也。"是盖以夫为妇纲,为妇者当然被养于夫,不必有独立生活也。

妇于夫之父母素不相知，只有情而无义，西洋亲之与子，多不同居，其媳更无孝养翁姑之义务。而孔子之道则曰："戒之敬之，夙夜无违命。""妇顺者，顺于舅姑。""妇事舅姑，如事父母。""父母舅姑之命，勿逆勿怠。""子甚宜其妻，父母不悦出。""凡妇不命适私室不敢退，妇将有事，大小必请于舅姑。"此恶姑虐媳之悲剧，所以不绝于中国之社会也。

在这一段中，你看他所主张的多少意义——妇人参政，寡妇再嫁，社交公开，经济独立和小家庭制度，——都是孔子之道所不许，而他所努力倡导的。他又在次一号答孔昭铭的信中述他打破孔教的根本宗旨道：

儒教孔道不大破坏，中国一切政治、道德、伦理、社会风俗、学术思想均无有救治之法。

同号便有胡适之的《文学改良刍议》。说到文学革命，世人莫不归功于《新青年》，不知此事之倡议，尚较其于妇女问题为晚。下一号二卷六号出版于六年二月，有陈独秀之《文学革命论》，同时有吴虞底《家族制度为专制主义之根据论》。《新青年》诸子看得明白，以为女子问题与家族制度与社会问题有密切关系，所以同时征求女子问题的讨论。

(二)盛期的《新青年》

陶孟和在《新青年》四卷一号上(七年一月出版)作了篇《女子问题》，用其社会学者的眼光，指出欧美社会现象促女子问题成为新社会问题之原因，是由于(一)经济之发达，(二)教育职业之发达,(三)思想之发达。他使国人对于女子问题的眼光改变一个方向,要以《欧美》为前车,要国人晓得这是世界潮流,不必抗也不能抗的。他明知中国的经济职业和思想,远逊于欧美,他也知中国社会制裁下的女子无奋发策励的机会,但他以为在今日交通频繁的社会,经济职业思想底发展,极易遍布,现于欧洲昨日之社会的,今日即将现于中国的社会:欧美女子问题之将见临于中国,是没有疑惑的。他的话很不错,在八年后之今日看来,已有不少证实了。

过了四个月,《新青年》四卷五号发表了周作人译的一篇与谢野晶子底《贞操论》,认贞操不是道德,这一种新的声音,是最能震惊时人之耳的。论中重要的一点,就是以为贞操若只是女子应守的道德,便是人生的大破绽,这种失调的旧道德,我们是不能信赖的。她觉得道德应使人人能守,人人实践,如使一部分人受另一部分人虚伪压制不正不幸的苦,这决不是我们要求的新道德。但是社会现状怎样呢?她说:

> 在男子一方面既没有贞操道德自发的要求,也没有社会的强制。若在女子一方面,既然做了人妻,即使夫妇间毫无交感的爱情,只要跟着这个丈夫,便是贞妇。社会上对于女子所强要的,也便只是这种贞妇。甚至于爱情性交都已断绝,因此受着极大的苦闷,但是几十年的仍同丈夫住在一处,管理家务,抚养小孩;这样妇人,也都被称赞是个贞妇。又或爱情已经转在别人身上,只是性交除丈夫外不肯许人;这样妇人,也都被称赞是个贞妇。世间上这样的例,实在很多。

揭了旧道德的假面具,这在青年的心中,是极易燃烧发火的。然则新人的社会就绝对不要贞操么？与谢野晶子说："我对于贞操，不当他是道德，只是一种趣味，一种信仰，一种洁癖。"因为他是趣味信仰或洁癖，所以没有强迫他人底性质。人之能绝对爱他底贞操，并不是受什么道德制裁的，乃完全出于其自发，和他爱艺术爱学问一样。他又把贞操比之于财富，在自己有他时，原是极好，但是别人，或有或无都没甚关系。这种态度，实在打破了二千年的旧观，灌注到青年的心中，实发生莫大的影响。后来胡适之在五卷一号（七年七月出版）上发表一篇《贞操问题》。唐俟在五卷二号（七年八月出版）上发表只篇《我之节烈观》：根本的见解都和与谢野晶子的相同。都是从只要女子片面的守贞操这一点下手，作摧枯拉朽的工夫，中国贞操观念之荒谬，给他们指出了不少。后来曾引起蓝志先的讨论，发表在八年四月出版的《新青年》六卷四号。那时《新青年》，早已轰动海内；蓝志先主笔《国民日报》，他的文章，又先在报上发表，更引起北京人的注意：《新青年》的主张，算到成熟的时代了。不久"五四"运动发生了，新青年社所倡导的新思想，藉政治运动之助，遂不胫而走，传遍了国内。

《新青年》上建设的主张，并不在其对贞操问题的讨论，而在其能具体的指出妇女生活之谬误，并指导妇女解放的趋向。胡适之善能以具体的方法指示问题，这是他无论在文字上讲演上得操胜利的原因。《新青年》四卷六号是"易卜生专号"，就是想借易卜生戏剧底具体方法，作指示问题之助的。胡适之说明易卜生所写的家庭有四大恶德："一是自私自利；二是倚赖性、奴隶性；三是假道德、装腔做戏；四是懦怯没有胆子。"这都是中国家庭的写照。他更将易卜生戏剧里的主义，指出为中国当时底对症良药，这最容易灌入人心了。后来他自己又做一篇喜剧《终身大事》，写田亚梅要求婚姻自由未遂,便跟他的爱人逃了,实在更单纯而更有力。此稿发表时(八年三月),虽说女学生没有人敢扮田女士,所以未曾实演,然在"五四"以后,女学校演《终身大事》的倒丝毫不觉奇怪了。

"五四"以前的《新青年》,还有两篇与妇女解放极有影响的重要文字:

一是刘半农的《南归杂感》(五卷二号七年八月。)文中藉着和他夫人闲谈的口气,数说中国妇女的痛苦道:

> 世界最苦的人类,就是这班中国的女子。
>
> 那一班穷苦人家的妇女,吃朝饭,愁晚饭,他的苦恼我不忍说。
>
> 那一班富贵人家的妇女,穿短裤、穿丝袜,天天上杨庆和、老宝成办金饰,上大纶、天成剪衣料;他们自以为极乐,其实比街头的老乞妇还苦。然而我现在不愿意评论这些"描金寄生虫"!单就你们这班中等家庭的妇女说,不必愁吃,不必愁穿,每月有三五十元至一二百元的进款,可以酌量使用,也就不能算得很苦了。然而你们是人类,以人类应有的身分评判你们,你们却苦极了:
>
> 第一,你们未嫁时,父母不教你们读书;到了十岁以后,却急急要替你们攀亲了。人类是应当有知识的;你们父母却不许你们有知识。人类对于本身有自由处分之权;你们父母却要代为处分,这是养小猪的办法:起初是随便养他;养大了便糊糊涂涂的把他捉出圈去。第二,到你们出嫁以后,因为自己没有知识,所以不得不以"无才"为"德";因为不能自立,所以不得不讲"三从";因为一失欢于男子,就要饿死,所以不得不

讲"四德";不得不"贤慧",不得不做"良妻贤母"。其实所谓"无才是德",就是"人彘"的招牌;所谓"三从",就是前后换了三个豢主;所谓"四德""贤慧""良妻贤母",不过是"长期卖淫"的优等考语,和那小报上所登的"房间清洁,应酬周到","谈吐伶俐,宾主咸欢",骨底里并没有什么区别。

这种批评,深刻极了。再看他说女子终日的生活是怎样:

> 我计算你们天天所做的事:——你们早上七点钟起身,自己要梳头,要煮早饭,要上门口买菜,要料理小孩子吃饭,年纪大一点的还要替他穿好衣服,预备好书包,然后送到学校里去;这么一来,已是九点钟了。九点钟以后,要洗早饭的碗筷锅子,要出灰拣菜,(往往五个钱的鸡毛菜,十个钱的绿豆芽,要拣上一两点钟,)洗鱼切肉;不知不觉已近十一点钟了。于是连忙煮饭烧菜,直忙到十二点。吃过饭,洗过脸,约一点左右,看看有什么衣服要洗的,就用热水泡起来洗。人工洗衣,最费时间;大约一双袜子要十分钟,一件短衫要二十分钟。三五件衣服一洗,天已夜了;即使没有夜,人也倦了,总得休息休息,到六点钟,又要预备晚饭,又要洗锅涤碗。晚上要替小孩做鞋子,要修补衣服;余下工夫来,至多只能翻翻《日用杂字》用那半别不别的字,记一两笔零用账。到十点以后,是呵欠催人,快点睡罢。

中等家庭之妇女,实在这般生活的,不但那时,即今日已经解放的妇女,曾经受过高等教育的,一经结婚生子,仍然要过这般生活;所

好的,记账不至于写别字罢了,——实是苦极。但难道不曾雇有仆人吗?他说:

> 即使家中有一个小丫头,一个老妈子帮着,自己至多只能减少三分之一的忙碌;若有了个吃奶的小孩缠着,还要加忙一倍。请问忙来忙去,忙出些什么成绩来?

他觉得要改造中国的社会,拯救中国的妇女,非先打破了这个"中国妇女生活谱"不可。怎样打破呢?对于先所说的第一项弊病,应当一反其道而行之,父母对于儿女,只担负教育的责任,没有干涉婚嫁的权利和经营婚嫁的义务。对于第二项,却应当先把社会改组了才行。怎样改组呢?他说:

> 今以我们所住的一条西横街为例:街上所住的人家,大约有五十户;以平均每户有成年妇女二人计算,总数就有一百人。这一百个有用的人,现在正在那里照"谱"行事,当然是过了一世也没有什么成绩的。若能把五十人家联合起来,——
>
> (1)开设公共教养所一处,抚育全街各户五岁(照中国习惯以虚岁计)以下的儿童,约需妇女十人,(至多十五人。)
>
> (2)开设幼儿园一处,教育全街各户五岁以上,七岁以下的儿童,约需妇女五人,(至多八人。)——七岁以上的儿童,当入国民学校;国民学校应当联合了三五条街开设一处,不能混入此项计算之内。
>
> (3)开设包饭所一处,供给全街各户的饭食,约需妇女七人,(至多十人。)

（4）开设洗衣作一处，代替全街各户洗衣，约需妇女六人（至多八人。）

（5）开设成衣铺（兼修补旧衣）一处，代替全街各户料理衣服，约需妇女十人，（至多十二人。）

（6）设公共女仆四人至八人，专司全街各户的清洁卫生，兼送信购物诸琐事。

照这样计算，对于五十家人家生活上需用的妇女，不过四十二人（至多也不过六十一人）；在总数一百人里扣算，就能移出五十八个（最少也有三十九个）空人来。这五十八个人倘能悉数到社会上去做事，中国的社会事业，断断不是现在的烟鬼面目。（所谓社会事业，是指小学教员，医院看护妇，商店售品人及书记等职业；我是绝对不赞成女子参政的，我连男子参政也不赞成。）便是那在本街上做事的四十二人，也已有了职业，也已对社会上尽了个应尽的责任，脱离了"长期卖淫"的耻辱了。

他这主张，正和后来社会主义者理想中的社会组织仿佛，是一直到现在——八年后的今日，——仍然为一个理想的。理想虽未实现，种子总算已经种在青年的思想里了。

另一篇重要的文字，便是五卷三号（七年九月出版）发表的胡适之的《美国的妇人》，是在北京女子师范讲演的稿子，起首使用具体的方法说出他的意见道：

去年冬季，我的朋友陶孟和先生请我吃晚饭。席上的远客是一位美国女子，代表几家报馆去到俄国做特别调查员的。

同席的是一对英国夫妇和两对中国夫妇,我在这个"中西男女合璧"的席上,心中发生一个比较的观察。那两位中国妇人和那位英国妇人,比了那位美国女士,学问上智识上不见得有什么大区别。但我总觉得那位美国女子和他们绝不相同。我便问我自己道,他和他们不相同之处在那一点呢?依我看来,这个不同之点,在于他们的"人生观"有根本的差别。那三位夫人的"人生观",是一种"良妻贤母"的人生观。这位美国女子的,是一种"超于良妻贤母"的人生观。我在席上,估量这位女子,大概不过三十岁上下,却带着一种苍老的状态,倔强的精神。他的一言一动,似乎都表示这种"超于良妻贤母的人生观";似乎都会说道:"做一个良妻贤母,何尝不好。但我是堂堂一个人,有许多该尽的责任,有许多可做的事业。何必定须做人家的良妻贤母,才算尽我的天职,才算做我的事业呢?"这就是"超于良妻贤母"的人生观。我看这个女子单身走了几万里的路,不怕辛苦,不怕危险,要想到大乱的俄国去调查俄国革命后内乱的实在情形:——这种精神,便是那"超于良妻贤母"的人生观的一种表示;便是美国妇女精神的一种代表。

所谓"超于良妻贤母"的人生观,究竟是怎么回事呢?他又解释道:

> 这种"超于良妻贤母的人生观",换言之,便是"自立"的观念。我并不说美国的妇女个个都不屑做良妻贤母,也并不说他们个个都想去俄国调查革命情形。我但说;依我所观察,美国的妇女,无论在何等境遇,无论做何等事业,无论已嫁未嫁,大概都存一个"自立"的心。别国的妇女,大概以"良妻贤母"

289

为目的,美国的妇女大概以"自立"为目的。"自立"的意义,只是发〔展〕一个人的才性,可以不倚赖别人,自己独立生活,自己能替社会作事。中国古代传下来的心理,以为"妇人主中馈""男子治外,女子主内";妇人称丈夫为"外子",丈夫称妻子为"内助";这种区别是现代美国妇女所绝对不承认的。他们以为男女同是"人类",都该努力做一个自由独立的"人",没有什么内外的区别的。

以下他便举了许多美国妇女趋向这个目的的事实,也有几处拿中国妇女目的底错误作比例,说的极其详尽。最后他说出他对于中国妇女的希望道:

> 我们中国的姊妹们若能把这种"自立"的精神,来补助我们的"倚赖"性质,若能把那种"超于良妻贤母人生观",来补助我们的"良妻贤母"观念,定可使中国女界有一点"新鲜空气",定可使中国产出一些真能"自立"的女子。这种"自立"的精神,带有一种传染的性质。女子"自立"的精神,格外带有传染的性质。将来这种"自立"的风气,像那传染鼠疫的微生物一般,越传越远,渐渐的造成无数"自立"的男女,人人都觉得自己是堂堂地一个"人",有该尽的义务,有可做的事业。有了这些"自立"的男女,自然产生良善的社会。良善的社会决不是如今这些互相倚赖,不能"自立"的男女所能造成的。所以我说那种"自立"精神初看去似乎完全是极端的个人主义,其实是善良社会绝不可少的条件。这就是我提出这个问题的微意了。

可见他是在提倡这种"超良妻贤母"的人生观。这个"超良妻贤母"的人生观,与后来章锡琛诸人所倡导的"弗弥涅士姆"(Feminism 或译男女平权主义,或妇女主义)很有相同之处。以上两篇文章,算是《新青年》对于妇女问题建设的贡献,而胡适之这一篇,影响更大。

B 第二期——"五四"以后(新生时代)

(一)"五四"运动与妇女解放

欧战时中国经济状况发生很大的变化,各国因战事之故,不能不暂行减少或停止东方贸易,中国的实业家,便藉此作兴业运动,中国各处在那几年内添设的纱厂工厂,也不知有多少。但是手工业的失败,并不起于那个时候,自从任外国自由贸易以后,中国手工业便已失败了,人民的经济生活便已窘迫了。坐而待毙的现象,已渐渐看出。然而工业发达可使社会改变的话,尚不能使一般人明白了解,因为大多数人民的生活,虽已间接受到西洋工业发达的压迫,但他们亲身离社会工业的状况还远。到得欧战时候,资本家觉得办工厂是一件投机事业了,便办了很多工厂;穷人因为到工厂去可以免却饥寒了,亦遂投身工厂。社会状况,间接直接,发生了很大变化。举国上下,才都感到工业发达与社会的关系。我们也才都有心来接受西洋的近代文明,新文化运动就是站在这一个时势上的。

欧战初停,中国人很以为这是一个自强的机会,满望和会上得着不劳而获的胜利,谁知消息传来,竟是不祥,推源祸始,都是宵小所误,因而发生"五四"运动。一种运动的成功,须赖继续不断的努力,"五四"运动虽然是临时爆发的,如何维持下去,叫他成为有实力有意义的运动,便靠着学理的帮助了。当时遂把这政治运动,看大开来,觉得单独的解决政治问题,是解决不了的,中国的事,是各方面都生问题,经济问题、实业问题、社会问题、伦理问题……种种问题都与政治有关,蛛丝罗网,不易解决,溯本求源,还是一个文化问题。觉得立足在现代世界,非接收现代文明不可,《新青年》的主张,实在很有道理,于是"五四"运动一班青年,便竭力推扬《新青年》上的主张,打破旧伦常,吸收新文化。假使当时没有那种吸收西洋文明的时势,徒然有《新青年》上的议论,当然也是不得成功的。

"五四"运动的利器是"团体"与"宣传",没有"团体"的少数人的叫喊,是再也引不起人家注意的,而"五四"时"团体"的结合,是以新的意思结合的。新的意义是没有男女界域的,所以"五四"是促成男女社交的一个好机会。"宣传"是要有内容的,没有内容的叫喊,谁听了也不入耳。"五四"运动既以打破旧伦常,吸收新文化为目的,他们的宣传,自然极力从这方面入手。"五四"时候的出版物,几乎"无地无之",哪一省哪一县有一个学生会,哪一个学生会是都想出一个刊物的,——铅印也好,石印也好,油印也好。而各地刊物,打开来一看,除却运动消息以外,满是些"思想革命","社交公开","妇女解放","恋爱自由","教育平等"一般言论。至少在写这些言论的青年,他们的脑子,无论如何是受了这些思想的陶化了。他们在写稿时候,至少是得多看几本杂志的。《新青年》上的主张,遂不知不觉地走遍了全国。

思想这件东西,一经灌入脑里,是会作怪的。虽然世间尽有要十年百年方可实现的思想,但那切身可行的思想,是最令人跃跃欲试的。"五四"时代所倡导的思想，都是救时良药，尤其是"妇女解放"这问题，人人都感觉急切，并且又是可以"坐而言、起而行"的，所以"五四"时候，妇女就开始解放了。

有一件事不要忘记，便是经济状况的变化。中国自营的实业，原来是堆在沙滩上的宝塔，丝毫没有基础的。欧战停后，外国的经济侵略，山崩海陷般的压到我们中国，我们的旧组织再也支持不住了，妇女们再不能安安稳稳地在家里度她那寄生生活了。经济是如此的窘迫，职业是如此的艰难，生活程度是如此的增涨，一个男子要好好地养活着他的妻室儿女，不啼不号，实在不容易，妇女便不得不入社会去求职业。眼光稍远的人，遂从速让女子读书，以作职业的预备。又因为寻谋职业的原故，男子们老守家园的观念，也打破了。经济既是困难，遗产往往不足维持生活，一家兄弟，各自谋生。宗法势力，到这时候，便不待攻击也倾倒下来了。不过交通底便利，也有很大的影响。宗法观念既破，妇女的背脊上便去了一块重大的压石；这是促成妇女解放的重要时势。

(二) **教育上的解放与缺点**

"五四"后妇女解放的先声，便是教育上的解放。怎样可以提高女子的人格？非男女教育平等不可。要教育平等，便是不问男女，都受一种"人的教育"，不应把男女教育分开，男女共学的办法，宣统三年学部开中央教育会议，即订初等小学可男女同学。民国元年教部成立时，通电申明宗旨，中亦有初等小学可男女同学的话。民国四年更定高等小学男女同校者须各编学级。于此可见，"五四"以前所定小学校男女共学的办法，不过为的教育行政方面底便利，在小地方不能举办女子小学时，女生可入男校另编学级，是一种不得已的办法，断不是想要男女受同样教育的。社会上也很觉这种办法不好,所以徒有此类的规定;而小学校之真正男女同学,还是"五四"以后的事。民国九年时,男子小学校之容纳女生,女子小学校之容纳男生,几乎全国都有了。

"五四"以前,中国并没有自己办的女子高等学校。教会办的,北京有个协和女大,南京有个金陵女大,福州有个华南学校,转是中国女子受高等教育的地方。民国六年,北京女子师范开办国文教育专修科一班,次年又办手工图画专修科一班,虽然有了改建高等师范的准备,究竟还没有完全成立。"五四"是民国八年上学期的事,那年秋天,有女生王兰、奚贞、邓春兰三人,要求北京大学开放女禁,那时考期已过,只能准许旁听,审查合格允许旁听的,便一共有了九位女生。蔡孑民在燕京大学男女两校联欢会上演说,说到北京大学开女禁的情形,最滑稽了,他说:

> 从前常常有人来问:"大学几时开女禁?"我就说:"大学本来没有女禁。欧美各国大学没有不收女生的。我国教育部所定的大学规程,并没有专收男生的规定。不过以前中学毕业的女生,并不来要求,我们自然没有去招寻女生的理;要是招考期间,有女生来考,我们当然准考。考了程度适合,我们当然准入预科。从前没有禁,现在也没有开禁的事。"(《言行录》四四五,六)

他这话看来滑稽,实则可以箝教育部之口,拒反对者之标的的。不久南京高等师范也就招收女生了,北京女子高等师范,次年也完全成立。到现在,除属专门的技能职业,如交通税务之类外,全国的大学算都是男女同学了;不过还有两个专门教女子的大学。

（清华现尚无女生，听说不久要招女生了。）据中华教育改进社的调查，民国十一年度全国受高等教育的女子，除教会学校的不计外，已有六百六十五人！这就是"五四"解放的成绩。这六百六十五人的分配是：

国立的
  北京大学　　　　　　11人
  北京师范大学　　　　15人
  北京法政大学　　　　7人
  北京农业大学　　　　4人
  北京女子高师　　　　236人
  北京工业专门　　　　8人
  北京医学专门　　　　14人
  北京美术专门　　　　30人
  南京东南大学　　　　44人
  上海商科大学　　　　13人
  武昌高等师范　　　　19人
  广东高等师范　　　　13人
省立的
  天津河北大学　　　　13人
  福建厦门大学　　　　4人
  武昌外国语专　　　　7人
  广东法政专门　　　　13人
  云南东陆大学　　　　8人
私立的
  北京中国大学　　　　14人
  北京平民大学　　　　12人
  北京新华大学　　　　4人
  北京新华商专　　　　9人
  天津南开大学　　　　23人
  上海南方大学　　　　4人
  上海美术专门　　　　52人
  上海中国公学　　　　3人

江西豫章法专	6人
武昌中华大学	34人
长沙自修大学	3人
长沙达才法专	3人
长沙群治法专	12人
广州岭南大学	27人

这是十一年度的情形，现在当然更有增进了。

中国女子有正式进大学受高等教育的机会是从"五四"开始的，前面说的很明白，可是为什么又于民国九年时把北京女子师范正式改为高等师范呢？把北京女师改为女子高师，立意原在"五四"之前，那时初级女子师范毕业的学生，无处升学，所以有办女子高师的必要，可是在现在看来，——就理论说，女子须同男子受一样的人的教育；就实际说，女子高师或女子大学的规订科目，亦并无和其他大学不同之处；——高等教育，似乎没有为女子专设的必要。但是现在国立的女子大学竟有两处，不独表示女子教育的缺点，只能作女生不能入其他大学时的收容所；且适足养成女子学校学生的惰性。三千年来的思想，认女子的能力较男子的薄弱，新潮诞生快十年了，尚不能矫正这种见解，这是妇女在教育上的解放还未完成的事。

维新时代筹办的学，是以贤母良妻为目的的，所以先以女学归之家庭教育法，其后方归学部。其女子师范的宗旨，不过是"养成女子小学堂教习，并讲习保育幼儿方法，期于裨助家计，有益家庭"。民国初年，对于这个目标，承认了一半，说是"造就小学校教员及蒙养园保姆"，不说关于家庭的话了，是那时对于贤母良妻主义已有疑窦的原故。又创办女子中学，也是希望女子有受高等教育的机会，好打破贤母良妻的范围。但终不能决然说女子中等教育就完全与男子的一样,所以比男子中等学校课程多家事缝纫等科。这中间便隐然留着一个很大的漏洞,把女子教育的宗旨,弄得"扑朔迷离",不知所向了。教育女子的方针,究竟应和男子的一样呢? 不一样呢? 贤母良妻的呢? 超于贤母良妻的呢? 若说应和男子一样,为什么要多学家事缝纫等科? 若说以贤母良妻为教育标准,只学了家事缝纫便可以做贤母良妻了么? 中国的新教育,原就是科举式的,只顾经过学校阶级后,有什么资格,能混什么差事,(当教员也是一种差事。)完全不想到教育与学生生活应有什么关系。所以学校尽管办得热哄,效率依然是很小。女子教育,宗旨既然不明,便只得在旧生活的大海里,随着新潮,高一浪、低一浪的,度他飘摇无定的生涯。

今日的女子学校,完全抛弃了他的责任,他的学生,将来应否和人结婚,结婚后应否负维持家政教养子女的责任,他是一概不管的,他只按照那带着漏洞的部章,把教科书尽量向学生脑里塞去。学生生活上发生了这种重大问题时,那只好听凭她的环境去解决,只好让她自己在那新旧冲突的潮流中挣扎,学校给予她的知识,是与她无丝毫裨益的。这是个多大的缺点! 弄到现在,几乎全国的人都要承认教育对于女子不过是一种妆饰品了;受教育的女子,几乎全被斥于家庭之外了;(意思是说她们没有维持家政的能力)这是个什么结果!

高等教育,不必把女子和男子分开,却有两个大学使她和男子分开;中等教育,原是把女子和男子分开的。实际上却又没有分开的教材与教旨! 不是矛盾么?

我的意思,高等教育是造就专门人才的;专门人才有什么男女的分别? 所向的目的既相同,所用的教材又相同,即不说男女同校还有别种利益,已经应当同校了。

至于受中等教育的女子,我的意思,无论她将来是升学是谋职业,都应在与学制衔接的功课外,授以一种女性特需的教育,以别于男子。"女子治内"的思想,自然完全不适于现在社会了;但断没有谁主张把女子天赋的才能,精神的特质,和其兴味、感情、美丽一笔抹杀,而使之以男子为人生极则的。妇女主义者也绝不要求免除母性之责任、光荣和困苦的。所以女子除受人的教育外,还应有她自己应受的教育。新时代的女子,如果以为家政一类东西可以不学,似乎和从前纯以贤母良妻为目的有一样的错误罢。爱伦凯把母性的教育分为三种课程:

> 第一种课程,是国家经济学,及处理家政之本的卫生上和审美上的原理,这课程虽没有包含种种实际的练习,但把家庭科学的第一原理,教示青年女子了。
>
> 第二种课程,是卫生学,心理学,及关于教育一般具有康健状态及带病的性质的小孩的学理。
>
> 第三种课程,是青年妇女们在为母之前或为母以后生理学上及心理学上的应知的学理及人种改良学的根本原理。(《妇女十讲》页一四六)

新妇女虽然都是具"超于贤母良妻"的人生观的,但贤母良妻的知识,似乎应当知道。失却母性的女子,或不知怎样做女子的女子,说她便是能尽"超于贤母良妻"之责任的人,这一定是欺人的话,信不得的。教育家——尤其是女教育者,应当仔细想想这问题,求一个解决的办法;爱伦凯的主张,或者就有参考的价值了。

（三） 职业上的解放与其痛苦

女子之投身工厂，初不由"五四"开始，但男子学校之容纳女教师，到是"五四"以后才有的事，现在当教师这件事，已变成女子最普遍的职业。除此之外，从事商业的也有，如京、津、沪、粤以及诸大都会，往往有令女子营业的商店。女子在职业上，算已得了解放，只要有可做的事，便可被人延用，不致因"性别"不同而见外于男子了。

可是今日从事职业的女子，并不是因为她没有了从前那种在家里做主妇的责任，也不是因为她们没有小孩子要等她们去教养，而她们不能不舍身到社会来谋职业，什么原故呢？经济的压迫呀！西洋因为工业生产品价廉的原故，家庭的经济愈益缩小，家庭的劳动异常减少，从前需要妇女在家做的事，如磨谷、制麻、纺纱、织布、洗衣、漂布、酿酒、煮调肥皂、制造蜡烛、制造各种果汁，及为健康目的用的药草饮料、浸渍果实、保存食品，又制衣服、烤面包、运水、饲猪、养鸡等工作，因为工作合作的扩张，已不必妇女去做了。西洋现在家主妇所须做的，只有煮饭、打扫、教育儿童，况且即是这些职务，也因为有自来水管、煤气炉、电灯及煤气灯、中央暖气管等类，又因设立有学校、幼稚园等，家主妇的责任也大减轻。即以教养儿童论，除幼稚园等减轻她们担子外，又甚行"两儿制度"。她们现在已不必忙个不休了；有才干的，遂不愿踢躅于家庭小范围之内，因而要从事职业。至于那因经济压迫必得自谋生活的，自然更不用说，但她无论如何，比中国今日寻谋职业的女子，总还要幸福得多。

中国今日从事职业的女子怎样呢？

女教员们，一周担任二三十小时功课，回家还要带小孩子，烧饭、洗衣，晚上还要改卷子，预备功课，一有闲暇，还想打毛绳衣，做小孩鞋袜,即使雇有女仆,有许多事还是要亲自做的:这生活该有多苦!但这是平时的现象,如果又怀了孕,便不得不为生育着急了。差不多的时候,便得暂停职业,一个孩子出了世,精神衰颓了一大半,对于职业,就要发生厌倦了。所以那结过婚的女子,从事职业总是站不长久的。因为这样,便发生两种现象:(一)从事职业底未婚女子,认结婚是一件可怕的事,为衣食的原故,不得不牺牲那可爱的青春。晚之又晚,到头来往往失却了结婚的机会,感受晚婚—甚至不婚底痛苦的女子,现在中国智识阶级里多极了。(二)晚婚既痛苦,一般未婚的女子,遂不能不认职业为不愉快的事情了,于是还恢复她们的旧观念,以为只有作家主妇是她们自然的职业,很急切地要找一个有家产的男子去嫁了。如果因经济压迫,一时不得不从事职业,她觉得那种职业也不过是大海中无聊的航行,一旦得驶入结婚的港口里,她便要立刻弃去她所憎恶的职业活动的。因为如此,女子还是不能"自立"。婚姻的习惯,还是没有改进,多数解放的女子、恋爱结婚的,自以为打破了一切,谁知结婚不久,才晓得自己还没有解放,还要受男子的保护。数千年来的锁链,仍旧套在她们的项上。

何以中国女子在职业上感受如是的痛苦?那是因为我们家庭组织还是原始的形式,没有把家庭劳动弄得简单,还不能与妇女分工的情形适合之故。所以我们亟应有一个新的组织。在新的组织未曾实现以前,妇女一面未曾完全脱离家庭的枷锁,一面又作了工资的奴隶了。在两层的压迫底下,妇女的痛苦实在比男子更甚。即使如此,因为已解放的职业范围太小之故,求职业而不得的妇女日多,她们还怨苦不迭哩。新的组织是什么?刘半农《南归杂感》里已经道着一些了,在本章第八节里我们还要说到。

（四） 婚姻上的解放与其不足

"五四"以后,婚姻自由的观念,在智识阶级里似乎已经普通化了。大多数人已经觉得没有爱情的婚姻,是不道德的。可是纯粹恋爱的结合,总还只有少数人敢去尝试。男女双方,即使互相了解,有了结婚的程度,他们总还得要求家庭的同意,另外转托人来作媒,行那请庚定亲的种种手续。至于那纯粹由家庭解决的,更不用说了。这种婚姻手续,同宋代的还差不多,如:

一、请庚　父兄请人作伐,向女家介绍,女家如可同意,即将庚帖送至男家。

二、探问　请庚帖后,如能合意,则各须探问两家境况及人品;探问不足,继之以卜筮。——这一层在先由个人同意的,自然无须了。

三、定亲　探问合意,卜筮得吉,于是择吉日行定亲礼。是日男宅以首饰(名曰六礼,或以全金,或以半金,或以银币代之,亦有全不用者)及茶叶、果子、礼帖,(用"致意"及"求允"二帖)等盛诸盘中,遂至女家,女家受之,而还以礼帖(致意帖,八字帖,允帖)及喜糕等。

四、报期　定亲后如欲结婚,必先卜定吉日,复托媒人报诸女宅,名曰报日期,女宅允许,即可实行,否则仍须重选。

五、行盘　结婚前数十日或一二日,男宅必送礼物至女宅,名曰行盘。先由女宅说定所须用之首饰、衣服、礼服及银币等,男宅即于是日送往,女宅受之,并还以新郎礼帽、礼鞋及喜糕。

六、妆奁　结婚前一日,女宅所办之妆奁,必送至男宅。其妆奁之多少,亦视贫富而定,有四橱八箱的,有二橱四箱的,亦有仅用数箱的,外此则有各种台凳及各种铜器瓷器。此等器具,大都只美观而不实用。旧式女子,以此为自己荣辱所系,所以定要外表好看;即现在受教育的女子,亦不能免。女学生毕业后辛辛苦苦的去作教员,所得的收入并不供给家庭,目的只为在增置自己嫁奁的,也常见的很。

七、迎娶　结婚那一天,男宅用执事花轿或马车等至女宅迎接新妇,新郎亦于此时至女宅,名曰揖岳,是古时亲迎的意思。轿至女宅时,女宅必索银若干,名曰门包,数如不餍,则以花轿不得进门为要挟。轿入门,新妇服礼服,披红纱,令阿弟扶上轿,此时母女分别,须得痛哭,不哭则受讪笑;且有以为哭声洪大则男宅将来必富之迷信,此在受过教育的女子,真有"左右做人难"的光景。

八、结婚　结婚须择一定时,过所择时则不吉。轿回宅,新郎衣礼服,喜娘引新妇出轿,与新郎并立,连以新绿长巾,点花烛,奏乐,掌礼者喝礼,向南北各四拜,均由喜娘为之牵引,新郎新妇,无异傀儡。拜跪毕,乃由亲友执花烛送至房中,执花烛者在前,新郎新妇在后,好事者每蹒跚不前,竟有只隔数屋而行数十分钟者,藉以苦新人。既至房,同坐于床沿,继又祭祖待新人,次乃行相见礼,先父母,依次及于伯叔兄弟姊妹亲戚等。礼毕,长者有觌仪给新人,新人亦须以觌仪给幼辈。

这样仪式,还普遍的行着;比较解放的,只不过把事情变简单些,结婚一项,不用花烛拜堂等等,而改为什么"文明结婚",换戒指、立婚书等等;其余情形,大都仍旧;实在是不澈底的解放。也有那举行"宴会式"结婚仪式的,大都在外乡大都会的居多,在家庭所在的地方,是不易办到的。至于那完全自由的结婚,废止一切手续的,简直是少有。如果有这样的事,除非是脱离了家庭的关系。其实中国的婚姻制度,只受宗法组织的牵掣,宗法组织破坏时,婚姻制度自然就会改的；到比西洋受宗教牵掣的婚制，易于反抗些。

以上是说旧的婚姻仪式，近代还保存多少的，但结婚须根据爱情，并非不是多数人公认的，所以父母对于子女底婚事，已经不像从前一味固执了。因为这个原故，社会上反产生两种极端的现象：一是结婚的极难，一是结婚的极易。

那结婚极易的，往往在公园里，戏院里，会场上，或其他地方，男女偶相接近，便致相爱，不久之后，就结为婚姻，——此类事实，各地都有，大都会更多。他们自己，未尝不自以为是恋爱。但他们能于很短的时间内，努力达到其结婚目的，对手方之是否适于为配偶，当然没有考察的余地。这完全为两性的情热所驱使，如加本特所谓急于寻觅他情热的喷火口罢了；该是怎样的危险！不独自相认识的如此，即由朋友介绍，因而匆促相爱的，也是一样的粗率。不过尚易于由朋友方面知道对方的一点情形，比较自相认识的，究竟还胜一筹。

怎样是结婚极难呢？上一节说的从事职业的女子，认结婚为畏途，便是酿成"结婚难"现象的原因之一。还有那受高等教育的女子，在中国也渐有"结婚难"的现象了。本来在大学读书的，已往往耽误了她鲜艳的青春，使她在戴上学士帽时，失了从前那吸引男子的魔力；谁知大学的教育，又易于使她不自觉的养成一种高傲的观念，往往就看不起男人。她们以为男女关系是一种精神上的伴侣，一种兴趣和主见的结合，去发展人生能力的。与其不能使自己得到什么好的机遇，到不如终生从事职业，反可在经济上行动上得着自由了。

以上两种现象，——结婚的极易和极难，似乎都不是健全的社会应有的。粗率的结婚，容易结不幸的果子，是很明显的事实。结婚的极难，甚至于不婚，也是不幸的事。就人性说，男女两性，都有结婚的必要；男子无论是从事职业或受高等教育，都无害于他结婚的权利，为什么女子从事职业或受高等教育就要牺牲她结婚的权利呢？如果说女子的性欲，天然较男子为淡薄，她们可以不结婚的，试问这话有什么科学的根据？假使社会组织不同现在一样，性的道德也不同现在一样，而使女子有和男子一样的自由，试问女子性欲的表示，还像不像现在一样的淡薄？现在的表面淡薄，完全是过度压抑的结果啊。就社会说，社会的改进，全恃其中份子之身体、智慧和道德的品质之加良，这种优良的份子，是靠着优良父母的卵翼，有很好的家庭生活和很完备的教育的，受到高等教育的女子，自然是优良孩子的最好的母亲，她若牺牲了这光荣的职责，便是她对社会不能尽她底唯一的义务了。我们固然希望那受高等教育的女子，能和受过高等教育的男子一样，替社会服务，为一般可怜的人，缺乏智识道德的女同胞们，有病的儿童和青年们牺牲，但在健全的组织之下，做两三个小孩的母亲，并不至于妨害一个女子之为社会服务。自然也有那特别称为"男性的女子"的，她丝毫不感觉结婚有什么幸福，甚至她有厌憎小孩的（这已有点病像），那末我们听凭她不生育去。但是大多数受了现社会的束缚，因而以独身主义相号召的，便确是现社会的病象。这种病象，是应当设法救治的。救治的方法，除改新社会组织，使家庭不复贻累女子，或教养子女不使女子感觉痛苦外，极力使社交容易，也是中国急切的事。社交如能真正公开，真正容易，粗率结婚的毛病便可得救了；结婚困难的毛病，也可减轻不少。在美国，男女同校大学里女生结婚率，比那纯粹女子大学学生的结婚率高些，就是因为和男子交际的机会多些的原故。中国的男女社交，一直到现在都没有放手行去,仍然是扭扭捏捏的故态,这真是一件大大的缺点!

(五) 性态度之亟应改革

社交所以不解放,就是性态度未曾改革的原故。中国虽已有多数人知道结婚须有当事人爱情的,但一面仍把性的行为看得太重大,使男女两性隔离得非常之远。由于这种态度发生的弊病,比较由于社交解放发生的,不更大些么?在性行为看得太重,男女隔离得太远的环境里;男性只认女性为"玩好殖民"的对象,女性不过是男性豢养的家鸡,虽然可以任意把她去宰割,但一不经意时,可以被"鸡扒子"一把粟的引诱而变为人家底鼎鼐的!私通和奸通的故事,在过去的中国还少吗?现在中国所发生的流弊,——粗率的结婚等,——也还是从前的病根啊!二千多年前的"七岁不同席","男女授受不亲"的观念表面似乎已经物化了,但他的灵魂,还依然在中国人的心中作祟。

结婚的困难,不用说,也正是社交不解放的原故。人们之相与,没有什么绝对不能了解的,平时有人对于另一人憎恨、厌恶,断不是那一人生就有被人憎恨厌恶的性质,只不过这一人对于他不完全的知道。如果他多一分的相知,必定就多一分的了解,在这同须挣扎的人生里,必定可捐除误会而同情了。在这社会里,倘若有抱独身主义的女子,她往往只是因为得不着她理想的配偶而然的,社会上一定很可怜她,殊不知她自己原是一个瞧不起所有男子,不知道所有男子的人,她从何选择她理想的配偶?所以社交的真正解放,也能够帮助解决"结婚难"的问题,是无疑的。

我们现在切要的工作,是要能使少年少女对于异性的关系,有深切的了解,下明确的判断,最要紧的,便是使他们从早充分看惯了异性。

我们从前性的道德,是要女子独守的,男子爱别的女子不要紧,女子若爱了男子,便要罹终生的不幸,这种观念,近代还是保存在。不知已结婚的丈夫不应当把妻室死死守着的,如果那样,往往会把夫妻关系弄得索然无味。"夫妇互相容许远离而自由行动,常常把他们结在绝对的同情的索上,这样自由的天真烂漫的婚姻,却因了自由,愈成为吸引的。因为生活范围的推广,愈使婚姻生活丰富,活气增加,在某种意味成为不可破坏的。"——这是加本特在《爱的成年》里的主张,而为本间久雄极力赞颂的。"见章译《妇女问题十讲》,页四四。"浪游越远的人,越是思念他钓游的故乡。故乡底繁盛,不必能比他所游的地方为好,所以格外思念的原故,是由于他眼界宽了,心的度量大了,能见到故乡的美处的缘故。生活范围扩大——社交推广后,对于夫妻的关系,也能特别感到好处而原谅,也就是眼界放宽,度量扩大了的原故。

旧式的丈夫,对于妻室太监视了,自然谈不到解放,做妻的不但结婚以后没有自由,就当她做女时代,又何尝自由?不知自由,她的生活永远是枯燥的单调的从一的。和这种女子结婚,她只能做你一个顺从的奴隶;你和她在一块,也只能过枯燥的单调的生活。不会有活气的。但即是新式的社会——半解放的社会,由恋爱而结婚的夫妇们,多数仍不能感到自由的真味,这也是旧病的遗毒,太把妻子监视了,太不使女子有社交欲了,太看重奴隶的贞操了。

旧社会把性的片面道德看得太重要,对女性防伺得太严,又有什么好结果呢?据司法部的记载,十四年度五月至九月五个月间,司法部覆准执行死刑的人犯,其中因杀死本夫(被告者为男子)和杀死亲夫(被告者为女子)而罹死刑的,竟有百分之四十而强,(见下表)这种事实,无异宣告旧道德的破产!法律的无效!(意思是说法律没有威畏百姓使他不去犯罪的能力。)

司法部覆准执行死刑人犯统计
(据《司法公报》第十九,二十,二十一,三期。)

杀夫人数	共执死刑人数	月份
0	9	五月
19	34	六月
9	22	七月
2	7	八月
7	19	九月
37	91	共计
40.6%	100%	百分数

中国民间,向来有对于通奸男女之极不人道的惩罚,这种惩罚,往往为法律所默认,不以为罪的。但是男女通奸的事并不因此而减少,现在看来,只不过暴露人民的野蛮残忍,对于性的态度之无理罢了。例如十三年八月七日《民国日报》曾载有这样一则新闻:

> 九江日前江水急流中,突由上流漂来一方木板,上面有人。义渡局急放救生船上前捞救,近视之,则板上仰卧一活着的少年妇人。上半截裸体,下半截仅穿一单裤,手足被人用铁钉钉住,不能伸缩。两腿间放一男子之头,鲜血模糊,并树一木标,上书"救者男盗女娼"字样。救生船见其情形奇怪,遂置不理。该妇人叫曰:"请你们将我之板翻转,俾得速死。"驾救生船者亦不加询问,遂将船驶回,而以所见情形告人。众谓此必奸杀案,但也应捞起以告官厅,从严追究。后以该木板顺流

而下,救之不及,不知到底流于何处。(转录周建人《性道德的变迁》,《民铎》六卷二号,页六。)

枯守无爱情的夫妇关系,结果会闹出这样不人道的事来,谁说中国的旧道德尚有维持的价值?假使离婚是容易的,当她和别人有爱情时,她便可和丈夫离开,也不至有如此残酷或杀夫的事了。

童贞的重视。现在并没有比从前淡薄,社交之不能公然解放,与离婚的困难,这是一个重要的原因。现在的离婚,在男子是得着新生活了,在女子仍然无异于宣告了死刑,——即使她是经济能以独立的,再婚的机会总是很少。所以有许多人主张已经结婚的男子,应当原谅他的对方,竭力创造恋爱;而在女子方面,如果她的婚姻不幸,应该努力和旧社会的势力奋斗,提出离婚,好打破旧社会的陈见。这种意见是对的,我们并且更应希望,离婚的女子,都容易得着再嫁。这种女子多一个,对于性的陈见便可减少一分;这种女子不使社会认为怪诞的时候,便是性的陈见完全打破的时候!(近代已定婚约的,悔婚的非常多,大都是男子不愿意父母代定的婚姻,遇着这样情形的女子,应当极力怂恿父母和男家解约,否则无爱情的婚姻,是比暂时不嫁更苦的。)

总之,童贞的观念不打破,性的态度便不容易改变,寡妇便不容易再嫁,离婚也不容易实行,是女性不能自立的致命伤!

(六) 山额夫人之来华与制育运动

中国是著名"多子"的国家,但"贫不举子"的现象,汉代已经有了,两千年来,溺女堕胎的事,更遍行于社会。由此可见,中国虽无科学的制育方法,而人民为经济压迫的原故,已有制育的实际行为,中国人并不是天然愿意多子的。不过那拙笨的方法,往往害了母体的生命,否则即忍心害理做那残杀的事,太觉可怜罢了。所以堕胎是受法律干涉的,有心的人对于溺女也极力攻击的,汉时的王吉,南北朝的颜之推,就是这类人的代表。清末林纾作的《闽中新乐府》,也有一篇《水无情》,为"痛溺女"而作,那诗道:

> 孰道水无情,无情能作断肠声,孰道水无情,有情偏浸出胎婴。女儿原是赔钱货,安知不做门楣贺。脐上胞衣血尚殷,眼前咫尺鬼门关。阿爷心计忧盐米,苦无家业贻兄弟;再费钱财制嫁衣,诸男取妇当何时。阿娘别有皱眉事,乳汁朝朝苦累伊。床上缝鞋袜,镜上梳头发;还要将来再费钱,何如下手此时先?一条银烛酸风烈,一盆清水澄心洁;此水何曾是洗儿,七分白沫三分血。此际爷娘心始安,从今不着一些难。所恨儿无口,魂儿不向娘亲剖:"娘亦当年女子身,育娘长大伊何人?若论衣食妨兄弟,但乞生全愿食贫,——岂知聋瞆无头脑,一心只道生男好。杀女留男计自佳,也须仰首看苍昊!"

男儿是人,女儿也是人,为什么就不使她有生存的权利?但社会的偏视和经济的压迫,逼出这种现象,你就再拿苍天的威力震惊他,他亦未尝能改的。近几年来,贫困的现象,益发扩大,人民的生活,益发艰难,生命更不值钱,任黑暗社会中行那溺婴堕胎之事的,还能少吗?科学的生育节制,在中国实是急切需要的事。

近世倡导生育节制(Birth Control 或译产儿制限)最力的,是美国山额夫人(Mrs. Margaret Sanger)。夫人在一八八三年生于纽约之高宁,曾从事看护业十四年,眼见贫民家庭受子女之累,生活非常艰难,有许多人,往往因堕胎而死,所以觉到生育节制的必要。

于是出版一种小册子,名曰《叛逆妇人》(The Woman Rebel),宣传节制生育的方法,邮送到贫民窟。美国联邦政府及纽约的市政厅,都以这册子为猥亵的印刷物,控她以刑事罪,依照法律明文,寄件人及收件人,应该处以五千元的罚金和五年以内惩役的。然此事大受世人的注意,英国名人威尔士、加本特等致书美国总统威尔逊,说夫人此举,完全是道德的行为,不该与一般猥亵出版物同视。经详细调查之后,遂宣告无罪。此事的结果,实在可说美国政府已经默认了产儿制限运动。

后来山额夫人又与其妹皮尔恩夫人(Mrs. E. Ayrne)共同在纽约贫民窟设立产儿制限讲授所,又被捕入狱。皮尔恩夫人在狱中绝食,因此惹起纽约市妇人非常的同情,集合许多同志从事于请愿的运动。再派特别委员调查,又宣告无罪。自此以后,产儿制限一事遂大为世人所注意。夫人主持的产儿制限会,已有二十余所,并刊一种杂志,名《产儿制限评论》。欧洲各国也纷纷办有产儿制限讲授所。

民国十一年七月,将要在伦敦开国际产儿制限大会,她去赴会,绕道东方。这年三月,她就从美国到日本,日本政府禁止上岸,后来强制她不许宣传方法。四月中旬,遂由日本来中国。

夫人到北京后,应北京大学之请,讲演《产儿制限的什么与怎样》,由胡适之翻译,当时听讲的十分拥挤;讲稿传出后,更是轰动一时,认为是甘霖玉露的也有,认为是奇谈趣语的也有。但是中国社会弥漫着的"性"的玄秘的空气,总算她第一个来打破的!中国从前何尝有人把"性交"的事拿在大庭广众中演讲的哩?她这一次的演讲,除下了生育节制的种子外,还创始了一种好的态度,使中国人知道"性"的事情,原来还是值得用科学方法去讨论的啊!

生育节制的原理,就是阻止精虫与卵子之结合而避免受孕的,方法虽然微细,目的却远在人种的大问题上。英国著名经济学者马尔塞斯说,世界人类如像目前这样繁殖下去,每二十五年,人口须增加一倍,这种增加是几何级数的;但世界生产的增加,即使有很大的努力,也只能是等差级数的;所以人种简直有绝灭的危险。用种种方法来限制人口增加的,是为"马尔塞斯主义"。后来"新马尔塞斯主义"主张用科学的避妊法来代替别种不近情的限制人口办法,"生育节制"（Birth Control）遂大为世人所注意,所以又有人称之为"产儿制限"。

今日中国,到处有人满之患,产儿制限尤为切要。山额夫人来华之后,北京和上海,都有人组织研究节育的团体,可是不久之后,都销声匿迹了;这是很可惜的。固然现在所用方法,尚未能完全便利,但继续倡导与研究,是必需的。固然山额夫人也曾劝我们贫民病人和下级社会下手,但宣传此事于贫民病人和下级社会的,总还靠知识阶级的青年男女。

生育节制的利益,即舍开限制人口会使国家富强、社会健全而论,尚有种种切身的好处:

一、生育节制能使母亲生她愿意生的孩子,她身体不好或操劳过度时便可不生孩子,减少了她多少的痛苦。

二、生育节制能保存丈夫对于她的爱好,妇人生育的间隔时期较长,夫妇幸福的生活便多些,爱情更浓些。

三、因为贫穷无知的原故,有许多小孩不能得健全的养育,幸而长大,也只能做一个苦力,或自儿童时起,即须做自食其力的事,做一个愚民,一生没有幸福的日子。

四、生育节制可以免遗传病从父母传到子孙。

五、因为有这方法,青年不妨较早结婚,待他们经济足以维持时再生育小孩,可以免除卖淫和他种不正当的性交。

六、生育节制可免子女众多之累,使家庭成为平安和谐的家庭,使男女有自由发展的机会。

……

以上所说的利益,对于女子终身的幸福是尤其重大的,所以制育的事,女子实在应当居主动的地位。最好是妇女们自己研究、自己主张、自己实行、自己互相传告。虽不必把生育节制的方法彰明的列为妇女功课之一,(但欧美已有很多的讲授所了,我们即认之为妇女教育的一种功课,又有什么不可?)受教育的妇女们,似乎都应以没有制育的知识为可耻!更进一步说,在今日的中国,至少至少,须要有一位像山额夫人这样的女子,苦口婆心,以殉道的精神,为同胞妇女谋幸福的!

无限人口的增殖,是最大的罪恶,我们知道的:无后为大的观念,是宗法的产物,实际已不存在的;那末制育运动,还有什么顾忌呢?从前上海和北京两处的制育研究会,是男子做主动的,虽然失败亦已不值回顾,将来应该有妇女做主动的组织的。

(七)参政运动与其理论

女子参政运动难道民国初年失败后从此就应烟销火灭了么?不然的。"五四"以后,女子既有了受高等教育的机会,顿时女界中好像产生了一些人才,她们对于这事,自然是秣马厉兵,跃跃欲试。民国十年以后,政权分崩的现象,渐渐显现,联省自治的呼声很高,国人都想用良好的政治来解决国是。所以一班学者,高唱其好政府主义。这空气传染到大学里边的女生，她们便觉得她们应当舒展起来的机会到了，所以第二次的参政运动以起。

十一年暑假的时候，北京中国大学女生万璞及法政专门女生周桓、石淑卿等，联络女子高等师范学生同发起参政运动。七月二十五日开筹备会于法政专门学校。既而意见不投，分裂为二：万、周等组织女子参政协进会，女高师诸人组织女权运动同盟会。

这一次的参政运动，是与民国初年不同的，那时采用了"武"的方法，这时却是"文"的。可是参政协进会开成立会时，竟遭警察的干涉，不得已遂改为讲演会。拟在国会正式开会之后，为女子参与全国政治的要求。宣言上说她们底目的是：

一、推翻专为男子而设的宪法，以求女权的保障。
二、打破专以男嗣为限的袭产权，以求经济独立。
三、打破专治家政的教育制度，以求知识的平等。

细心看去，前两项到是在法律上应当争得的，第三项却真不必，民国成立后的教育制度，就没有不平等的规定，女学校如果有与男学校不平等的训练，那是思想作祟，不是制度作祟的。且慢批评，再说她们的方法，旗帜甚是鲜明，就是：要求女子的参政权！

女权运动会的目的，较参政协进为大。她们在八月十三日开茶话会招待新闻界和学界，很得他们底赞助。二十三日开成立大会，其后陆续举行几次公开讲演，刊女权运动特号，会员说有三百人。她们的宣言有七条纲领，是：

一、全国教育机关一概为妇女开放。

二、女子与男子平等的享有宪法上人民应享的权利。

三、私法上的夫妻关系,亲子关系,承继权,财产权,行为权等,一依男女平等的原则,大加修正。

四、制定男女平等的婚姻法。

五、刑法上加入"同意年龄"及"纳妾者以重婚罪论"的规定。

六、禁止公娼,禁止买卖婢女,禁止妇女缠足。

七、依"同工同酬"及"保护母性"的原则,制定保护女工法。

中国男女在法律上所享权利向来是不平等的。女子的行为,在法律上应受限制,《民律草案》第九条云:"达于成年,兼有识别力者,有行为能力,但妻子不在此限。"又同律第六第七条,"不属于日常家事之行为须经夫允许"。则夫妻之间,妻在法律上是不独立的。至于继承权,女子的希望更少,有亲子的自不消说,没有亲子的,财产应由嗣子承继。如无亲子,又无嗣子,其财产由一种规定的次序定应承受遗产的人,即:

(1)夫或妻(2)直系尊属(3)亲兄弟(4)家长(5)亲女(《民律》第一四六八条)。亲女的地位,在承继遗产上面是如此低的,所以简直少有袭产的希望。离婚问题,在法律上男女也不平等。纳妾的事,是法律上承认的。"同意年龄",中国刑法上并无规定,不过如有与十岁以下幼女通奸的事,我们通常总认为是强奸的,"同意年龄"(age of consent)意即青年女子未达法定年龄时,如有与男子通奸情事,无论如何,应认为男子诱惑,不当认为女子已表同意,男子须受刑法的处分。中国的"同意年龄"既无规定,完全靠人情以维持,便不能给幼年女子以充分的保障。人口贩卖与娼妓营业,不只蔑视女子人格,并且违背人道,然各国法律,对此二事都无澈底殄除的决心与办法。女子职业,在中国尚无绝对的自由,选业的范围很狭,渐有不足支持的现象。即使有与男子同样的工作,其酬劳也难同样,而生育子女,尤无适当的保护,——由于以上种种不平等的待遇,所以女子有要求参政的必要。因为男子纵然不尽是自私自利的,有些地方,不是忽略了,便是遗忘了,原谅了,要专靠男子来齐平男女的权利,那不知要等到什么时候了:这就是参政运动根据。参政运动不过是一种手段,他的意思就是女权运动。

女子参政实行后,女权可以伸张,那时对社会,对国家,对她们自己,以至于对男子,对世界,有什么影响呢? 我们看:

一、女子参政对于女子思想上的影响　选举制度有一种政治教育作用,女子得选举权后,对于种种政治问题,应比从前留意,于是她的眼界可以扩大,她的智识可以增加,她的判断力可以较前敏捷。

二、女子参政对于家庭生活的影响　反对女权的人,以为女子参政后,家庭生活必大受影响,不知女子如不以政客自任,则执行选权,事亦至简,不必妨及家庭职务。又有人疑夫妻如政见冲突,易生离异;不知男女若都有政治思想,结婚时彼此思想必多一致,思想一致,夫妇关系,转可随之巩固。

三、女子参政对于女子生活的影响　参政后,女子职业的范围较前扩大,如司法行政各种官吏,女子都可充任,女子求生,较前容易。"同工同酬"的原则,这时也有些工作上可实现了。

四、女子参政对于女子权利人格的保障　参政后,可使结婚的女子财产权与男子平等;父母可以不吝惜女子上学;孕母与寡妇可得特别辅助;"同意年龄"可以规定得很高。

五、女子参政对于儿童保护的贡献　女权派认儿童教育、儿童卫生、贫儿救济、儿童道德种种问题,须待女子参政始能完满解决;因为这些问题都是女子切身问题,而女子的性情能力最能帮助这些问题好好解决。

六、女子参政对于男子恶德的纠正　男子种种恶德,其影响不仅及于本身,并且间接的害及妻子,要求参政的女子,对于禁妓、禁酒、禁赌、禁烟等事,都要竭力主张。

七、女子参政对于政治道德的贡献　女权派以为女子道德较男子纯粹,倘令女子加入政治,尚可刷清政治上恶习,增进一般人的政治道德。不过这要看当地男子政治道德如何而定,如果男子政治道德十分卑下,女子也未必就能"中流砥柱"的。

八、女子参政对于世界和平的贡献　一般关心人类前途,关怀人道的人,在女子身上,存绝大的希望,他们以为爱和平的心理,女子远胜男子,如今女子参政,人类战争或可消灭。(以上参观王世杰《女子参政之研究》,北大出版部。)

上述诸项,便是女子参政的理论。

参政运动虽然曾两度失败,但中国如果仍然行代议制度,女子参政必有实现的一日,而且这日子亦不是很远的,最早广东临时省议会,即曾限定女子有选权,前后曾于一百六十名女选民中,选出女议员十人。前几年湖南省宪规定男女同等,王昌国女士被选为议员。最近国民政府又有何香凝女士做实业厅长。这都是以证明中国妇女有参与政治的能力,并且政治舞台上也能容纳女子了。自然,女子参政是女子自觉的表示,并不是仅仅希望造出几个女政客的,争求参政的女子,若不仅以政客自期,女同胞的幸福,便可靠她创造了。

(八)理想中的社会主义下之妇女

在二重压迫下的中国女子,他们的生活,何尝就自由、幸福?

有许多人，为自由的生活而奋斗，故极力鼓吹新的制度，与新的组织之产生。氧气是遇不得火的，所以从社会主义流入中国后，到处是"风声鹤唳，草木皆兵"；所以中国的社会主义者虽然很少，社会主义的思想已传播得很普遍了。我们固不能说中国在什么时候可以实现社会主义，但在中国要实现社会主义时，也许全国人都是社会主义者也不一定。近十年来，妇女生活虽已有若干改变，回首过去的三千年，好像妇女们已将十八层地狱，跳完十七层了，更尽一层，便登天堂；这个天堂，便是社会主义下的生活。

前面曾经说过，寻求职业的妇女，一面又有家庭的牵掣，终竟不能给她们自立，完全是因为原始形式的家庭组织，不足以应妇女分工的情形所致，所以我们亟应有一种新的组织。妇女分工是社会进化的必然结果，我们没有力量抵抗他实现的，要想减轻过渡时代的痛苦，惟有早一日实现新的组织。这种组织，刘半农在《新青年》五卷二号上即曾略略说过，现在更有重新细说的价值。德国社会学大家 Müller-Lyer 在他的《社会进化史》里，说旧形式的家庭如何繁琐，新式家庭如何简便，道：

> 我们的家庭，一直到现在是小营业的性质，有极琐细的管理。在六十个小家庭中，必有六十个妇女为管理家庭的事务，到市场购买货物，生六十个灶炉的火，调理数百小罐锅的食料，洗刷无数的器具等，又都用辛苦的手工，因为机器还没有适用于这样的小营业中。——若在一个组合的家庭团中，欲胜任这种种工作，还要比较的优良、廉贱、少辛苦，有了十分之一的妇女便够了。假使把六十个小家庭结合为一有机体，设一个总厨房，雇一个专门的厨司，即得以极小的劳费，制出更夥

多的且手续更麻烦的食物。各个家庭以升降机与这个总厨房相连,无论何时得输送他们所要的食物与饮料,摆列在食棹上。在这个大家庭组织中,也可用节省劳动的家庭机器,这些机器,早已发明,但是还未采用。如一个洗濯机在数分钟内能够洗净数百个碟锅;中央暖气管节省搬运煤炭的事务;一个真空扫除机,打扫住宅的灰尘;刷靴机,煤气灯,电气灯,冷热导水管,蒸气洗濯机等等,足可减少妇女一切辛苦的、微琐的、现在正在愁叹的事务。(据陶译,商务本,页二三八。)

他把新组织优越之处,说的已详,他更以为,现在妇女在小家庭里的劳动,不独比这种新组织为辛苦,而国民所耗费的物质与劳动力,若以经济眼光计起来,一天也当值百万。社会主义对于将来家庭的布置,也是这样的。Meta Stern Lielenthal 在其《将来的妇女》中说:

到了将来,二十个家庭的妇女,用不着人人在家中厨房里做饭,由社会雇用三四个妇女或男子在一个适中的地点组织一所厨房和膳厅,用最好而轻松省时间的方法替这二十家做饭。这三四个作厨子的都是很好的专家,经过了相当的训练的,如同医生一样,因为佢们对于社会的卫生也是很关重要的。……将来的厨子在社会上的地位也与现在的厨子不同,佢们都是受过良好教育的,不像现在的厨子只是一家的奴隶,而佢们都是社会的公仆。(谌译,天津《妇女日报社》印本,页二五。)

做饭是这样社会化的,其余洗濯、熨烫、裁缝、扫除等等工作,都可

以社会化的。家庭中的工作既完全移到社会上由专家分担了,将来的家庭自然变成最甜蜜最使人们快乐的地方,女子也尽有时间从事于社会的分工了,她才有充分发展其自由的个性之机会。

将来的妇女都到社会上去工作,社会给以丰赡的工资,经济完全独立,便不要为衣食问题去结那长期卖淫的婚姻了。她们的工作,也不是做工资奴隶,因为工场就是个适合卫生的场所,人们为排遣生活起见,每日自愿去作一个短时间的劳动,而工作的代价,就可使她享安全快乐的生活了。将来的妇女,只知道结婚是一种随自己意志的爱情选择一个完美伴侣的行为,除此以外,毫无作用的。将来也不会有因经济的阻碍使两个相爱的男女不能结婚的事。乙女用不着怀疑到:"甲男是否能供给我的生活?"因为她是自己供给的。甲男也用不着管乙女是否会做饭,(除非她的职业是厨子,)因为他可以在公共食堂吃饭的。经济的障碍既除,身心也健康,知识也充足,生活状况自然会好,男男女女都有正式结婚的机会,不会有三四十岁还不结婚的人了。

社会主义看结婚仪式是一文不值的东西,那时结婚的男女,只要有法律上的声明,也许不要什么仪式了。现在人对于这一条到很怀疑,以为如果这样,必定演出乱婚的现象,直至一个男子不知道他第二天的妻子是一个怎样的人,小孩子找不着亲生的父母为谁而止。这话实在似是而非。恋爱没有不是自由的,社会主义不过主张破除一切人造的不必需的障碍,任当局者有绝大的自由选择权,不受丝毫外力的干涉。如果对恋爱自由有怀疑,那末只要问:文明人类是否有乱交的天性?今日也有过恋爱婚姻而快乐的人们,他们婚姻的维持是否完全靠国家法律和社会道德?他们今天是否愿意把昨天所爱的人斩然抛弃再去找今天的人?归根说来,这个问题就是全体或大多数的人们是否都喜欢过不安定的生活,或愿意把佢们所心爱的人随便抛弃?读者自己或读者的朋友,如果有相爱的伴侣时,一定可以证明,你们的相爱是不会以法律的变迁而变迁的,是不因外力的干涉而巩固的。因为这个原故,废止婚姻仪式,是不必怀疑的,婚姻制度,不妨还有,不过令其绝对自由罢了。

结婚后生了孩子,便要发生问题了,一般人以为"儿童公育"是收不着好结果的,对此很是怀疑。其实社会主义的妇女,并不是把抚育婴儿的责任都让给别人的。在社会主义之下,妊娠的妇女如果身体虚弱,便应停止其工作;从小孩生下来一直到不吃奶的时候,母亲更一概停止社会生产的工作,离开她的职业去专作母亲;国家对于她的工薪,还不丝毫减少。小孩稍为大一点的,便可于母亲出外工作时,把他送到育婴院,就同现在把更大一点的儿童送到幼稚园一样。模范育婴院的内容,就是学校教育的最低基础。一切设备必求最适合于儿童,各种教养方法都必经过深刻的研究,所以育婴院对于儿童的好处要比理想的家庭还好得多。那时儿童每天在育婴院所待的时间,正和他母亲到作工场的时间相同,不过那五六小时。母亲工作完后,便可到育婴院把小儿领回家了。

育婴院的保姆自然须要有很专门的育婴学术,但别的女子,个个人也都要有看护婴孩的知识的。社会主义的国家,对于儿童的责任与教育方法,将有大规模的教授与实习。个个女子都要学会看护婴孩;儿童学将成为女子教育的必修科;这样,一个小孩刚生下来就可得着好的看护,在家中亦如在育婴院一样,所以那时儿童的死亡率很低。

不但儿童的死亡率不能像现在那样高,儿童天才的发展也比现在大,因为那时青年男女都要受怎样作父母的教育,不独女子应当得"贤母良妻"的知识,男子也须学得"贤父良夫"的知识,——那时是没有这些名词的,不过意思的确是这样,——所以做父母的都知道怎样使未来的小孩康健聪敏。年少的妻子对于养育儿童所受的痛苦,都认为是最重要最神圣的母亲事业,并且她也有这种学术和志趣去胜任这种事业。

妇女既得有自由发展个性的最大机会,母性又得着最大的保护,便是澈底的妇女解放实现的时候。不独妇女从地狱升到天堂,就是男子——以至于全体人类,都可以升到天堂了!

中国妇女生活的进化,现在正趋向着这个途径!

附录 《二十四史》中之妇女一览表

（据汪辉祖之《史姓韵编》参校原史编制）

说　　明

　　一部《二十四史》，中间有女子若干，虽然是不关紧要的问题，我们若真考究出来，也是一件有趣的事。幸得萧山汪焕曾（辉祖）有一部《史姓韵编》，根据这本书来从事统计，便很容易了。至于史中人数，某卷若干，此若干人中有何特别可记之事，《史姓韵编》有未详的，都参校原史录出。不过《二十四史》中，竟有数史，并无女子，那只得从略。有附于他人传中的。此表均详为注出。惟帝后及公主，都未列入。

史目	所载妇女总数	所在卷数	备注
前汉书	一	卷九十一《货殖传》。	巴清寡妇，用财自卫，始皇为筑女怀清台。
后汉书	二十一	卷九十三李文姬一人附《李燮传》。卷九十七范滂母一人附《党锢范滂传》。卷一百一十三孟光一人附《逸民梁鸿传》。卷一百一十四《列女传》十八人。	《列女传》十八人中，赵娥重见《三国志》卷十八及《魏书·庞涓传》。又乐羊子妻号曰贞义，桓鸾女号曰仁义桓嫠，皇甫规妻号曰礼宗。
晋书	四十	卷八十八张氏一人附《孝友刘殷传》。卷九十六《列女传》三十九人。	《列女传》中陕妇人，不知姓字，谥曰孝烈贞妇。
梁书	一	卷四十七宛陵女子一人附《孝行滕昙恭传》。	重见《南史》卷七十四附《孝义张景仁传》。

附录 《二十四史》中之妇女一览表

续表

南史	十六	卷七十四宛陵女子及王氏二人附《张景仁传》。卷七十三《孝义传》中十四人。	《孝义传》中羊佩任乡里号曰女表。姚氏一人重见《唐书列女传》。又诏表门闾者三人。
魏书	十八	卷九十二《列女传》。	重见于《北史》者十七人。中咒先氏。许嫁彭老生为妻,彭逼不从,为彭所杀,号曰贞女。又卢元礼妻李氏,号曰贞孝女宗,易其里为孝德里。姚女胜,标河东孝女,墓曰孝女冢。史映周妻耿氏,太后令树碑旌表。
北史	三十五	卷九十一《列女传》。	中与《魏书》重见十六人,与《隋书》重见十六人。
隋书	十六	卷八十《列女传》。	均重见于《北史》。中冯宝妻洗氏封谯国夫人,尹州寡妇胡氏封密陵郡君。
新唐书	五十四	卷二百五《列女传》。	与《旧唐书》重见二十六。郑廉妻李氏号坚贞节妇,名所居曰节妇里。卢甫妻李氏死烈,赠孝昌县君。王泛妻裴氏死烈,赠河东县君。高彦昭女七岁死烈,谥愍。邹保妻奚氏封诚节夫人。《杨烈妇传》中之侯氏、唐氏、王氏俱补"果毅,"(以讨史思明有功)。

续表

旧唐书	二十九	卷一百九十三《列女传》。	重见于《新唐书》者二十六。
五代史	一	卷五十四《杂传》序。	王凝妻李氏。
宋史	五十五	卷二百九十附《胥偃传》三人,力氏韩氏谢氏,三代寡居。卷四百四十九附《陈寅传》杜氏一人,附《贾子坤传》牟氏一人。卷四百五十三附《郑覃传》董氏一人。卷四百六十《列女传》四十九人。	《列女传》中,陈安节妻乡人呼为"堂前"。王贞妇夫家临海人,其元将所掠,过嵊青枫岭投崖死,旌曰贞妇,易岭名曰清风岭。吕仲洙女良子以孝闻,真德秀表其居曰"懿孝"。
辽史	五	卷一百七《列女传》。	一部《二十四史》,惟《辽史》编者脱脱氏,对于妇女具同情的眼光。他在《列女传》序中说:"男女同室,人之大伦,与其得烈女,不若得贤女,天下而有烈女之名,非幸也。……辽据北方,风化视中土为疏,终辽之世,得贤女二,烈女三,以见人心天理,有不与世道存亡者。"痛快,痛快!
金史	三十四	卷一百三十《列女传》。	中李宝信妻王氏死烈,赠贞烈县君。相琪妻栾氏死烈,封西河县君,谥庄洁。许古妻刘氏死烈,追封郡王,谥贞洁。许古二女死烈,长谥定姜,次谥肃姜。

续表

元史	一百八十七	卷二百《列女传》九十二人,卷二百一《列女传》九十五人。	前卷《列女传》中阙文兴妻王丑丑谥贞烈夫人。霍耀卿妻尹氏,霍显卿妻杨氏,并以节孝闻,目标"霍氏二妇"。乾州田氏,邠州任氏,皆一家三妇以孝旌表。畏吾氏三女,家钱塘,同事母不嫁。后卷《列女传》中,王时妻死烈,赠梁国夫人,谥庄洁。汪琰妻潘氏,汪燕山妻李氏,汪惟德妻俞氏,称汪氏三节。
明史	三百〇八	卷二百九十六《孝义传》序十三人。 卷三百一《列女传》八十五人。 卷三百二《列女传》八十四人。 卷三百三《列女传》一百二十五人。 秦良玉一人有本传。	第一卷《列女传》中,称贞女者一人,孝女者五人,孝妇一人,义妇一人,义姑一人,烈妇二人,又丐妇一人。桐城陶镛妻钟氏,镛子继妻方氏,继子亮妻王氏,妾吴氏,三代诏旌,人称所居曰四节里。目标"陶氏四节妇"。第二卷《列女传》中称烈妇者八人,烈女者二人,贞妇者一人,贞女者一人,节妇者二人,孝女者四人,又有"沈氏六节妇"。第三卷《列女传》中,贞

续表

			女三人,烈女一人,烈妇一人,孝女一人,杨文瓒妻唐氏,文琦妻沈氏,华夏继妻陆氏,屠献宸妻朱氏,四人同时死烈,目标"甬上四烈妇"。江都程煜节祖姑二人,叔母三人,妹一人,同时死烈,目标"江都程氏六烈"。王用宾妻尹氏、王用贤妻杜氏、王用聘妻鲁氏、王用极妻戴氏、王良器女刘治妻五人,同死烈,目标"王氏五烈妇"。

陈东原先生学术年表[*]

1902年（光绪二十八年）

1月17日（阴历辛丑年腊月初八）出生于合肥，后随家迁往芜湖。

1910年（宣统二年）

入芜湖圣雅各学校学习。

1912年

随家回合肥，读小学和初中。因父亲早逝，家境贫寒，曾在一个杂货店当学徒，由于一位小学校长的帮助得以继续学习。

1918年

8月，去当时的安徽省会安庆，考入省立第一师范。

1921年

安徽省教育厅举办暑期讲演会。请本省胡适之、陶行知等名人做学术讲演，选派陈东原和后来成为知名报人的张友鸾做记录。

8月，去南京，入私立南京中学，读完中学四年级，毕业。在中学及师范学习期间，常为报刊写文章，以稿费补助生活。

1922年

在上海考入北京大学教育系。

---

[*] 本年表由陈东原先生之子陈道元根据陈东原本人写的主要经历、履历表及母亲蒋心仪的回忆录等资料编写。

在北京大学先读预科两年,再读本科。其间常在报刊上发表文章,先后编写一些书稿。

1926 年

著成《中国妇女生活史》一书,由商务印书馆于 1928 年出版。

1927 年

3 月,在武汉总工会教育委员会任编辑。

1929 年

回北京大学教育系学习并毕业。9 月任安徽省教育厅督学。

著《中国教育论》,由商务印书馆出版;《群众心理 ABC》,世界书局出版。

1930 年

2 月,任安徽省立图书馆馆长,主办《学风》杂志并任主编。该杂志持续发刊六年后停办。

著《郑板桥评传》,由商务印书馆出版。

1931 年

著《中国古代教育》,由商务印书馆出版。

1935 年

著《中国教育史》,由商务印书馆于 1936 年 7 月出版。

8 月,去美国留学,入密西根大学教育学院学习。

1936 年

2 月,入哥伦比亚大学师范学院学习。

1937 年

1 月,获哥伦比亚大学硕士学位,6 月回国。

1938 年

任教育部高等教育司特约编辑,后任科长。

1942 年

1月,赴中央政治学校任副教务主任。

1943 年

1月,回教育部,任简任督学。8月,兼任国立社会教育学院教授。

1944 年

教育部成立留学生考选委员会,兼任该会秘书,担任日常工作。

1945 年

6月,任教育部资料研究室主任,主编教育部的第二次的《中国教育年鉴》。

1948 年

《中国教育年鉴》编成出版。

10月,调任湖南国立师范学院院长。

1949 年

6月,调任重庆国立女子师范学院院长。

1950 年

参加西南革大学习,后分配到川东教育学院任教。

1953 年

调西南军区师范任教。

1956 年

调西南师范学院任教。

1978 年

2月8日,因病于北碚家中去世。临终前,念念不忘已经着手进行但未完成的工作——编写一部较详尽的《中国古代教育史》。

陈东原与《中国妇女生活史》

李志生

陈东原的《中国妇女生活史》一书被认为是对中国妇女历史进行系统论述的开山之作,对直至今日的中国妇女史研究乃至人们对传统中国妇女的认识,都产生了重要影响。

一、陈东原生平

陈东原(1902—1978年),中国近现代著名教育史学家,出生于合肥,后于芜湖、合肥、安庆等地读书。1922年,考入北京大学教育系,1929年毕业,在北大学习期间,深受《新青年》杂志影响。1935年,赴美留学,入密西根大学教育学院学习,次年,再入哥伦比亚大学师范学院学习,获哥伦比亚大学硕士学位。出国前后,先后任职于武汉总工会教育委员会、安徽省教育厅、安徽省立图书馆、教育部、中央政治学校、湖南国立师范学院、重庆国立女子师范学院等机构和学校。新中国成立后,先后于川东教育学院、西南军区师范、西南师范学院等任教。主要著作有《中国妇女生活史》(1928年)、《中国教育论》(1929年)、《中国古代教育》(1931年)、《中国教育史》(1936年),主编《中国教育年鉴》(1948年)、《中国古代教育史》(未完成)等。陈东原不但在大学期间主修的是教育学,终身从事的工作也以教育为主,著作更是以教育史为主,而《中国妇女生活史》,实际也是其中国教育史研究的一个组成部分,这一点他在此书的《自序》中已明言:"两年前立了一个志愿,想编中国教育史……教育史既不能早日编成,何不将其中一部分之女子教育史先编成呢? 可是中国向来没有什么女子教育,她们所有的教育,是和妇女生活发生密切关系的,与其要做女子教育史,到不如放大了来做妇女生活史罢。"(见本书,第1页。以下凡引本书者,均只标注页码)正因如此,我们就有必要将《中国妇女生活史》与陈东原的中国教育史研究做整体考察,须探究其撰作中国教育史的背景。

二、写作背景

"五四"新文化运动引发了思想启蒙、社会革命,在反封建、反传统、反孔教思想影响下,陈东原做中国教育史研究、撰写《中国妇女生活史》,均以改变现实为着眼点。关于这一点,他在《中国教育史·自序》中谈道:"中国教育史之亟待探究,是国内教育学者公认的事实……目前的整个世界,错综复杂,真是所谓'一大变局'的时代,而中国在这大变局中,遇到的是更严重的一个变局。……你要想解决中国教育问题,找寻中国教育出路,或是想明白中国教育究竟是怎么一回事,你便不能不研究中国教育史。"[①]陈东原希望在时代大变革时期,从历史中找寻中国教育的发展方向和教育对改造

[①] 陈东原:《中国教育史》,台湾商务印书馆1980年版,第1页。

社会的责任。关于前者,陈东原提出,"'五四'后妇女解放的先声,便是教育上的解放。……不问男女,都受一种'人的教育'"(第294页)。而"人的教育",就应是"自居征服地位,勿自居被征服地位……尊重个人自主之人格,勿为他人之附属品"(引陈独秀文《一九一六年》,见本书第2页)。关于后者,陈东原自言,写作《中国妇女生活史》,"虽然不敢担当转移妇女生活的大任,但最初也有两个希望:第一个希望,希望趋向新生活的妇女,得着她的勇进方针。第二个希望,希望社会上守旧的男男女女——自信旧道德极深的人们,能明白所谓旧道德是怎样一种假面啊"(第2—3页)。为达到这两个希望,厘清旧道德、特别是加于妇女身上的旧道德,就显得至关重要。而在对压迫妇女的旧道德的批判上,胡适则对陈东原有着重要影响。

关于胡适对自己的影响,陈东原在《中国教育史·自序》中,提出特别感谢:"我对于教育史之研究,胡适之先生给我影响最深"①;在《中国妇女生活史·自序》的开篇,陈东原也说,他编中国教育史,"蒙适之先生指示了一点方法"(第1页)。由此可见,胡适对陈东原中国教育史研究的影响,不可谓不巨。胡适,祖籍安徽徽州,与陈东原同省,是为新文化运动的发起者之一,陈东原与胡适相识于1921年。1921年夏,安徽省教育厅举办暑期讲演会,请本省著名文人胡适、陶行知等回省会安庆做学术讲演。其时,陈东原正于安庆的省立第一师范读书,他与张友鸾一道,成为了此次学术演讲的记录人。8月4日,胡适在安庆青年会做了《女子问题》的讲演(陈东原等对这一演讲的记录,发表在次年5月1日的《妇女杂志》第8卷第5号上),这一演讲从过去对妇女的压迫,而谈到妇女

---

① 陈东原:《中国教育史》,第5页。

受压迫而导致的社会畸型,由此而再论女子教育——女子解放和女子改造。在这一演讲中,胡适提出:"人类有一种'半身不遂'的病,在中风之后,有一部分麻木不仁;这种人一半失去了作用……我们社会上也害了这'半身不遂'的病几千年了";"我们以前从不将女子当做人……在历史上,只有孝女,贤女,烈女,贞女,节妇,慈母,却没有一个'女人'!"①。此次演讲十分成功,作为记录者,胡适所言对陈东原产生的影响自不待言。关于胡适演讲的号召力,陈东原在《中国妇女生活史》中曾谈道:"胡适之善能以具体的方法指示问题,这是他无论在文字上演讲上得操胜利的原因。"(第284页)

所以,陈东原的《中国古代妇女生活史》一书,是在"五四"新文化运动影响下,"解决中国教育问题,找寻中国教育出路"、让妇女接受"人的教育"、反对压迫妇女的产物。他希望通过对历史上压迫妇女的种种弊端的揭露,来唤醒社会、教育社会。对此,他指出:"我只想指示出来男尊女卑的观念是怎样的施演,女性之摧残是怎样的增甚,还压在现在女性之脊背上的是怎样的历史遇蜕!""我现在燃着明犀,照在这一块大压石上,请大家看明白这三千年的历史,究竟是怎样一个妖魔古怪,然后便知道新生活的趋向了!"(第17页、18页)

三、开创意义

在中国妇女研究史上,《中国妇女生活史》的意义主要表现在

---

① 胡适《女子问题》,载欧阳哲生编《胡适文集》12,北京大学出版社1998年版,第579页。

开创和影响两方面——此书是中国历史上第一部影响深远的、系统的妇女史著作。

虽然在出版年代上,陈东原的《中国妇女生活史》晚于徐天啸(1886—1941年)的《神州女子新史》,但从影响上,它堪称中国历史上第一部系统的妇女史著作。徐天啸的《神州女子新史正续编》出版于1913年,该书被一些学者视作首部"有系统研究自古至清末民初的中国妇女史"①,但它的影响远不及《中国妇女生活史》。该书自出版之始,就似未受到普遍关注;加之其主要以传记形式,对史上重要妇女作描述,并以西方杰出妇女作对比,以此激励中国妇女,因而在史学界也一直不被重视,在出版后的相当长时间内,都湮没无闻。直至1977年,台湾的鲍家麟教授才寻得1913年由上海神州图书局出版的此书,并由台北食货出版社翻印,自此,人们才又得窥见其真容。但即便如此,直至今日,大陆学界要检寻此书,亦非易事。反观《中国妇女生活史》,它于1928年首版后,于1937年即再版,20世纪80年代后,上海书店、上海文艺出版社、商务印书馆等多家出版社均再版过此书,台湾商务印书馆更是十数次再版此书。

《中国妇女生活史》之所以影响深远,主要在于它建立了一个完整的研究框架,开启了认识中国妇女历史的重要范式。首先,它基于其时反封建、反压迫的社会意识形态,建立了"压迫—解放"的妇女史研究模式。在此书中,陈东原对传统中国在制度、习俗、生活中对妇女的种种压迫与不公,有着大量的阐述与批判。他指出:"我们有史以来的女性,只是被摧残的女性;我们妇女生活的历史,

---

① 鲍家麟:《神州女子新史·序》,台湾稻乡出版社1993年版。

只是一部被摧残的女性底历史！"（第17页）他认为，中日甲午战争后、特别是"五四"运动前后，在向西方学习、反封建的新文化浪潮中，妇女解放才真正开始，"妇女既得有自由发展个性的最大机会，母性又得着最大的保护，便是澈底的妇女解放实现的时候。不独妇女从地狱升到天堂，就是男子——以至于全体人类，都可以升到天堂了！"他更欣喜地认为："中国妇女生活的进化，现在正趋向着这个途径！"（第321页）直至20世纪八九十年代，陈东原这一妇女在传统社会受摧残，晚清以来妇女解放的认识模式，依然对中国妇女史研究有着巨大影响。

其次，在中国妇女史分期上，《中国妇女生活史》开启了以政治—朝代为标准的妇女史分期方法。陈东原将中国妇女史分为古代（秦以前）、汉代、魏晋南北朝、隋唐五代、宋代、元明、清代、维新时代、近代等几个时期。从汉代至清代几章，完全以朝代更替为妇女史的划分依据；而维新时代和近代，则以甲午战争、"五四"运动等作分界点。时至今日，以政治—朝代作中国妇女史分期的方法仍然流行，这无论从各朝代、各时期（近代、现代）的论文研究综述中，还是从最近出版的《中国妇女通史》（陈高华、童芍素主编，杭州出版社2010年版）卷次设定上（先秦卷、秦汉卷、魏晋南北朝卷、隋唐五代卷、辽金西夏卷、宋代卷、元代卷、明代卷、清代卷、民国卷），都可以看出来。

再次，此书提炼出了中国妇女生活史的一些突出特点，并对这些特点在各朝代、各时期的表现分别进行了论述。通观此书，陈东原对中国妇女生活史的关注，主要在如下几方面：贞节、婚姻、女教、姬妾、妓女、妇妒、妇女妆饰、宫人、缠足等。在各个朝代或不同时期，如上诸方面的表现又不尽相同，陈东原认为，宋代的转变最值得强调，"妇女应重贞节的观念，经程朱的一度倡导，宋代以后的妇女生活,便不像宋代以前了。宋代实在是妇女生活的转变时代"(第108页)。自宋代之后,不但是贞节加强了,男性的处女嗜好也产生了,"无才是德"的说法也出现了,缠足也自宋至明逐渐达于极盛。《中国妇女生活史》的这些看法,实际导致了中国妇女史研究中,又一种重要认识模式的产生,这一认识模式就是较之唐代以前的妇女,宋至清的妇女更受压迫。

又次,《中国妇女生活史》开启了研究中国妇女史时史料运用的路径。在此书中,陈东原除引用《二十四史》、《十三经》等正统典籍中的材料外,还大量运用了笔记、小说、诗文、家训、报刊等材料。他这样一种对材料拣选的开阔视野,实得益于胡适的指导:"史料的来源不拘一格,搜采要博,辨别要精,大要以'无意于伪造史料'一语为标准。杂记与小说皆无意于造史料,故其言最有史料的价值,远胜于官书。"(第1页)胡适是其时兴起的古史辨学派的重要成员,钱穆称他和钱玄同、顾颉刚为古史辨派"三君",他对历史的演进、史料的考辨,都有着超凡的洞见。他的教导,无疑对陈东原具有至为重要的启发意义。而对胡适的教导,陈东原也确在遵照执行。如在本书的第八章中,陈东原引用了明人伪作的《杂事秘辛》,对此,他特别辨析道:"《杂事秘辛》是明人伪作的书……其所言虽非汉朝事实,却可代表明人的观念,所以拿来说明裸体美的标准是可以的。不过其中说尺寸的数目,因为汉尺小的原故,便不可靠了。"(第173页)他对于伪造史料的使用,是极其谨慎的;而他对伪造史料的分析,也正可用陈寅恪先生的一句话概括,陈先生认为,笔记小说所记为"通性之真实"①。

---

① 陈寅恪:《唐代政治史述论稿》,上海古籍出版社1982年版,第84页。

四、现代视角下的阅读

《中国妇女生活史》是在"五四"新文化运动影响下出现的,它鲜明的反封建立场,直接、间接地激励了其时的妇女解放,具有相当大的时代进步意义。不仅如此,作为开拓性著作,它在中国妇女史的研究中也占有重要地位。但在社会发展、史学深化的今天,我们重新审视此部名著,也会看到它在学术上存在的若干局限性。

首先,对于"压迫—解放"的中国妇女史认识模式,美国学者高彦颐(Dorothy Ko)早在20世纪90年代,就曾进行过解构。高彦颐在其名著《闺塾师——明末清初江南的才女文化》中,对《中国妇女生活史》中"受害妇女"的形象,提出了质疑。她认为,此书是"五四"新文化运动这一意识形态影响的结果:"对陈东原来说,只有能够引导女性从中国封建过去的压迫中解放出来,女性史才是值得写的。"① 而这样一种压迫—解放的二分模式,忽视了理想理念与社会现实之间、男性视角与妇女自我认同之间的差异。所以,高彦颐依照琼·斯科特的社会性别理论(Gender),"建议以三重动态模式,取代'五四'父权压迫的二分模式去认识妇女史。三重动态模式,是将中国妇女的生活,视为如下三种变化层面的总和:理想化理念、生活实践、女性视角"②。琼·斯科特的社会性别理论,强调关注妇女的自我认同(女性视角)、妇女的自我感受。以缠足为例,近代以来,中国妇女的缠足被视为民族的屈辱和国人丑恶的品味,

---

① 高彦颐:《闺塾师——明末清初江南的才女文化》,江苏人民出版社2005年版,第2页。
② 同上,第9页。

但在18世纪缠足普及之前,缠足对中上层妇女来说,却有着重要的身份意义:"当她们欣赏自己的小脚时,这些上层女性实际是在赞美她们作为女性身份的三个关键因素:作为个体之人的她们的能动作用,作为有闲阶层成员的她们的教养,和作为女性的她们的手工作品。"①这便是高彦颐从其时妇女的自我感受而进行的分析。而这样的分析,则使其超越了压迫—解放模式,使对妇女生活的关照,更加立体与周全。

其次,关于以政治—朝代为标准的妇女史分期方法,也值得我们扩展视野去思考。法国年鉴学派代表人物雅克·勒高夫指出,经济和社会体系的变化是缓慢的,"短时段的历史无法把握和解释历史的稳定现象及其变化。以王朝和政府更替为准的政治史把握不了历史生活的内在奥秘"②。在传统中国社会,除极个别妇女,绝大多数妇女都被剥夺了政治权利,因此,考察中国妇女历史,基本是在考察妇女的生活史(陈东原以《中国妇女生活史》名其书当亦缘此);而传统中国社会的超稳定结构,又使许多妇女的生活并未随着朝代的更迭发生根本性变化。例如,《中国妇女生活史》在魏晋南北朝和隋唐五代两个时期,都谈到了妇妒,这就是因为产生妇妒的社会基础和意识形态并未发生变化,所以,如以朝代或政治做分期对此进行考察,不但无法厘清这一问题的发展脉络,还有割裂问题之嫌。有鉴于此,一些美国学者已不满足于基于政治—朝代为分期的中国妇女史研究,而出现了高彦颐以17世纪(《闺塾师》的英文书名为 Teachers of the Inner Chambers: Women and Culture in Seventeenth-cen-

---

① 高彦颐:《闺塾师——明末清初江南的才女文化》,第182页。
② 勒高夫主编:《新史学》,上海译文出版社1989年版,第27页。

tury China）、曼素恩以18世纪前后（《缀珍录——十八世纪及其前后的中国妇女》）为时间段的研究。对于之所以选择17世纪而非以政治—朝代为断代研究的初衷，高彦颐谈道，"在这段时间里，产生了最有利于才女文化发展的社会经济和文化条件。……鉴于我们目前称之为历史分期的大纲，有意无意间是用政治史作基准……所以，社会历史学家需要从不同的视点，来重新审视历史的变化和连续性"①。

再次，《中国妇女生活史》是"五四"新文化运动催生的产物，它无疑带有其时普遍性话语的特征——压迫、摧残、蹂躏、解放等。而后现代主义拒绝这种普遍性话语，拒斥现代理论所预设的社会一致性观念及因果观念，强调多样性、多元性和差异性。而在妇女问题的研究中，尤应关注各种差异性表现。我们看到，在《中国妇女生活史》中，实际将妇女预设为了一个在心理上和生理上具有同一性的群体，而历史上的中国妇女，无论在时代、阶层、人生阶段、家内身份、地区、民族等等方面，都存在着差异。即使从压迫的视角看中国妇女历史，各阶层妇女所受的压迫也不尽相同。举一个最简单的例子，后妃与妓优，其压迫的来源并不相同，其服从的对象也存在差异。再有，关于刘向和班昭，《中国妇女生活史》称他们为"两个女教的圣人"，这是因为"《女诫》七篇，后来和刘向《列女传》，竟成为讨论女子问题的书的范本，二千年来关于女子生活的书籍，不仿《列女传》的体裁，便仿《女诫》的体裁，他们的影响，可想见了"（第36页）。实际上，《列女传》和《女诫》的影响是事后的认识，它与两位作者无关，刘向的《列女传》是写给汉成帝的，而班昭的《女诫》更是送给女儿的梯己之言。当然，这两部著作通篇贯

---

① 高彦颐：《闺塾师——明末清初江南的才女文化》，第24页。

穿着男尊女卑、男强女弱的观点,对此,我们并不能否认,但对这两部著作的评价,绝不能以《女四书》出现后的情况做标准,而应以时代的差异为关照前提。

通过以现代视角揭示《中国妇女生活史》的局限性,我们可以从另一个侧面看到,这部写于八九十年前的著作,依然有着巨大的活力,依然对当代的中国妇女史学研究有着重要影响:它建之于反封建基础上的分析和立论,成为了许多学者研究的参考起点和重新思考的坐标。郭沫若在《中国古代社会研究·自序》中的几句话,可以说明现代视角下阅读此书的意义:"对于未来社会的待望逼迫我们不能不生出清算过往社会的要求。古人说:'前事不忘,后事之师'。认清楚过往的来程,也正好决定我们未来的去向。"①厘出《中国妇女生活史》的成就与局限,正是许多当代中国妇女史学研究的起始所在。

---

① 载《郭沫若全集·历史编》第一卷,人民出版社1982年版,第6页。